化学工业出版社"十四五"普通高等教育规划教材

工程项目管理

GONGCHENG XIANGMU GUANLI

李志国　陈志龙　主编

化学工业出版社

·北京·

内 容 简 介

《工程项目管理》共 10 章内容，包括工程项目管理概论、工程项目实施模式、流水施工原理、工程网络计划技术、工程施工组织设计、建设工程合同管理、工程项目成本控制、工程项目质量管理、工程项目职业健康安全管理与环境管理、项目竣工验收管理。教材内容紧跟学科和行业发展的前沿，每章设置思考题和形式多样的数字资源（在线题库、案例等）。

本书可作为土木建筑类专业的教材，还可作为建造师、造价师、工程技术人员和工程管理人员的参考书籍。

图书在版编目（CIP）数据

工程项目管理 / 李志国，陈志龙主编. -- 北京：
化学工业出版社，2024. 4
ISBN 978-7-122-45620-5

Ⅰ. ①工… Ⅱ. ①李… ②陈… Ⅲ. ①工程项目管理
Ⅳ. ①F284

中国国家版本馆 CIP 数据核字（2024）第 094340 号

责任编辑：刘丽菲
文字编辑：罗　锦
责任校对：宋　玮
装帧设计：刘丽华

出版发行：化学工业出版社
　　　　　（北京市东城区青年湖南街 13 号　邮政编码 100011）
印　　装：三河市君旺印务有限公司
787mm×1092mm　1/16　印张 16　字数 392 千字
2025 年 8 月北京第 1 版第 1 次印刷

购书咨询：010-64518888
售后服务：010-64518899
网　　址：http://www.cip.com.cn
凡购买本书，如有缺损质量问题，本社销售中心负责调换。

定　　价：49.80 元　　　　　　　　　　　　版权所有　违者必究

前言

"工程项目管理"课程是工程管理、工程造价等专业的一门重要专业核心课，具有很强的理论性和实践性。本课程旨在使学生在学习技术、经济、管理等专业基础课程的基础上，掌握工程项目管理的基本理论和工程项目成本控制、进度控制、质量控制的基本方法，熟悉各种管理方法在工程项目上的应用特点，建立管理项目的知识体系，具备应用管理知识解决实际问题及从事工程项目管理的基本能力，为毕业后从事工程管理相关工作打下坚实的基础。

本书的编写从工程项目管理全局出发，紧密结合现行规范和编者多年来的教学、科研、工程实践经验，既体现了工程项目管理理论知识的系统性、完整性，又兼顾了工程项目管理方法、手段的实际可操作性。为了便于教学和学生自学，在每章前有本章的学习目标和学习重点，在各章节内加入了形式多样的数字资源，如在线题库、案例等，在每章后附有一定量的复习思考题，以帮助学生拓宽视野，提高学生解决实际问题的能力。在线题库可供读者在线自测，也供师生利用本书提供的"班级工具"创建班级，实现成绩管理。教师资源请至www.cipedu.com.cn 获取（课件、参考答案、施工组织报告等）。

本书共 10 章。由李志国、陈志龙担任主编，梁艳红、吴新华担任副主编，贾宏俊担任主审。参与编写人员有李志国（编写第 3 章、第 4 章、第 5 章，合编第 7 章、第 8 章)，陈志龙（编写第 6 章，合编第 2 章、第 5 章），梁艳红（编写第 2 章，合编第 4 章、第 7 章），吴新华（编写第 7 章、第 9 章，合编第 4 章、第 6 章），刘琦华（编写第 8 章，合编第 3 章、第 5 章），王洪强（编写第 1 章，合编第 2 章、第 10 章)，候新平（编写第 10 章，合编第 1 章、第 9 章），另外山东科技大学研究生于梦涵、郎沛然、董彪参与了教材材料整理编辑工作。本书在写作过程中得到了建筑企业、高等院校的多位专家、学者的大力支持，在此深表谢意。

由于编者水平有限，书中尚有不足之处，欢迎读者批评指正！

编者

2024 年 12 月

目录

047 | 第3章 流水施工原理

068 | 第4章 工程网络计划技术

105 | 第5章 工程施工组织设计

136 | 第 6 章　建设工程合同管理

155　第 7 章　工程项目成本控制

182　第 8 章　工程项目质量管理

208 第 9 章　工程项目职业健康安全管理与环境管理

第1章
工程项目管理概论

 学习目标

  熟悉项目和工程项目管理的概念、特征、主要类型、相关主体；掌握工程项目管理组织的划分、组织结构、结构分析以及分工等；了解项目管理发展的历程及在不断发展变化过程中形成的项目管理知识体系以及信息化处理。

 本章重点

  掌握项目和工程项目管理的概念、特征；掌握工程项目管理组织的组织结构和结构分析；掌握 WBS 模式分析。

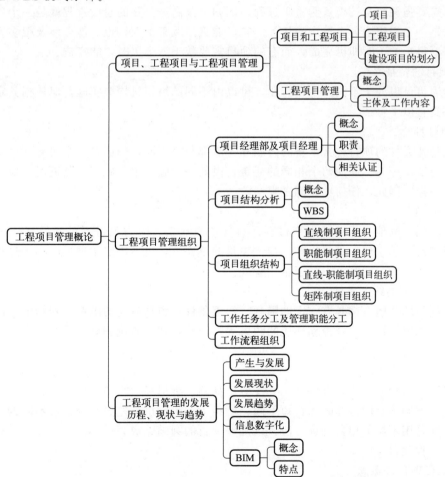

在建设项目的各个阶段中，工程项目管理一直都发挥着巨大的作用，对于建设项目的顺利实施至关重要。

党的二十大报告中明确指出，要"加快构建新发展格局，着力推动高质量发展"，并强调"高质量发展是全面建设社会主义现代化国家的首要任务"，那么如何确保工程项目的高质量发展？我们要用什么方法做到高质量发展？

1.1　项目、工程项目与工程项目管理

1.1.1　项目和工程项目

（1）项目及其基本特征

① 项目的概念

项目是指在一定约束条件下，具有特定目标的一次性工作（或任务）。在当前社会中，项目广泛存在于社会的各个行业和领域，如科研项目、开发项目、各种会议和展销会的组织项目，其中工程项目历史悠久。美国项目管理协会（PMI）、德国国家标准 DIN69901、《质量管理：项目管理质量指南》（ISO10006）等都对项目进行过定义，但由于视角不同，目前还没有统一、权威的定义。

项目既可以是建设一座水坝或开发一个油田，也可以是建造一栋大楼或者一个体育场馆。这里需要强调的是，项目侧重于过程，例如一条高速公路的建设过程就是一个项目。项目也可以是一个组织中各个层次的任务。它可能只涉及某个人，也可能会涉及很多人。有的项目仅需要很短的工时即可完成，而有的项目需要数千万个工时才能完成。

② 项目的特征

虽然项目可以处于不同的生产行业，可以由不同的组织机构来实施，但依据其定义，它们通常都具有以下特征。

a. 单件性

无论是什么样的项目，其本身的内涵和特点都与众不同，例如，一个研究项目、一条公路、一栋建筑，等等。即使两个相同的建筑，由同一个施工单位施工，其进度、质量和成本结果也不一样。因此，任何项目都是唯一的。

b. 一次性

项目不同于其他工业品的生产过程，只能一次成功。因为项目不可能像其他工业品一样，可以进行批量生产、重复生产。加之项目的单件性，也就决定了项目的实施过程和管理过程也是一次性的，它完全不同于企业管理。

c. 具有一定的约束条件

任何项目的实施，都具有一定的限制、约束条件，包括时间的限制、费用的限制、质量和功能的要求以及地区、资源和环境的约束等。因此，如何协调和处理这些约束条件，是项目管理的重要内容。

d. 具有生命周期

项目同生命物质一样，有着产生、发展、高潮、衰退和消亡的不同发展阶段，如同有着生命周期。不同项目的持续时间长短不同，所经历的阶段也有差异。因此对不同的项目，根据其特点须采用不同的项目管理方法，以确保项目的圆满完成。

（2）工程项目

① 工程项目的概念

　　工程项目是指为完成依法立项的新建、扩建、改建工程而进行的、有起止日期的、达到规定要求的一组相互关联的受控活动，包括策划、勘察、设计、采购、施工、试运行、竣工验收和考核评价等阶段。

　　② 工程项目建设程序

　　工程项目的建设程序，是指项目建设全过程中各项工作必须遵循的先后顺序。建设程序是指工程项目从设想、选择、评估、决策、设计、施工到竣工验收、投入生产整个建设过程中，各项工作必须遵循的先后次序的法则。按照工程项目发展的内在联系和发展过程，建设程序分成若干阶段，这些发展阶段有严格的先后次序，不能任意颠倒，否则就违反了它的发展规律。

　　工程项目基本建设程序的内容和步骤主要有：前期工作阶段（主要包括项目建议书、可行性研究、设计工作）、建设实施阶段（主要包括施工准备、建设实施）、竣工验收阶段和后评价阶段。每一阶段都包含着许多环节和内容。详见图 1-1 项目建设程序及其管理审批制度。

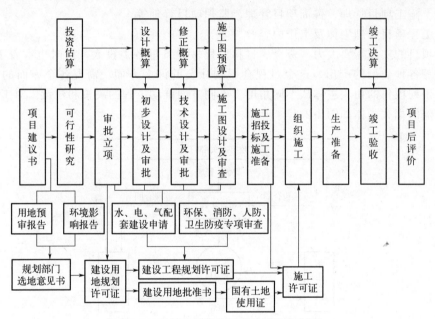

图 1-1　项目建设程序及其管理审批制度

　　（3）建设项目的划分

　　建设项目层次分解是项目管理中一项必需的工作内容，一个建设项目视其复杂程度，通常可以分解为单项工程、单位工程、分部工程、分项工程等。

　　① 单项工程

　　是指在一个建设项目中具有独立的设计文件，建成后能够独立发挥生产能力或工程效益的工程。它是工程建设项目的组成部分，应单独编制工程概预算。如：工厂中的生产车间、办公楼、住宅；学校中的教学楼、食堂、宿舍等。

　　② 单位工程

　　单位工程是指具有独立设计，可以独立组织施工，但建成后一般不能进行生产或发挥效益的工程。它是单项工程的组成部分。如：土建工程、安装工程等。

　　③ 分部工程

　　分部工程是指按部位、材料和工种进一步分解单位工程后出来的工程。每一个单位工程仍然是一个较大的组合体，它本身由许多结构构件、部件或更小的部分所组成，把这些内容按部位、材料和工种进一步分解，就是分部工程。如：基础工程、电气工程、通风工程等。

④ 分项工程

分项工程是指能够单独地经过一定施工工序就能完成，并且可以采用适当计量单位计算的建筑或安装工程。由于每一分部工程中影响工料消耗大小的因素仍然很多，所以为了计算工程造价和工料消耗量的方便，还必须把分部工程按照不同的施工方法、不同的构造、不同的规格等，进一步地分解为分项工程。如基础工程中的土方工程、钢筋工程等。

1.1.2 工程项目管理

（1）工程项目管理概念

工程项目管理是指运用系统的理论和方法，对建设工程项目进行的计划、组织、指挥、协调和控制等专业化活动。

根据管理主体、管理对象、管理范围的不同，工程项目管理可分为建设项目管理、设计项目管理、施工项目管理、咨询项目管理、监理项目管理等。

（2）工程项目管理主体及工作内容

工程项目的实施需要人力、资金、材料、机械设备等各类投入，同时也有着工程设施、技术服务等各种类型的产出。这个过程会影响社会的许多方面，需要各个方面的认可和支持。这些工程项目的相关主体从不同角度、不同方面推动工程的决策和建设。对工程项目产生重要影响的相关主体如图 1-2。

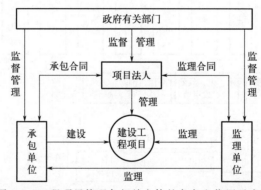

图 1-2　工程项目管理各相关主体的角色和作用示意图

① 工程项目产品的用户

工程项目产品的用户，即直接购买、使用或接受工程运行所提供的最终产品或服务的人或单位。例如：房地产开发项目产品的使用者是房屋的购买者或用户；城市地铁建设项目最终产品的使用者是乘客。有时工程项目产品的用户就是项目的投资者，例如，某企业投资新建一栋办公大楼，则该企业的相关部门也将使用该栋大楼。

② 工程项目投资方

投资方是指为项目提供资金或财务资源的个人或集体。如项目的直接投资单位或项目所属的企业等。工程项目的融资渠道和方式很多，资本结构是多元化的，可能有政府、企业、私人投资，可能是本国资本或外国资本。例如，某城市地铁工程建设项目的投资者为该市市政府；某企业独资新建一条生产流水线，则投资者是该企业。尽管他们的主要责任在投资决策上，其管理的重点在项目的立项阶段，采用的主要手段是项目评估和可行性研究，但是投资者要真正取得期望的投资收益仍需对项目的整个生命周期进行全过程的监控和管理。

③ 工程建设单位

工程建设单位也称为业主，是指项目的投资者为管理工程建设过程专门成立的管理单位。相对于设计单位、承包商、供应商、项目管理单位（咨询、监理）而言，建设单位通常以项目所有者或项目所有者代表的身份出现。建设单位的目标是实现工程全寿命期的综合效益，不仅代表和反映投资者的利益和期望，也要反映项目任务承担者的利益，更要重视项目相关者各方面的利益平衡。

④ 工程项目施工方

工程项目施工方一般为承担工程施工的建筑施工企业，他们按工程承发包合同的约定完成相应的建设任务。

⑤ 工程项目设计方

工程项目设计方一般为工程设计企业，按照与工程项目业主/项目法人签订的设计合同，完成相应的设计任务。

⑥ 工程项目监理方/咨询方

工程项目监理方/咨询方一般为工程项目建设监理公司或咨询公司，按与业主方签订的监理或咨询合同提供监理或咨询服务。

⑦ 工程所在地政府

工程所在地的政府、司法、执法机构，以及为项目提供服务的政府部门、基础设施供应和服务单位，为项目做出各种审批（如城市规划审批）、提供服务（如发放项目所需的各种许可）、实施监督和管理（如招标投标过程监督和工程质量监督）。

⑧ 其他组织

工程相关的其他组织包括银行、保险公司、担保机构、咨询机构等。

1.2　工程项目管理组织

1.2.1　项目经理部及项目经理

（1）项目经理部的概念

项目经理部是由项目经理在企业法定代表人授权和职能部门的支持下按照企业的相关规定组建的，进行项目管理的一次性组织机构。项目经理部直属项目经理领导，主要承担和负责现场项目管理的日常工作。在项目实施过程中，其管理行为应接受企业职能部门的指导、监督、检查、服务和考核。

业主按既定承发包模式组织招标、与各承包商签订合同后，参与工程建设的各家单位即开展项目管理。建设工程实施项目管理，均应在其组织结构中设置项目经理部，尤其是大、中型项目。

项目经理部作为一次性组织机构，其设立应严格按照组织管理制度和工程项目特点，随项目的开始而产生，随项目的完成而解体，在项目竣工验收后，即应对其职能进行弱化，并经经济审计后予以解体。

项目经理部的组织结构可繁可简，可大可小，其复杂程度和职能范围完全取决于组织管理体制、项目规模和人员素质。以施工方项目管理为例，建立项目经理部的基本步骤如图 1-3所示。

① 确定项目管理目标

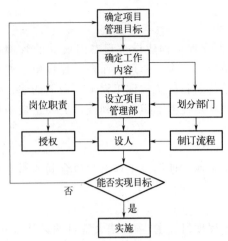

图 1-3　建立项目经理部的基本步骤

项目经理部建立的前提是依据业主和施工单位签订的施工合同中确定的工程施工目标，以及施工组织和项目经理签订的项目管理目标责任书中确定的实施目标，制订项目经理部的总目标并适当分解目标。

② 确定项目管理工作内容

对工程项目管理目标进行目标分解与责任划分，在分类归并及组合的基础上，明确列出项目经理部的工作内容。项目管理工作的归并及组合应便于目标控制，且综合考虑工程项目的建设规模、结构特点、技术复杂程度、施工方法、工期要求、气候条件等特点，还应考虑项目经理部自身组织管理水平、人员数量及素质等特点。

③ 项目经理部的组织结构设计

a. 选择组织结构模式

项目经理在设计项目经理部的组织结构时，首先应选择适宜项目管理工作需要的组织结构模式。项目经理应根据工程项目的规模、结构、复杂程度、专业特点、人员素质和地域范围确定项目经理部的组织结构模式，基本原则是：有利于工程合同管理，有利于项目目标控制，有利于决策指挥，有利于信息沟通。

b. 确定管理跨度和管理层次

管理跨度是指一名上级管理者直接管理的下级人数。管理跨度越大，管理者需要协调的工作量越大，管理难度也越大。

管理层次是指从组织的最高管理者到最基层的工作人员之间的等级层次数量。项目经理部的管理层次一般有三个层次：

（a）决策层，由项目经理、项目技术负责人等组成，主要负责编制施工组织设计、项目经理部的重要问题决策、组织开展全面项目管理等；

（b）中间执行层，由子项目负责人、职能部门负责人等组成，具体负责落实分部工程（分项工程）施工组织设计，负责某一方面职能工作等；

（c）操作层，由施工班组长、质检员、安全员等组成，具体完成施工安装、质量检测、安全生产管理等工作。

组织的最高管理者到最基层工作人员的职权、职责逐层递减，人数逐层递增。当组织规模一定时，管理跨度与管理层次成反比关系。组织结构设计时，项目经理应通盘考虑影响管理跨度的各种因素后，自上而下合理确定各级管理者的管理跨度，项目经理部的管理层次自然得出。

c. 划分工作部门

项目经理应依据工程项目的合同结构、项目经理部的资源情况等客观条件，将质量控制、投资控制、进度控制、合同管理等工作内容划分给不同的职能部门，或者按工程项目结构划分各子项目经理部门。

d. 制订岗位职责和考核标准

在工作分析的基础上，设置部门内的不同工作岗位及其编制，即"定岗""定编"。项目经理可以设计岗位说明书、工作任务分工表、管理职能分工表等，以实现合理分工、明确岗位职责，并依据权责一致原则适当授权。同时，还要明确对每一岗位的考核内容、考核标准及考核时间等，以便于落实相应的奖惩。

　　e. 安排工作人员

　　根据每一个工作岗位的特点和任职要求，项目经理在服从组织整体利益的前提下，依据优化组合原则，从组织中挑选合适的人员担任项目经理部中的每一个工作岗位。在人员任用上力求做到人尽其才，才尽其用，才职相称。

　　④ 制订规章制度、工作流程

　　建立、健全项目经理部的规章制度，比如安全生产责任制度、技术交底制度、测量放样复核制度、三检（自检、互检、交接检）制度、样板示范制度，以及绩效考评与奖惩制度等，并设计合理的工作流程和信息流程，才能规范化地开展项目管理工作，实现项目经理部的高效运行。

　　项目经理部所制订的规章制度，应报上一级组织管理层批准。

　　（2）项目经理

　　从职业的角度来说，项目经理是指企业建立的以项目经理责任制为核心，对项目实行质量、安全、进度、成本管理责任保证和全面提高项目管理水平的重要管理岗位。项目经理要负责处理所有事务性质的工作，也可称为执行制作人或项目管理机构负责人。项目经理是为项目的成功策划和执行负总责的人。项目经理是项目团队的领导者，首要职责是在预算范围内按时、优质地领导项目小组完成全部项目工作内容，并使客户满意。为此项目经理必须在一系列的项目计划、组织和控制活动中做好领导工作，从而实现项目目标。

　　项目管理工作成功的关键是推行和实施项目经理责任制。项目完成后，对项目经理和项目管理工作评价的主要依据是项目管理目标责任书，因为它是确定项目经理和其领导成员职责、义务和项目管理目标的制度性文件。这就是项目管理区别于其他管理模式的显著特点。

　　① 项目经理的概念

　　项目经理是由组织法定代表人任命，并根据法定代表人授权的范围、期限和内容，履行管理职责，并对项目实施全过程全面管理的项目管理者。

　　工程项目管理应建立以项目经理为首的项目经理部，实行项目经理负责制，项目经理在工程项目管理中处于中心地位，对工程项目实施负全面管理的责任。具体来说，项目经理的任务包括工程项目的行政管理和项目管理两个方面，在项目管理方面的主要任务是：安全生产管理、投资控制、进度控制、质量控制、合同管理、信息管理、组织与协调等。由此可见，项目经理岗位是一个管理岗位，是组织在一个工程项目上的总组织者、总协调者和总指挥者，是保证工程项目建设质量、安全、工期的重要岗位。

　　为了确保工程项目目标的实现，应严格限制项目经理的管理投入，原则上一个项目经理在同一时期只承担一个项目的管理工作，即在一个项目主体没有完成之前不得参与其他项目的建设管理，更不能同时兼任其他项目的项目经理，只有在项目进入收尾阶段的后期，经组织法定代表人同意方可介入其他项目的管理工作。

　　② 项目经理的责、权

　　在《建设工程项目管理规范》（GB/T 50326—2017）中，明确规定了项目管理机构负责人（其含义与项目经理相同）的责任和权力。

　　项目管理机构负责人应履行下列职责：

　　a. 项目管理目标责任书中规定的职责。

　　b. 工程质量安全责任承诺书中应履行的职责。

　　c. 组织或参与编制项目管理规划大纲、项目管理实施规划，对项目目标进行系统管理。

　　d. 主持制定并落实质量、安全技术措施和专项方案，负责相关的组织协调工作。

e. 对各类资源进行质量监控和动态管理。

f. 对进场的机械、设备、工器具的安全、质量和使用进行监控。

g. 建立各类专业管理制度，并组织实施。

h. 制定有效的安全、文明和环境保护措施并组织实施。

i. 组织或参与评价项目管理绩效。

j. 进行授权范围内的任务分解和利益分配。

k. 按规定完善工程资料，规范工程档案文件，准备工程结算和竣工资料，参与工程竣工验收。

l. 接受审计，处理项目管理机构解体的善后工作。

m. 协助和配合组织进行项目检查、鉴定和评奖申报。

n. 配合组织完善缺陷责任期的相关工作。

项目管理机构负责人应具有下列权限：

a. 参与项目招标、投标和合同签订。

b. 参与组建项目管理机构。

c. 参与组织对项目各阶段的重大决策。

d. 主持项目管理机构工作。

e. 决定授权范围内的项目资源使用。

f. 在组织制度的框架下制定项目管理机构管理制度。

g. 参与选择并直接管理具有相应资质的分包人。

h. 参与选择大宗资源的供应单位。

i. 在授权范围内与项目相关方进行直接沟通。

j. 法定代表人和组织授予的其他权利。

项目管理机构负责人应接受法定代表人和组织机构的业务管理，组织有权对项目管理机构负责人给予奖励和处罚。

③ 项目经理的其他要求

由于项目经理是施工组织内的一个工作岗位，故项目经理的责任由组织管理层在通盘考虑组织整体利益的前提下，根据组织管理的体制和机制以及工程项目的情况而定。

为了确保项目实施的可持续性和项目经理责任、权力和利益的连贯性和可追溯性，应尽量保持项目经理工作的稳定，不得随意撤换，但在项目发生重大安全、质量事故或项目经理违法、违纪时，组织可撤换项目经理，而且必须进行绩效审计，并按合同规定报告有关合作单位。

值得注意的是，项目经理由于主观原因，或由于工作失误有可能承担法律责任和经济责任，政府主管部门将追究的主要是其法律责任，组织将追究的主要是其经济责任。尤其是对发生重大工程事故或有市场违法违规行为的项目经理，必须依法予以严肃处理。

依据住房和城乡建设部颁布的《建筑业企业资质标准》，在行使项目经理职责时，一级注册建造师可以担任特级、一级建筑业企业资质的建设工程项目施工的项目经理；二级注册建造师可以担任二级建筑业企业资质的建设工程项目施工的项目经理。大、中型工程项目的项目经理必须逐步由取得建造师执业资格的人员担任；但取得建造师执业资格的人员能否担任大、中型工程项目的项目经理，应由建筑业企业自主决定。

（3）工程项目建造师执业资格制度

① 建造师

建造师是注册建造师的简称，是指通过考核认定或考试合格取得中华人民共和国建造师资格证书（以下简称资格证书），并按照相关规定在住房和城乡建设部注册，取得中华人民共和国建造师注册证书（以下简称注册证书）和执业印章，担任施工单位项目负责人及从事相关活动的专业技术人员。注册建造师实行注册执业管理制度，注册建造师分为一级注册建造师和二级注册建造师。

② 注册建造师与项目经理的关系

建造师是一种具有一定资质能力的专业人员的名称，而项目经理是一个工作岗位的名称。

建造师与项目经理定位不同，但所从事的都是建设工程的管理工作。建造师执业的覆盖面较大，可涉及工程建设项目管理的许多方面，可以在施工企业、政府管理部门、建设单位、工程咨询单位、设计单位等执业，担任项目经理只是建造师执业中的一项；项目经理则仅限于企业内某一特定工程的项目管理。建造师选择工作相对自主，可在社会市场上有序流动，有较大的活动空间；项目经理岗位则是企业设定的，项目经理是企业法人代表授权或聘用的、一次性的工程项目施工管理者。

③ 国际项目经理认证

国际项目经理资质认证（International Project Manager Professional，IPMP）是国际项目管理协会（International Project Management Association，IPMA）在全球推行的四级项目管理专业资质认证体系（IPMA Four Level Certification）的总称，具有广泛的国际认可度和专业权威性，代表了当今项目管理资格认证的最高国际水平。

IPMP是对项目管理人员知识、经验和能力水平的综合评估证明，根据 IPMP 认证等级划分获得 IPMP 各级项目管理认证的人员，将分别具有负责大型国际项目、大型复杂项目、一般复杂项目或具有从事项目管理专业工作的能力。

IPMA 依据国际项目管理专业资质标准（IPMA Competence Baseline，ICB），针对项目管理人员专业水平的不同将项目管理专业人员资质认证划分为四个等级，即 A 级、B 级、C 级、D 级，每个等级分别授予不同级别的证书。

项目管理专业人士资格认证（Project Management Professional，PMP）是由美国项目管理协会（PMI）发起的，严格评估项目管理人员是否具有高品质知识技能的资格认证考试。其目的是给项目管理人员提供统一的行业标准。

此外，还有成立于 1972 年的英国项目专业皇家特许机构 Association for Project Management（APM）；美国产品开发与管理协会（PDMA）颁发的 NPDP 产品经理国际资格认证等一些项目管理认证。

1.2.2 项目结构分析

（1）项目结构分析相关概念

项目经理（项目负责人）应根据项目范围说明文件进行项目的结构分析，即对项目范围进行系统分析。因为整个工程项目就是个有机结合的系统，项目管理者应基于此系统来考虑其全局性、整体的最优性，强调系统的集成和进行目标管理，这正是进行结构分析需要注意的问题。

项目的结构分析是整个项目范围管理的核心，就是将项目范围分解成更小、更易管理、易操作的各个工作单元，并保证其定义完整准确，以达到下列目的：

① 使成本、进度和资源成为更细化和准确的量化数据。

② 为各种后续工作的计划安排（进度、质量、成本、资源）提供一个平台。

③ 便于进行明确的人员职责分配。

④ 为实施后检查执行情况和控制确定一个基准线。

⑤ 为项目进行信息管理做准备。

从项目全寿命周期管理的角度来看，项目结构分析是项目管理的基础工作，又是项目管理的得力工具。项目结构分析的准确与否会直接影响到后续的工作，如果工作单元界定不准确，后续工作的变更就不可避免，给项目的进度、成本、质量等的计划和控制都会带来不良后果。因此，进行项目的结构分析是项目成功的关键一环，不容忽视。

项目结构分析是一个渐进的过程，它随着项目目标设计、规划、详细设计和计划工作的进展逐渐细化。它一般包括项目分解、工作单元定义和工作界面分析三个部分的内容。

（2）项目结构分解

项目结构分解就是将项目范围逐层分解至各个可供管理的工作单元，形成树状结构图或项目工作任务表，这都是在统一编码系统的基础上进行的，其分解结果称为 WBS（work breakdown structure）。在项目的计划和实施过程中，应充分利用 WBS，将其作为合同策划、成本管理、进度管理、质量和安全管理，以及信息管理的对象。项目结构分解关系图如图 1-4 所示。

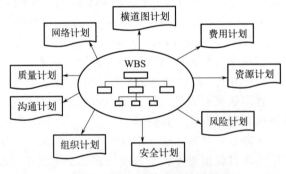

图 1-4　项目结构分解关系图

许多行业都有标准或半标准的 WBS 样板，建筑领域也有自己的一套样板模型，在此之前应首先了解项目结构分解的层次，再了解项目结构分解的方法和基本原则。

① 项目结构分解的层次

项目的结构分解就是形成越来越详细的若干层次、类别，并以编码表示若干大小不同的项目单元。WBS 的层次形式一般可分为六个层次，如表 1-1 所示。

表 1-1　项目结构分解层次表

层次	说明	编码
1	总项目	10000
2	单体项目	11000,12000,13000,…
3	项目任务	11100,11200,12100,12200,…
4	子任务	11110,11120,11210,11220,…
5	工作单元	11111,11112,11121,11122,…
6	作业层	不做要求

第一层是总项目，它包含了若干个单体项目，每个单体项目又包含了若干个项目任务，每个项目任务又包含了若干个子任务，每个子任务又可分为若干个工作单元，每个工作单元又可以分为若干个作业层，这样依次进行层层分解。前三层是项目经理（项目负责人）根据可行性

研究报告和业主的最高决策来分解的，主要用于项目经理向业主报告进度和进行总进度控制，称为管理层；后三层是由不同的承包商在投标和中标后，根据工程投标文件或合同范围，在其以上层次分解的基础上继续分解的，主要用于承包商的内部计划和控制，因此称为技术层。

编码形式一般采用"父码＋子码"，可用数字、字母、英文缩写或汉语拼音缩写来表达，其中最常见的是数字编码，有利于计算机的项目管理信息系统快速识别。例如，"14321"表示项目 1 的第 4 个子项目，第 3 个任务，第 2 个子任务，第 1 个工作单元。编码中应注意，当某一层项目单元（一般是技术层）具有同样的性质（如实施工作、分区、功能和要素等），而它们的上一层单元彼此不相同时，最好采用同一意义的代码，便于项目管理与计划工作的细化。

这样的层次关系可以用树状结构图来表达，图形与组织结构图类似，如图 1-5 所示，还可以用表格的形式表达，即工程项目工作任务表，如表 1-2 所示。

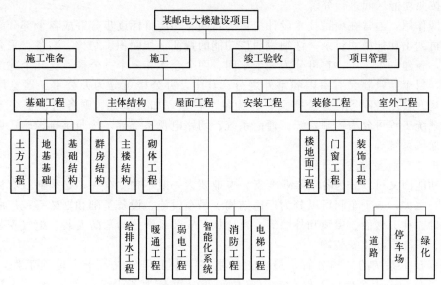

图 1-5　某邮电大楼建设项目的分解结构图

表 1-2　工程项目工作任务表

工作编码	工作名称	工作任务说明	工作范围	质量要求	费用预算	时间安排	资源要求	组织责任
10000								
11000 11100								
12000 12100 12110 12120 12200 12210 12220								
13000 13100 13200								
...								

由于工程项目自身行业特点的差异（比如工业与民用建筑工程、石油化工工程等），以及同类项目复杂程度的不同，WBS 分解层次也不尽相同，应根据具体情况和项目特点来确定。

② 项目结构分解的方法

工程项目结构分解是项目计划前一项既重要又较困难的工作，主要依靠项目管理者的经验和技能，分解结果的优劣只有在项目设计、计划和实施控制中才能体现出来。

常见的工程项目的结构分解方法包括两大类：对技术系统进行分解；按照实施过程进行分解。

a. 对技术系统进行分解

这种方式是纵向分解方式，又可按照以下两种情况进行分解。

（a）按照功能区间进行分解

功能即作用，通常在项目技术设计前将项目的总功能目标逐步分解成各个部分的局部功能目标，再列出功能模块目录，详细说明该功能的特征，如面积、结构、装备、采光、通风等。例如，新建一个工厂，它可分为三个车间、两个仓库和一个办公楼，这几个建筑物之间还有过道，每个建筑物又有室内和室外之分；其中，办公楼可分为办公室、展览厅、会议室、停车场、公用区间等；办公室又可分为各个科室，如人事处、财务科、工会等。再比如，某个系统工程可分为控制系统、通信系统、闭路电视系统等，按照供排设施还可分为排水系统、通风系统等。

（b）按照专业要素进行分解

一个功能面又可以分为各个专业要素。专业要素一般不独立存在，必须通过有机组合来构成功能。例如，一个车间可以分为厂房结构、吊车设施、设备基础和框架等；厂房结构又可分为基础、柱、楼面、屋顶和外墙等。再比如，安装系统分为消防安装、电气安装、垂直运输安装、智能自动化安装等。

对工程技术系统的结构分解，最普遍的是将一个工程分成若干个单项工程，一个单项工程又可分为若干个单位工程，一个单位工程又可分为若干个分部工程，一个分部工程又可分为若干个分项工程。这不仅便于安排进度、成本、质量的计划，又能准确地进行有效控制。

b. 按照实施过程进行分解

这种方式是横向分解方式，一般在分解层次的第二层或第三层。最常见的建设工程项目的分解为：设计（三个阶段设计或两个阶段设计）和计划、招标投标、实施准备、施工、试生产与验收、投产保修、运行等。

当然，承包商或分包商应根据具体的合同内容进行分解，与上述不尽相同。

③ 项目结构分解的基本原则

虽然项目分解会随着项目的实施进展而逐步细化，但若一开始就不能正确地进行结构分解，就会给今后的管理工作带来麻烦，因此有必要提出一些需要注意的基本原则：

a. 项目分解的各单元的内容应完整，不能重复或者遗漏任何组成部分。

b. 项目结构是线性的，一个工作单元只能从属于一个上层单元。

c. 每个工作单元应有明确的工作内容和责任者，应有较高的整体性和独立性，工作单元之间界面应清晰。

d. 项目分解应有利于项目实施和管理，便于考核评价，因此需要编码，进行定量分析和管理。

e. 项目分解应详略得当，过粗或过细都会给项目的计划和控制带来不利影响。详细程度应与项目的组织层次、参与单位数量、组织的人员数量、项目的大小、工期的长短及复杂程度等因素相适应。

1.2.3　项目组织结构

组织在战略规模、技术、环境、行业类型、发展阶段及当前发展趋势等方面各不相同，需要有不同的结构。由于组织目标、资源和环境的差异，为所有的组织找出一个理想的结构是非常困难的。实际上，甚至可能不存在一个理想结构，不存在最佳或最差组织结构，而只有适合或不适合的组织结构，关键是选择的组织结构应有利于处理层次、跨度、部门和上下层组织之间的关系。工程项目的组织形式要根据项目的管理主体、项目的承包形式、组织的自身情况等来确定，常用的工程项目的组织形式有以下几种。

① 直线制项目组织

直线制项目组织是早期采用的一种线性项目管理形式，来源于十分严密的军事组织系统。在直线制组织结构中，权力系统自上而下形成直线控制，权责分明，项目经理直接进行单线垂直领导，如图 1-6 所示。直线制项目组织结构的本质就是使命令线性化，即每一个下属部门只接受一个上级的指令，各级主管负责人对所属单位的一切问题负责，避免了由于矛盾的指令而影响组织系统的运行。图 1-6 中，A 为最高领导层，B 为第一级工作部门，C 为第二级工作部门。

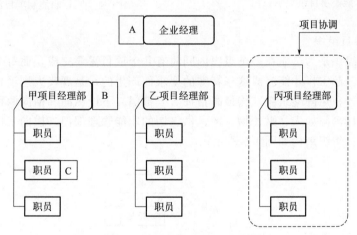

图 1-6　直线制项目组织示意图

② 职能制项目组织

职能制项目组织是以职能划分为基础的组织结构形式，强调职能的专业分工，把管理职能授权给不同的管理部门，故也称为部门控制式项目组织。在职能制项目组织中，把项目按专业分工进行管理，把管理职能作为划分部门的基础，项目的管理任务随之分配给相应的部门，职能部门经理全权负责本部门专业技术工作的管理。职能制项目组织如图 1-7 所示。

③ 直线-职能制项目组织

直线-职能制项目组织吸收了直线制和职能制的优点，并形成了自身的优点。它把管理机构和管理人员分为两类：一类是直线主管，即直线制的指挥机构和主管人员，他们只接受一个上级主管的命令和指挥，并对下级组织发布命令和进行指挥，而且对该单位的工作全面负责；另一类是职能参谋，即职能制的职能机构和参谋人员，他们只能给同级主管充当参谋、助手，提出建议或提供咨询。直线-职能制项目组织结构示意图如图 1-8 所示。

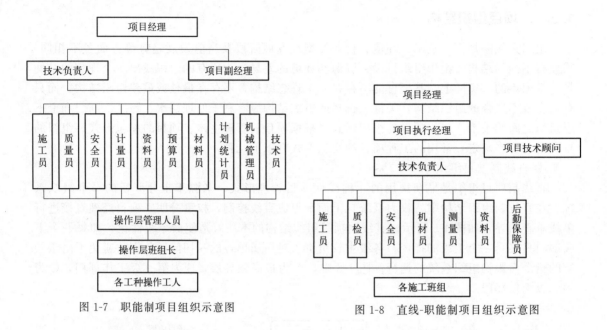

图 1-7　职能制项目组织示意图　　　　　　图 1-8　直线-职能制项目组织示意图

④ 矩阵制项目组织

矩阵制项目组织是为适应在一个组织内同时有几个项目需要完成，而每个项目又需要有不同专长的人在一起工作才能完成这一特殊的要求而产生的，是现代大型项目管理中应用最广泛的组织形式。在矩阵型组织结构最高指挥者（部门）下设纵向和横向两种不同类型的工作部门。纵向工作部门如人、财、物、产、供、销的职能管理部门，横向工作部门如建设项目等。矩阵制项目组织结构如图 1-9 所示。

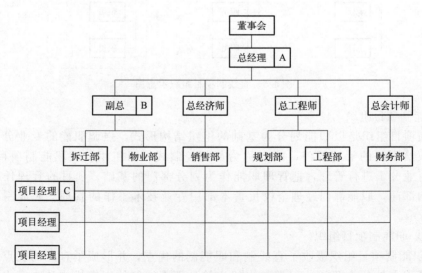

图 1-9　矩阵制项目组织示意图

表 1-3 是对四种组织结构模式的对比，包括优缺点及适用范围。

表 1-3　组织结构模式对比

组织结构模式	优点	缺点	适用范围
直线制项目组织	(1)结构比较简单,权力集中,便于统一指挥,集中管理。 (2)层级制度严格明确,决策与执行工作的效率高。 (3)管理沟通的速度和准确性在客观上有一定保证。 (4)项目经理有指令权,能够直接控制资源,对业主负责	(1)专业分工较差,使得资源难以充分合理利用。 (2)指令路径过长,会造成组织系统运行的困难。 (3)缺乏横向的协调关系,不能保证组织成员之间的有效沟通	直线制组织结构一般适用于规模较小、技术要求比较简单的项目
职能制项目组织	(1)职责明确,有利于专业技术问题的解决和管理效率的提高。 (2)专业技术人员可同时服务不同的项目。 (3)资源利用具有较大的灵活性	(1)存在着命令系统的多元化,易产生职能的重复或遗漏。 (2)各个工作部门职责界限不易分清	职能制项目组织结构适用于规模较小、工期较短、专业技术较强的工程项目,并且不需要涉及较多部门
直线-职能制项目组织	(1)能保持指挥统一、命令一致,又能发挥专业人员的作用; (2)管理组织系统比较完整,隶属关系分明	管理人员多,管理费用大	
矩阵制项目组织	(1)项目组织具有较好的弹性和应变能力,通过职能部门的协调,实现人才资源的有效配置。 (2)实现多个项目管理的高效管理,可以平衡资源做到保质保量	(1)结合部较多,易产生意见分歧。 (2)可能造成项目管理出现混乱。 (3)容易造成信息量膨胀,引起信息流不畅或失真	大型复杂的建设项目要求多部门、多技术、多专业配合实施

1.2.4　工作任务分工及管理职能分工

（1）工作任务分工

在组织结构确定后,应对各个部门或个体的主要职责进行分配。项目工作任务分工就是对项目组织结构的说明和补充,将组织结构中各个单位部门或个体的职责进行细化扩展。工作任务分工是建立在工作分解结构（WBS）的基础上的,工作分解结构以可交付成果为导向对项目要素进行分组,它归纳和定义了项目的整个工作范围,每下降一层代表该项目工作的更详细定义。项目管理任务分工体现组织结构中各个单位或个体的职责任务范围,从而为各单位部门或个体指出工作的方向,将多方向的参与力量整合到同一个有利于项目开展的合力方向。在编制项目管理任务分工表前,应结合项目的特点,对项目实施的各阶段的费用（投资或成本）控制、进度控制、质量控制、合同管理、信息管理和组织与协调等管理任务进行详细的分解。在项目管理任务分解的基础上,明确项目经理和费用（投资或成本）控制、进度控制、质量控制、合同管理、信息管理和组织与协调等主管部门或主管人员的工作任务,从而编制工作任务分工表。表 1-4 和表 1-5 分别为某项目设计阶段管理任务分解示例表和工作任务分工表。

表 1-4　某项目设计阶段管理任务分解示例

3　设计阶段项目管理的任务	
3.1　设计阶段的投资控制	
3101	在可行性研究的基础上,进一步分析、论证项目总投资目标

3102	根据方案设计,审核项目总投资估算,供委托方确定投资目标参考,并基于优化方案协助委托方对投资估算作出调整
3103	编制项目总投资切块、分解规划,并在设计过程中控制其执行;在设计过程中若有必要,及时提出调整总投资切块、分解规划的建议
3104	审核项目总投资概算,在设计深化过程中严格控制在总概算所确定的投资计划值中,对设计概算作出评价报告和建议
3105	根据工程概算和工程进度表,编制设计阶段资金使用计划,并控制其执行,必要时对上述计划提出调整建议
3106	从设计、施工、材料和设备等多方面作必要的市场调查分析和技术经济比较论证,并提出咨询报告,如发现设计可能突破投资目标,则协助设计人员提出解决办法,供业主参考
3107	审核施工图预算,调整总投资计划
3108	采用价值工程方法,在充分满足项目功能的条件下考虑进一步挖掘节约投资的潜力
3109	进行投资机会值和实际值的动态跟踪比较,并提交各种投资控制报表和报告
3110	控制设计变更,注意检查变更设计的结构性、经济性、建筑造型和使用功能能否满足业主的要求

3.2　设计阶段的进度控制

3201	参与编制项目总进度计划,有关施工进度与监理单位协商讨论
3202	审核设计方提出的详细的设计进度计划和出图计划,并控制其执行,避免发生因设计单位推迟进度而造成施工单位要求索赔
3203	协助起草主要甲供材料和设备的采购计划,审核甲供材料设备清单
3204	协助业主确定施工分包合同结构及招标方式
3205	督促业主对设计文件尽快作出决策和审定
3206	在项目实施过程中进行计划值和实际值的比较,并提出各种进度控制报表和报告
3207	协调室内装修设计、专业设备设计与主设计的关系,使专业设计进度能满足施工进度的要求

3.3　设计阶段的质量控制

3301	协助业主确定项目质量的要求和标准,满足设计质监部门质量评定标准要求,并作为质量控制目标值,参与分析和评价建筑物使用功能、面积分配、建筑设计标准等,根据业主的要求,编制详细的设计要求文件,作为方案设计优化任务书的一部分
3302	研究图纸、技术说明和计算书等设计文件,分析问题,及时向设计单位提出;对设计变更进行技术经济合理性分析,并按照规定的程序办理设计变更手续,凡对投资和进度带来影响的变更,须会同业主核签
3303	审核各设计阶段的图纸、技术说明和计算书等设计文件是否符合国家有关设计规范、有关设计质量要求和标准,并根据需要提出修改意见,确保设计质量获得有关部门审查通过

表 1-5　某项目工作任务分工表

序号	工作项目	经理室	技术委员会	专家顾问组	办公室	总工程师室	综合部	财务部	计划部	工程部	设备部	运营部	物业开发部
1	人事	☆					△						
2	重大技术审查决策	☆	△	○	○	△	○	○	○	○	○	○	○
3	设计管理			○		☆				△	△	○	
4	技术管理			○		☆				△	△	○	
5	科研管理			○		☆			○	○	○	○	
6	行政管理				☆		○	○	○	○	○	○	○
7	外事管理			○	☆	○							
8	档案管理			○	☆	○	○	○	○	○	○	○	○
9	资金管理						○	☆	○				
10	财务管理						○	☆	○				
11	审计						☆	○	○				
12	计划管理						○	○	☆	△	△	○	
13	合同管理						○	○	☆	△	△	○	
14	招投标管理			○		○			☆	△	△	○	
15	工程筹划			○		○				☆	○	○	
16	土建工程项目管理			○		○				☆	○		
17	工程前期工作			○		○		○	○	☆	○		○
18	质量管理			○		△				☆	△		
19	安全管理						○	○		☆	△		
20	设备选项			△		○					☆	○	
21	设备材料采购							○	○	△	△		☆
22	安装工程项目管理			○					○	△	☆	○	
23	运营准备			○						△		☆	
24	开通、调试、验收			○		△				△	☆	△	
25	系统交接			○	○	○	○	○	○	△	☆	○	
26	物业开发						○	○	○	○	○	○	☆

注：☆—主办；△—协办；○—配合。

（2）管理职能分工

管理职能分工与工作任务分工一样也是组织结构的补充和说明，体现在对于一项工作任务，组织中各任务承担者管理职能上的分工。管理职能分工表用表的形式反映项目管理班子内部项目经理、各工作部门和各工作岗位对各项工作任务的项目管理职能分工。表 1-6 为某项目管理职能分工表。

表 1-6　某项目管理职能分工表

项目阶段	序号		任务	业主方	项目管理方	监理方
设计阶段	1	审批	获得政府有关部门的各项审批	E		
	2		确定投资、进度、质量目标	DC	PC	PE
	3	发包与合同管理	确定设计发包模式	D	PE	
	4		选择总包设计单位	DE	P	
	5		选择分包设计单位	DC	PEC	PC
	6		确定施工发包模式	D	PE	PE
	7	进度	设计进度目标规划	DC	PE	
	8		设计进度目标控制	DC	PEC	
	9	投资	投资目标分解	DC	PE	
	10		设计阶段投资控制	DC	PE	
	11	质量	设计质量控制	DC	PE	
	12		设计认可与批准	DE	PC	
投标阶段	13	发包	招标、评标	DC	PE	PE
	14		选择施工总包单位	DE	PE	PE
	15		选择施工分包单位	D	PE	PEC
	16		合同签订	DE	P	P
	17	进度	施工进度目标规划	DC	PC	PE
	18		项目采购进度规划	DC	PC	PE
	19		项目采购进度控制	DC	PEC	PEC
	20	投资	招标阶段投资控制	DC	PEC	
	21	质量	制订材料设备质量标准	D	PC	PEC

注：P—筹划；D—决策；E—执行；C—检查。

1.2.5　工作流程组织

项目管理涉及众多工作，其中必然产生数量庞大的工作流程。工作流程组织是在工作任务分解后，用图表表达这些工作在时间上和空间上开展的先后顺序，如图 1-10 所示。工作流程组织一般包括：

① 管理工作流程组织，如投资控制、进度控制、合同管理、付款和设计变更等流程；

② 信息处理工作流程组织，如与生成月度进度报告有关的数据处理流程；

③ 物质流程组织，如钢结构深化设计工作流程，弱电工作物资采购工作流程，外立面施工工作流程等。

每一个工程项目应根据其特点，从多个可能的工作流程方案中确定以下几个主要的工作流程组织：

① 设计准备工作的流程；

② 设计工作的流程；

③ 施工招标工作的流程；

④ 物资采购工作的流程；

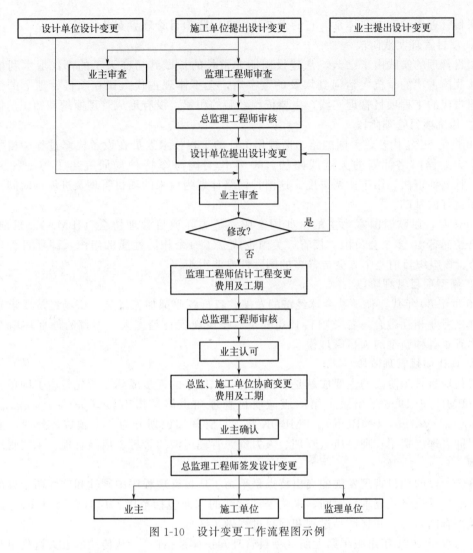

图 1-10　设计变更工作流程图示例

⑤ 施工作业的流程；

⑥ 各项管理工作（投资控制、进度控制、质量控制、合同管理和信息管理等）的流程；

⑦ 与工程管理有关的信息处理的流程。

工作流程应视需要逐层细化，如投资控制工作流程可细化为初步设计阶段投资控制工作流程、施工图设计阶段投资控制工作流程和施工阶段投资控制工作流程等。

不同的项目参与方，工作流程组织的任务不同。业主方和项目各参与方都有各自的工作流程组织的任务。

1.3　工程项目管理的发展历程、现状与趋势

1.3.1　项目管理的产生与发展

（1）国际项目管理的产生与发展

项目管理的发展历程虽然很久，但形成完整的现代项目管理理论体系的时间并不长，一般认为是从 20 世纪 50 年代开始出现科学的项目管理方法，到 20 世纪 80 年代整合为较为系

统的项目管理理论和方法体系。它的发展阶段在国际项目管理界有几种提法。

① 项目管理实践阶段

项目管理的实践由来已久，从建设周期非常长的长城到巧夺天工的都江堰水利枢纽工程；从我国古代的京杭大运河到埃及的金字塔，无不体现古代人民在项目管理上的伟大功绩。但古代的工程项目管理实践，主要依赖经验的积累，没有形成管理原理和知识的体系。

② 传统项目管理阶段

20 世纪 50 年代末，美国的路易斯维化工厂的工程技术人员在设备检修过程中摸索出后来被称为工程网络计划的关键线路法。60 年代美国海军特种局研究出了另一种网络计划——计划评审法，用于协调进度。这两种网络计划为后来的项目管理及进度（时间）管理奠定了良好的基础。

1965 年，以欧洲国家为主的一些国家成立了国际项目管理协会（IPMA）。目前，IPMA 已经拥有 40 多个会员国。接着，美国也成立了一个相同性质的组织，即项目管理协会（PMI）。该组织目前是个人会员最多的国际性专业组织。

③ 新型项目管理阶段

20 世纪 80 年代，伴随着全球经济的发展，各行各业都加速发展，市场经济要求越来越强，加之专业相互融合，各类项目日益复杂、建设规模日趋庞大、项目的外部环境变化频繁，出现了各种新型的项目管理模式。

④ 现代项目管理阶段

现代项目管理阶段的主要成就是项目管理知识体系的逐步成熟。首先是由美国项目管理协会（PMI）于 1996 年出版了第一版《项目管理知识体系指南》（*project management body of knowledge*，PMBOK）。PMBOK 将项目管理知识划分为 9 个领域，分别是范围管理、时间管理、费用管理、质量管理、人力资源管理、沟通管理、风险管理、采购管理及综合管理。

这个阶段的项目管理发展的突出特点是平衡了项目管理程序中硬性和软性两个方面。硬性的方面包括质量、成本、时间、采购等；软性的方面包括范围、风险、沟通、人力资源、组织及综合因素等。并将产品过程和项目过程做了区分。

该协会于 2021 年出版了第七版《项目管理知识体系指南》，从传统的五大过程组与十大知识领域转向全新的十二大原则与八大绩效域。

⑤ 战略项目管理阶段

从 21 世纪起，国际项目管理发展到了一个新的阶段，即战略项目管理阶段。随着科学技术的日新月异、飞速发展，产品（商品）和项目的专业界限日益模糊，科学也在相互融合，战略项目管理模型也应运而生。

⑥ 通用项目管理阶段

项目管理作为一门学科、一套理论和知识体系，已经被广泛应用于各行各业和不同类型的管理机构。除了工程建设行业以外，项目管理也被应用于工业生产、软件研发、计算机技术、信息系统集成、机械制造、科学研发、国防工业等行业的研发和生产。

项目管理由于其应用更广泛，在行业中也体现出了显著的价值。合理地运用项目管理知识和方法，可以取得节约时间、降低成本、保证质量等效果，从而产生经济效益。纵观当今国际项目管理的发展，呈现出全球化、多元化、专业化、标准化、信息化和职业化的特点。

（2）我国项目管理的研究与应用

20 世纪 60 年代初期，华罗庚教授引进和推广了网络计划技术，并结合我国"统筹兼顾，全面安排"的指导思想，将这一技术称为"统筹法"。

1965 年，华罗庚教授带领中国科技大学部分老师和学生到西南三线建设工地推广应用统筹法，在修铁路、架桥梁、挖隧道等工程项目管理上取得了成功。1966 年，华罗庚教授在《统筹方法平话及补充》一书中提出了一套较系统的、适合我国国情的项目管理方法，包括调查研究、绘制箭头图、找主要矛盾线以及在设定目标条件下优化资源配置等。1980 年后，华罗庚教授和他的助手们开始将统筹法应用于国家特大型项目，例如，1980 年启动的"两淮煤矿开发"项目以及 1984 年启动的"准格尔露天煤矿煤、电、运同步建设"项目等。自此，统筹法由局部和企业层级发展到国家大规模项目的管理层面。我国项目管理学科的发展就是起源于华罗庚教授推广"统筹法"，中国项目管理学科体系也是由于统筹法的应用而逐渐形成的。

国家计委等五单位于 1987 年 7 月 28 日以"计施〔1987〕2002 号"发布《关于批准第一批推广鲁布革工程管理经验试点企业有关问题的通知》之后，于 1988 年 8 月 17 日发布"建施综字第 7 号"通知，确定了 15 个试点企业共 66 个项目。1991 年 9 月原建设部提出了《关于加强分类指导、专题突破、分部实施、全面深化施工管理体制综合改革试点工作的指导意见》，把试点工作转变为全行业推进的综合改革。比如在二滩水电站、三峡水利枢纽建设和其他大型工程建设中，都采用了项目管理这一有效手段，并取得了良好的效果。

20 世纪 90 年代初，在西北工业大学等单位的倡导下成立了我国第一个跨学科的项目管理专业学术组织——中国优选法统筹法与经济数学研究会项目管理研究委员会（Project Management Research Committee，China，PMRC），PMRC 的成立是中国项目管理学科体系开始走向成熟的标志。

从 2000 年 3 月开始，中国建筑业协会工程项目管理专业委员会组成了《建设工程项目管理规范》编写委员会，开始编写规范，该规范于 2002 年开始实施。标志着我国工程项目管理的水平提高到了一个新的高度。

2002 年 12 月 5 日，人事部、建设部联合印发了《建造师执业资格制度暂行规定》（人发〔2002〕111 号）明确规定："我国的建造师是指从事建设工程项目总承包和施工管理关键岗位的专业技术人员。"

2003 年 2 月 27 日《国务院关于取消第二批行政审批项目和改变一批行政审批项目管理方式的决定》规定："取消建筑施工企业项目经理资质核准，由注册建造师代替，并设立过渡期。"按照原建设部颁布的《建筑业企业资质等级标准》，一级建造师可以担任特级、一级建筑业企业资质的建设工程项目施工的项目经理；二级建造师可以担任二级及以下建筑业企业资质的建设工程项目施工的项目经理。

2004 年建设部《建设工程项目管理试行办法》的出台，进一步加快了培育工程总承包企业和工程项目管理公司的进程。

2006 年 6 月 21 日建设部和原国家质量监督检验检疫总局颁布《建设工程项目管理规范》（GB/T 50326—2006），于 2006 年 12 月 1 日起实施。规范有利于提高建设工程项目管理水平，促进建设工程项目管理的科学化、规范化、制度化和国际化。

2017 年 5 月 4 日住房和城乡建设部颁布《建设工程项目管理规范》（GB/T 50326—2017）。本标准由住房和城乡建设部负责管理，由中国建筑业协会工程项目管理专业委员会作具体技术内容的解释。

项目管理的实践是永无止境的，项目管理的变革和发展也是必然的。广大工程建设者应当不断追赶项目管理的国际先进水平，加快我国工程项目管理发展的步伐，创造出更多的改革经验，使我国的建筑市场发展得更加完善。

1.3.2 工程项目管理发展的现状

我国工程项目管理的发展起步相对晚于发达国家的项目管理，真正意义上的项目管理始于 20 世纪 80 年代，在这四十多年发展历程中，我国的工程项目管理取得了很大的进步，但是整体水平还是与先进国家有一定的距离。现阶段我国工程项目管理主要的状况是：

（1）工程项目管理组织体系不够完善

在对建筑工程项目实施管理时，其管理组织往往是临时组织起来的，缺乏一个贯穿整个工程项目的管理组织。这种临时性的组织比较松散，一方面组织中的管理人员身兼多职，专业条件可能并不满足工程项目管理的要求，另一方面在工程结束后会马上解散，又造成了资源的浪费。此外，由于管理组织机构具有临时性的特点，所以工程项目管理中的经验无法传承下去，在实施管理中还可能存在职责不明确、互相推卸责任的问题。

（2）对工程项目管理的可行性研究不足

工程项目可行性研究指的是根据投资者要求提出科学的决策依据，然后为工程管理提供如合同、工程设计等方面的参考资料，为保证工程项目质量奠定基础。

（3）工程管理的精细化方法理念运用不足

工程项目管理的理念在持续更新，基础性的理论研究也越来越成熟，促进了工程管理人员工作方法、工作理念的更新和工作模式的选择。从目前的发展情况来看，应引进精细化的管理理念，精准把握管理目标，积极引进软件技术和计算机技术，改善工程管理体系和工程管理模式。

（4）企业缺少复合型高级项目管理人才

由于现代工程项目管理在我国的发展只有 40 多年，所以很多管理模式的技术还处在试验性阶段，管理较粗犷，管理人员的水平也参差不齐，技术娴熟的、懂得各种工程综合知识的高复合型管理人才严重稀缺，更缺少既懂得国际中一流的工程管理模式、先进的管理方式，又能熟练掌握工程管理各种软件，具备能综合费用、质量、进度、材料、安全五大类知识的全能人才。

1.3.3 工程项目管理发展的趋势

在我国工程项目管理发展现状的基础上，结合国家经济的整体发展趋势，对工程项目管理的发展趋势做出了分析，我国工程项目管理的发展趋势主要表现在以下方面：

（1）项目管理的国际化发展

随着我国经济改革和企业改革进程的加快，我国经济和企业在全球市场上的竞争越来越激烈，许多企业在海外投资和经营的项目越来越多，项目管理的国际化慢慢形成趋势。国外企业具有资本、技术和管理模式、人才、服务上的优势，我国企业面对日益激烈的国际市场竞争，必须改变管理模式，同时做到以下几点：首先必须强化项目管理理念，认识到项目管理模式的价值和优势，在企业内部做好宣传教育工作，对相关人员展开教育培训；其次应该建立和完善工程项目管理体系，政府应该组织人员进行项目管理可行性研究分析，并帮助企业建立适合该企业发展的管理体系和目标。此外，还要不断完善法律体系和相关制度规定，为项目管理奠定法律基础。在落实相关制度规定上应该采取强制性手段，严格控制项目管理的规范化，从而保证工程项目有效实施。

（2）项目管理信息化发展

进入信息技术时代，传统的管理模式和方式已经无法满足工程项目管理的发展要求，所以项目管理信息化和网络化发展成为未来趋势。现阶段，将工程项目和信息技术结合起来，利用计算机技术开展项目管理，不仅提高了工作效率，而且也提高了管理水平。在未来，项目管理会更加依赖信息技术和相关先进的管理软件，对于我国来说，首先必须改变管理模式，利用网络化管理手段实施管理。其次要培养信息技术方面的专业人才，不断积累信息管理的经验和方法。此外，要加强企业之间的交流合作，鼓励企业参与到市场竞争中来，并意识到企业自身存在的问题然后进行自我完善。

（3）项目管理专业化和集成化发展

工程项目在建设过程中往往被分成设计准备、施工和竣工验收等多个阶段和环节，不同的环节需要不同专业范围的人员进行管理。但是如果将每一个环节独立开来将造成人力资源的浪费，导致决策缺乏统一性和正确性。在工程规模扩大的条件下，工程项目必须实现集成化、全程化发展，也就是整合观念，保证各个独立环节间的协调性和完整性，使不同职能范围的人员或者部门、企业承担不同的责任和义务，但是同时又为同一个建设管理目标而努力。这样，不但可以实现工程项目管理的专业化和信息化发展，而且还能有效降低工程项目施工管理风险。

1.3.4 工程项目管理信息的数字化

（1）工程项目信息及其特性

工程项目的信息包括在项目决策过程、实施过程（设计准备、设计、施工和物资采购环节等）和运行过程中产生的信息，以及其他与项目建设有关的信息。它包括项目的组织类信息、管理类信息、经济类信息，技术类信息和法规类信息。通过信息技术在工程项目管理中的应用，首先能够实现各类信息存储相对集中。这有利于工程项目信息的检索和查询，数据和文件版本的统一，以及工程项目的文档管理；其次能够实现各类信息处理的程序化、数字化和电子化，这有利于提高数据处理的准确性及保密性，以及提高数据处理的效率；最后能够使各类信息获取更加便捷，提高信息透明度，这有利于工程项目各参与方之间的信息交流和协同工作。工程项目的实施需要人力资源和物质资源，应认识到信息也是项目实施的重要资源之一。

信息管理是指信息传输的合理组织和控制。工程项目的信息管理是指通过对各个系统、各项工作和各种数据的管理，使项目的信息能方便、有效地获取、存储、处理和交流。工程项目的信息管理旨在通过有效的项目信息传输的组织和控制为项目建设增值服务。

（2）工程项目信息的处理

为了充分发挥信息资源的价值，发挥信息对项目目标控制的作用，工程项目信息的处理应由传统方式向基于网络信息处理平台方向发展。网络信息处理平台主要由三个部分构成：第一部分是数据处理设备，包括计算机、打印机、扫描仪、绘图仪等。第二部分是数据通信网络，包括形成网络的有关硬件设备和相应的软件等。数据通信网络主要有三种类型，分别是局域网、城域网以及广域网。第三部分是软件系统，包括操作系统和服务于信息处理的应用软件等。基于互联网的信息处理平台，如图1-11所示。

工程项目各参与方往往分散在不同的地

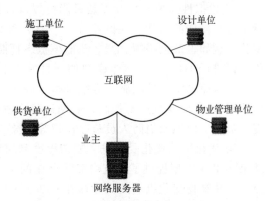

图1-11 基于互联网的信息处理平台

点、不同的城市或不同的国家，因此，其信息处理应充分利用远程数据通信的方式。目前，工程项目数据通信的方式主要有以下几种：

① 通过电子邮件收集和发布信息。

② 通过基于互联网的项目专用网站实现项目各参与方之间的信息交流、协同工作和文档管理。

③ 召开网络会议。

④ 基于互联网的远程教育与培训。

1.3.5　工程项目信息模型 BIM

建筑信息模型（building information modeling）或者建筑信息管理（building information management）（简称 BIM），是以建筑工程项目的各项相关信息数据作为基础，建立起三维的建筑模型，通过数字信息仿真模拟建筑物所具有的真实信息。它具有可视化、协调性、模拟性、优化性、可出图性、一体化性、参数化性和信息完备性八大特点。

（1）BIM 简介

BIM 涵盖了几何学、空间关系、地理信息系统、各种建筑组件的性质及数量，可以用来展示整个建筑寿命周期，包括兴建过程及营运过程。从 BIM 设计过程的资源、行为、交付三个基本维度，给出设计企业的实施标准、具体方法和实践内容。BIM 不是简单地将数字信息进行集成，而是一种数字信息的应用，是可以用于设计、建造、管理的数字化方法。这种方法支持建筑工程的集成管理环境，可以使建筑工程在其整个进程中显著提高效率、大量减少风险。

（2）BIM 的特点

① 可视化。BIM 提供了可视化的思路，将以往线条式的构件形成一种三维的立体实物图形展示在人们的面前。BIM 提到的可视化是一种能够同构件之间形成互动性和反馈性的可视化，在 BIM 建筑信息模型中，由于整个过程都是可视化的，所以，可视化的结果不仅可以用来展示效果图及生成报表，更重要的是，项目设计、建造、运营过程中的沟通、讨论、决策都在可视化的状态下进行。

② 协调性。协调性是建筑业中的重点内容，不管是施工单位还是业主及设计单位，无不在做着协调及互相配合的工作。BIM 建筑信息模型可在建筑物建造前期对各专业的碰撞问题进行协调，生成协调数据，提供出来。BIM 的协调作用还可以解决设计布置中的一些协调问题，例如，电梯井布置与其他设计布置及净空要求的协调，防火分区与其他设计布置的协调，地下排水布置与其他设计布置的协调等。

③ 模拟性。模拟性并不是只能模拟设计出的建筑物模型，还可以模拟不能够在真实世界中进行操作的事物。在设计阶段，BIM 可以对设计上需要进行模拟的一些东西进行模拟试验，例如，节能模拟、紧急疏散模拟、日照模拟、热能传导模拟等；在招标投标和施工阶段可以进行 4D 模拟（三维模型加项目的发展时间），也就是根据施工的组织设计模拟实际施工，从而确定合理的施工方案来指导施工，同时还可以进行 5D 模拟（基于 3D 模型的造价控制），从而实现成本控制；后期运营阶段可以模拟日常紧急情况的处理方式，例如，地震人员逃生模拟及消防人员疏散模拟等。

④ 优化性。优化受信息、复杂程度和时间的制约。没有准确的信息做不出合理的优化结果，BIM 模型提供了建筑物实际存在的信息，包括几何信息、物理信息、规则信息，还提供了建筑物变化以后的实际存在。基于 BIM 的优化可以做到：项目方案优化、特殊项目的设计优化、可出图性、一体化性、参数化性、信息完备性。

本章小结

① 项目、工程项目和工程项目管理的基本概念。项目是指在一定约束条件下，具有特定目标的一次性事业（或任务）。工程项目管理是组织运用系统的观点、理论和方法，对建筑工程项目进行的计划、组织、指挥、协调和控制等专业化活动。

② 工程项目管理组织的基本内容。主要从项目经理制、项目结构、组织结构、任务分工和工作流程组织方面介绍基本内容。

③ 项目管理发展历程。主要介绍国外以及国内工程项目管理的历史、发展、趋势。

④ 项目管理信息数字化。主要介绍了工程项目信息的特性和处理以及 BIM 的概念、特点等基本信息。

 复习思考题

在线题库

1. 什么是项目？项目的特点有哪些？

2. 什么是工程项目建设程序？

3. 建筑工程项目是如何分类的？

4. 什么是项目管理？项目管理的主体有哪些？

5. 为什么要对项目进行分解？

6. 工程项目管理的组织形式有哪些？分别有哪些优缺点？

7. 假设你现在有一笔 30 万元的资金，经过初步分析你决定开设一间咖啡屋，为了开办咖啡屋你需要进行许多方面的工作，请按照 WBS 原理将开设咖啡屋过程中可能涉及的工作进行分解。

第2章
工程项目实施模式

学习目标

学习不同融资模式的概念和特点；学习建设工程项目承发包模式及相关的法律规定；了解掌握现代建设工程项目常见承发包模式的种类和特点。

本章重点

本章围绕工程项目融资模式，分别阐述了不同融资模式的概念和特点；学习建设工程项目承发包模式及相关的法律条文，针对建设工程项目常见承发包模式的概念和优缺点进行分析。

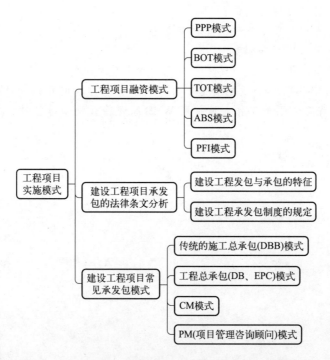

党的二十大报告指出，要"坚持人民城市人民建、人民城市为人民，提高城市规划、建设、治理水平，加快转变超大特大城市发展方式，实施城市更新行动，加强城市基础设施建设，打造宜居、韧性、智慧城市"。

推广政府与社会资本合作模式的创新对于加快新型城镇化、实现国家治理现代化、提升国家治理能力、构建现代财政制度具有重要意义。遵循《中华人民共和国建筑法》（下简称《建筑法》）等相关的法律规范，依法进行承发包工程项目活动，有利于保证工程项目质量，提高工程建设水平，推动产业转型升级，更好地为"一带一路"倡议服务。

2.1　工程项目融资模式

2.1.1　PPP 模式

PPP 模式即"政府与社会资本合作"（public private partnership，PPP），是指政府部门与民营企业之间，为了合作建设城市基础设施项目，或是为了提供某种公共物品和服务，以特许权协议为基础，充分利用私人资源进行设计、建设、投资、经营和维护公共基础设施，并提供相关服务以满足公共需求而形成的一种伙伴式合作关系。这种模式通过签署合同来明确双方的权利和义务，以确保合作顺利完成，最终使合作各方达到比预期单独行动更为有利的结果。

PPP 模式是公共基础设施建设中发展起来的一种优化的项目融资与实施模式，这是一种以各参与方的"双赢"或"多赢"为合作理念的现代融资模式。其典型的结构为：政府部门或地方政府通过政府采购形式，与中标单位组建的项目公司（也称为特殊目的公司，special purpose venture，SPV，一般由中标的建筑公司、服务经营公司或对项目进行投资的第三方共同持股组建）签订特许合同。由 SPV 负责筹资、建设及经营。政府通常与提供贷款的金融机构达成一个直接协议，这个协议不是对项目进行担保的协议，而是一个向借贷机构承诺将按与 SPV 签订的合同支付有关费用的协议，这个协议能比较顺利地获得金融机构的贷款。采用这种融资形式的实质是：政府通过给予私营公司长期的特许经营权和收益权来换取基础设施的加快建设及有效运营。

从我国实践看，PPP 不仅仅是一个新融资模式，还是管理模式和社会治理机制的创新。

PPP 的一些共同特征：一是公共部门与私营部门的合作，合作是前提。二是合作的目的是提供包括基础设施在内的公共产品或服务。三是强调利益共享，在合作过程中，私营部门与公共部门实现共赢。四是风险分担。

（1）PPP 模式的优点

① 使政府部门和民营企业能够充分利用各自的优势，即把政府部门的社会责任、远景规划、协调能力与民营企业的创业精神、民间资金和管理效率结合在一起。

② 消除费用的超支，公共部门和私人企业在初始阶段共同参与项目的识别、可行性研究、设施和融资等项目建设过程，保证了项目在技术和经济上的可行性，缩短前期工作周期，使项目费用降低。

③ 有利于转换政府职能，减轻财政负担，政府可以从过去的基础设施公共服务的提供者变成一个监管的角色，从而保证质量，也可以在财政预算方面减轻政府压力。

④ 促进了投资主体的多元化，利用私营部门来提供资产和服务能为政府部门提供更多的资金和技能，促进了投融资体制改革，同时私营部门参与项目还能推动在项目设计、施工、设施管理过程等方面的革新，提高办事效率。

⑤ 使项目参与各方整合，组成战略联盟，对协调各方不同的利益目标起关键作用。

⑥ 风险分配合理，与 BOT 等模式不同，PPP 在项目初期就可以实现风险分配，同时由于政府分担一部分风险，使风险分配更合理，减少了承建商与投资商的风险，从而降低了融资的难度，提高了项目融资成功的可能性，政府在分担风险的同时也拥有一定的控制权。

（2）PPP 模式的缺点

① 私营机构融资成本较高，与公共部门相比，金融市场对私营机构信用水平的认可度

通常略低，导致私营机构的融资成本通常要高于公共机构的融资成本。

② 采用的特许经营制度可能导致垄断，PPP 模式下较高的投标成本和交易费用以及复杂的长期合同，导致很多规模较小的私营机构无法加入 PPP 项目，因此减少了政府部门对社会资本的选择空间，招投标过程不能实现良好的竞争性，另外 PPP 模式采用的特许经营制度，实际上也使中标的投资运营商获得了一定程度的垄断性。

③ 复杂的交易结构可能降低效率，众多的参与方可能使项目沟通存在一定的障碍，特别是在未来发生一些不可预料的事件时，可能会在合同条款的争议方面耗费过多的时间。

④ 长期合同缺乏足够的灵活性，为了项目长期运行稳定，PPP 合同可能会比较严格，灵活性不够。

⑤ 公众使用公共产品/服务的成本表面上可能提高，在 PPP 模式的定价机制下，私营机构需要补偿项目的全部成本，并获得合理水平的投资收益，对产品或服务进行市场化的定价，可能增加公众的直接使用成本。

（3）PPP 模式适用范围

PPP 模式适用范围广泛，突破了目前引入私人企业参与公共基础设施项目组织机构的多种限制，可适用于城市供热等各类市政公用事业及道路、铁路、机场、医院、学校等。

2.1.2　BOT 模式

（1）BOT 模式概念

BOT（build-operate-transfer，建设-运营-移交）模式是 20 世纪 80 年代中后期发展起来的一种项目融资方式，主要适用于竞争性不强的行业或有稳定收入的项目，如包括公路、桥梁、自来水厂、发电厂等在内的公共基础设施、市政设施等。

BOT 模式由项目所在国政府或所属机构为项目的建设和经营提供一种特许权协议作为项目融资的基础，由项目发起人独立式地联合其他方组建项目公司，负责项目的融资、设计、建造和经营，并承担风险，开发建设项目，在整个特许期内，项目公司通过项目的经营获得利润，并用此利润偿还债务，在特许期满之时，整个项目由项目公司无偿或以极少的名义价格移交给东道国政府。

BOT 实质上是一种债务与股权相混合的产权，它是以项目构成的有关单位，包括项目发起人、私人投资者、运营商等组成项目公司，对项目的设计、咨询、融资和施工实行一揽子承包，当项目竣工后在特许期内进行运营，向用户收取服务费，以收回投资、偿还债务、赚取利润，最终将项目交给政府。

实际上 BOT 是一类项目融资方式的总称，通常所说的 BOT 主要包括典型 BOT、BOOT 及 BOO 三种基本形式。

① 典型 BOT 方式

投资财团愿意自己融资建设某项基础设施，并在项目所在国政府授予的特许期内经营该公共设施，以经营收入抵偿建设投资，并获得一定收益，经营期满后将此设施转让给项目所在国政府。这是最经典的 BOT 形式，项目公司没有项目的所有权，只有建设和经营权。

② BOOT 方式

BOOT（build-own-operate-transfer，建设-拥有-运营-移交）方式与典型 BOT 方式的主要不同之处是，项目公司既有经营权又有所有权，政府允许项目公司在一定范围和一定时期内，将项目资产以融资目的抵押给银行，以获得更优惠的贷款条件，从而使项目的产品/服务价格降低，但特许期一般比典型 BOT 方式稍长。

③ BOO 方式

BOO（build-own-operate，建设-拥有-运营）方式与前两种形式的主要不同之处在于，项目公司不必将项目移交给政府（即为永久私有化），目的主要是鼓励项目公司从项目全寿命期的角度合理建设和经营设施，提高项目产品/服务的质量，追求全寿命期的总成本降低和效率的提高，使项目的产品/服务价格更低。

（2）BOT 方式的应用领域

BOT 模式作为一种成熟的投资和运营模式，已得到广泛运用。一个国家的公共基础设施领域，投资较大、建设周期长和可以运营获利的设施或服务项目等都是 BOT 模式的应用领域。具体包括以下三个方面：一是公共设施项目，如电力、电信、自来水、排污、公共体育设施等；二是公共工程项目，如大坝、水库、仓库等；三是交通设施项目，如公路、铁路、桥梁、隧道、港口、机场等。这些都适合于采用 BOT 方式来进行融资建设。此外，本应由政府投资建设的资源开发项目和工业项目，如石油、天然气、铁矿等矿产资源的开发，也可以采用 BOT 方式。

该模式最大特点是由于获得政府许可和支持，有时可得到优惠政策，拓宽了融资渠道。BOOT、BOO、DBOT、BTO、TOT、BRT、BLT、BT、ROO、MOT、BOOST、BOD、DBOM 和 FBOOT 等均是标准 BOT 操作的不同演变方式，但其基本特点是一致的，即项目公司必须得到政府有关部门授予的特许权。

（3）BOT 模式的优点

① 可以减少政府主权借债和还本付息的责任。

② 可以将公营机构的风险转移到私营承包商，避免公营机构承担项目的全部风险。

③ 组织机构简单，政府部门和私人企业协调容易。

④ 项目回报率明确，严格按照中标价实施，政府和私人企业之间利益纠纷少。

⑤ BOT 项目通常都由外国的公司来承包，这会给项目所在国带来先进的技术和管理经验，既给本国的承包商带来较多的发展机会，也促进了国际经济的融合。

（4）BOT 模式的缺点

① 在特许权期限内，政府将失去对项目所有权和经营权的控制。

② 公共部门和私人企业往往都需要经过一个长期的调查了解、谈判和磋商过程，以致项目前期过长，投标费用过高。

③ 参与方多，结构复杂，参与项目各方可能存在某些利益冲突，对融资造成障碍。

④ 风险分摊不对称等，政府虽然转移了建设、融资等风险，却承担了更多的其他责任与风险，如利率、汇率风险等。

⑤ 在项目完成后，可能会有大量的外汇流出。

2.1.3　TOT 项目模式

（1）TOT 项目模式的概念

TOT 是"移交（transfer）-经营（operate）-移交（transfer）"的简称，是私营机构、非公共机构、外资等社会投资者参加公共基础设施建设、经营、发展的新型模式。

从政府的角度，政府（项目的拥有者）把已经建设好的公共基础设施项目的经营权，在一定期限内有偿移交给私有机构、非公共机构及外商等社会投资者经营，一次性地从社会投资者那里获得资金，用于偿还公共基础设施项目建设贷款或建设新的公共基础设施项目。特许经营期满后，收回经营权。

从社会投资者角度，在特许经营期内，通过经营收回全部投资，并得到合理的回报。特许经营期满后，社会投资者再把公共基础设施项目无偿移交回政府。

（2）TOT融资方式与传统融资的融资比较

TOT是项目融资的一种类型。要理解TOT融资方式与传统融资的区别，必须对项目融资有深刻的理解。

TOT作为项目融资的一种类型，包括项目融资最基本的内容：TOT是以项目为主体安排的融资；TOT中贷款偿还来源于项目本身，换言之，融资项目能否获得贷款取决项目在一定时期内的未来收益。

① 从贷款对象来看，在传统贷款方式中，贷款人将资金贷给借款人，借款人再将资金用于某一项目。此外，借款人与还款人均为项目的主办方，贷款人看重的是借款人的信用。在TOT中，项目的主办方一般都为某项目的融资和经营而成立一家项目公司，在项目所在地登记注册并受其法律监管，项目公司是一个独立的经济单位，项目主办方只投入自己的部分资产，并将项目资产和自己的其他资产分开。由项目公司贷款，而不是项目主办方贷款。

② 从贷款来源看，按传统的贷款方式，贷款人是依靠借款人（项目主办人）的所有资产及收益作为偿债来源。而在TOT中，贷款人仅将项目运营后取得的收益和项目的资产作为还款来源，即使项目的日后收益不足以还清贷款，项目贷款人在项目公司以外的资产和收益也不受影响。

③ 从贷款担保来看，在TOT模式中，贷款人用抵押权和经营权转让取得的合同收益作为对借款人违约的补救。前者可以以土地、建筑物、厂房、机器设备等资产作为抵押品，后者包括产、供、销方面的长期合同和其他附属性协议或合同权益的转让。在传统的贷款方式中，则未必需要上述这样层层紧扣的担保形式和合同担保。

综上所述，TOT与传统贷款融资的一个重要区别在于，项目主办人将原来应由自己承担的还款义务部分地转移到项目公司身上，也就是将原来所承担的全部风险，部分转移给项目公司，如图2-1所示。

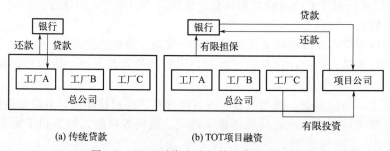

图 2-1　TOT融资方式与传统贷款的比较

（3）与一般项目融资方式相比的优点

① 一般的项目融资都需要以项目的经济强度作为担保，而TOT模式依赖项目一定时期的收益来进行融资。对于政府，相当于项目垫支了资金进行建设，然后以项目一定期限内的现金流量为标的进行融资，取得资金垫支下一个项目的建设。

② 风险小。TOT方式明显降低了项目风险，尤其是社会投资者面临的风险更是大幅降低，引资成功的可能性大大增加了，是一种可行的、实用的引资方式。政府面临的风险比BOT有所增加，但却与自筹资金和向外贷款方式中的风险相当。TOT模式是购买现在已存在的存量基础设施的经营权，即可以避免基础设施的建设资金超支、工程停建或者不能正常运营、现金流量不足以偿还债务的风险，复杂的信用保证结构，从而使投资者能尽快取得收益。

③ 项目产品价格低。在 TOT 方式下，由于积累大量风险的建设阶段和试生产阶段已经完成，涉及环节较少，评估、谈判等方面的从属费用也大大降低。从另一角度讲，政府在评估、谈判等过程中的费用也有较大幅度下降。引资成本的降低必将有助于项目产品的合理定价。

④ 简便易行，方便管理，不至于在政府引起较大阻力。基础设施采用 TOT 方式融资，转让的只是特许经营期内的经营权，不涉及产权、股权这一敏感问题，保证了政府对基础设施的控制权，易于满足我国特殊的经济及法律环境的要求。因此，在现行条件下较易推广进行。其次，由于不涉及所有权问题，加之风险小，减小了引资的阻力。

⑤ 涉及法律环节较少。在许多国家现行的法规和条例范围内就能解决 TOT 方式所产生的大部分问题。

⑥ 融资对象更为广泛。在一般项目融资方式下，融资对象多为外国大银行、大建筑公司或能源公司等，而在 TOT 方式下，所有金融机构、基金组织和私人资本等都有机会参与投资。

⑦ TOT 作为项目融资的一种方式，有延续性，政府要有长期的统筹。TOT 要求不用个别的眼光而要着眼于一定范围内的所有项目，分析现金流入和流出的时间，要筹资的项目和可以出售的项目的资金在时间上是互相交叉，统筹安排的。

⑧ TOT 融资成功与否取决于已建成的项目，与需要融资的项目分割开来，融资项目对现项目无发言权，无直接关系。

（4）TOT 模式的缺点

TOT 融资方式的缺点在于它没有打破在基础设施建设阶段的垄断，不利于在竞争阶段引入竞争机制。但是，TOT 融资方式已经在基础设施经营阶段引入竞争机制无疑是基础设施领域实施改革的积极措施。

（5）TOT 模式的适用范围

TOT 模式是由社会投资者进入基础设施领域经营项目，而社会投资者的主要目的是取得长期稳定的利润以归还借款并取得利润，并且这个收入只能通过特定经营期的收费才能取得。所以一个国家的基础设施领域能通过收费获得收入的设施和服务项目都是 TOT 模式的适用范围。

根据以上的项目区分理论，TOT 模式适用于经营性项目，包括纯经营性项目，如收费高速公路、收费桥梁、收费隧道等；以及部分准经营项目（要求一定的经营指数），如煤气厂、地铁、轻轨、自来水厂、垃圾焚烧厂等。

2.1.4　ABS 资产支援证券化模式

ABS（asset-backed-securitization）是以项目所属的资产为支撑的证券化融资方式。它是以项目所拥有的资产为基础，以该项目资产可以带来的预期收益为保证，通过在资本市场上发行债券筹集资金的一种项目融资方式。

（1）ABS 模式的基本要素

资产支持证券化融资的基本构成要素主要有以下几个方面。

① 标准化的合约。制订标准化合约必须审慎，因为该合约使所有的参与方确信：为满足契约规定的义务，该担保品的存在形式应能够提供界定明确而且在法律上可行的行为。

② 资产价值的正确评估。在信贷资产证券化业务中，通过银行的尽职调查，向感兴趣的各方提供关于该项目风险性质的描述和恰当的价值评估。

③ 具有历史统计资料的数据库。对于拟证券化的资产在过去不同情况下的表现，必须

提供一份具有历史统计资料的数据，以使各参与方据此确定这些资产支持证券化的风险程度。

④ 适用法律的标准化。证券化融资需要以标准的法律为前提。美国第一银行曾发行过AAA 级抵押支持转递证券，最后以失败告终，其原因主要就是它未能满足美国所有各州所要求的法定投资标准。这一点也是决定 ABS 项目能否成功的重要一环。

⑤ 确定中介机构。这一点对于证券化融资也是非常关键的，不应因金融中介机构的破产或服务权的转让而造成投资者的损失。

⑥ 可靠的信用增级措施。证券化融资的重要特点是可以通过信用增级措施发行高档债券，以降低项目融资的成本。因此，如果没有可靠的资信较高的信用增级措施，资产支持证券化融资是很难操作的。

⑦ 用以跟踪现金流量和交易数据的计算机模型也是促进证券化交易增长的重要基础。

（2）ABS 模式的主要当事人

① 发起人或原始权益人

发起人或原始权益人是被证券化的项目相关资产的原始所有者，也是资金的最终使用者。对于项目收益资产证券化来说，发起人是指项目公司，它负责项目收益资产的出售、项目的开发建设和管理。对于项目贷款资产证券化来说，发起人一般包括：商业银行，其主要功能是吸收存款和管理贷款；抵押银行，其主要功能是发放抵押贷款并在二级市场销售；政府机构，其尽管提供的贷款少，但发挥的作用很大。

一般情况下，发起人的主要作用是：收取贷款申请、审借款人申请抵押贷款的资格、组织贷款、从借款人手中收取还款、将借款还款转交给抵押支持证券的投资者等。

尽管发起人破产并不直接影响资产支持证券的信用，但发起人的信誉仍然是需要考虑的一个重要因素。如果发起人的信誉恶化就会影响包括发起人的资产在内的担保品的服务质量。

② 服务人

服务人通常由发起人自身或指定的银行来承担。服务人的主要作用体现在两个方面：a. 负责归结权益资产到期的现金流，并催讨过期应收款。b. 代替发行人向投资者或投资者的代表受托人支付证券的本息。服务的内容包括收集原借款人的还款，以及其他一些为担保履行还款义务和保护投资者的权力所必需的步骤。因此，资产支持证券的大多数交易与服务人的信用风险存在着直接的关系，因为服务人持有要向投资者分配的资金。信用风险的高低是由服务人把从资产组合中得到的权益转交给投资者时的支付频率决定的。

③ 发行人

发行人可以是中介公司，也可以是发起人的附属公司、参股公司或者投资银行。有时，受托管理人也承担这一责任，即在证券化资产没有卖给上述的公司或投资银行时，它常常被直接卖给受托管理人。该受托管理人是一个信托实体，其创立的唯一目的就是购买拟证券化的资产和发行资产支持证券。该信托实体控制着作为担保品的资产并负责管理现金流的收集和支付。

④ 证券商

ABS 由证券商承销。证券商或者向公众出售其包销的证券，或者私募债券。作为包销人，证券商从发行人处购买证券，再出售给公众。如果是私募债券，证券商并不购买证券而只是作为发行人的代理人，为其成功发行提供服务。发行人和证券商必须共同合作，确保发行结构符合法律、财会、税务等方面的要求。

⑤ 信用增级机构

在资产证券化过程中，一个尤为关键的环节就是信用增级，而信用增级主要由信用增级机构完成。信用增级即信用等级的提高，经信用保证而得以提高等级的证券将不再按照原发行人的等级或原贷款抵押资产等级进行交易，而是按照担保机构的信用等级进行交易。信用增级一般采取内部信用增级和外部信用增级两种方式：发行人提供的信用增级即内部信用增级；第三者提供的信用增级即外部信用增级。

⑥ 信用评级机构

信用评级机构是依据各种条件评定 ABS 等级的专门机构。ABS 的投资人依赖信用评级机构为其评估资产支持证券的信用风险和再融资风险。世界上主要的评级机构有穆迪、标准普尔等公司。这些评级机构的历史记录和表现一直很好，特别是在资产支持证券领域口碑更佳。信用评级机构须持续监督资产支持证券的信用评级，根据情况变化对其等级进行相应调整。

⑦ 受托管理人

受托管理人充当着服务人与投资者的中介，也充当着信用强化机构和投资者的中介。受托管理人的职责主要体现在三个方面：a. 作为发行人的代理人向投资者发行证券，并由此形成自己收益的主要来源。b. 将借款者归还的本息或权益资产的应收款转给投资者，并且在款项没有立即转给投资者时有责任对款项进行再投资。c. 对服务人提供的报告进行确认并转给投资者。当服务人不能履行其职责时，受托人应该并且能够起到取代服务人角色的作用。

（3）ABS 模式的特点

ABS 模式的特点主要表现在：

① 通过证券市场发行债券筹集资金是 ABS 不同于其他项目融资方式的一个显著特点。无论是产品的支付、融资租赁，还是 BOT 融资，都不是通过证券化进行融资的，而证券化融资则代表着项目融资的未来发展方向。

② 由于 ABS 方式隔断了项目原始权益人自身的风险和项目资产未来现金收入的风险，使其清偿债券本息的资金仅与项目资产的未来现金收入有关，加之在国际高档级证券市场发行的债券由众多的投资者购买，从而分散了投资风险。

③ 由于 ABS 通过发行高档投资级债券募集资金，这种负债不反映在原始权益人自身的资产负债表上，从而避免了原始权益人资产质量的限制。同时利用成熟的项目融资改组技巧，将项目资产的未来现金流量包装成高质量的证券投资对象，充分显示了金融创新的优势。

④ 作为证券化项目方式融资的 ABS，债券的信用风险得到了 SPC 的信用担保，是高档投资级证券，并且还能在二级市场进行转让，变现能力强，投资风险小，因而具有较大的吸引力，易于债券的发行和推销。同 BOT 方式相比，ABS 融资方式涉及的环节比较少，从而最大限度地减少了佣金、手续费等中间费用，使融资费用降到较低水平。

⑤ 由于 ABS 方式在国际高档级证券市场筹资，其接触的多为国际一流的证券机构，要求必须抓住国际金融市场的最新动态，按国际上规范的操作规程行事。

⑥ 由于这种融资方式是在国际高档级证券市场筹资，利息率一般比较低，从而降低了筹资成本，而且国际高档级证券市场容量大，资金来源渠道多样化。因此，ABS 方式特别适合大规模地筹集资金。

2.1.5　PFI 融资模式

（1）PFI 融资模式的内涵

PFI（private finance initiative），"私人主动融资"，是近年来在公共设施领域引入私人资本的一种融资模式，具体是指政府部门根据社会对公共设施的需求，提出需要建设的项目，通过招投标，由获得特许权的私营部门进行公共设施项目的设计、施工与维修保养，并在特许期（15～30年）结束时将所经营的项目完好地、无债务地归还给政府，而私营部门则定期从政府部门收取费用以回收成本的一种项目融资方式。在公益性设施中，政府部门通常是以公共设施所提供服务的影子价格向私营部门支付费用的。

政府部门是否采用PFI融资模式要根据两个因素而定：第一，PFI融资模式下公共设施的建设成本是否降低了；第二，PFI融资模式下公共设施的设计、施工和长期维护的风险是否真正转移到了私营部门。PFI融资模式是否能为公共设施提供最好的资金价值。所谓的资金价值是指公共设施满足使用者需要的质量和公共设施全寿命期费用的最佳组合。最好的资金价值并不单纯地追求公共设施的建设成本最低。

政府部门在最终决定采用PFI方式前，还要比较PFI方式的交易成本与PFI方式所获得的收益，只有在PFI方式所获得的收益大于其交易成本时，才可能考虑采用PFI方式建设公共设施。

（2）PFI融资模式的实践

国外的实践证明，运用PFI融资模式是解决公共设施建设资金不足问题的一种很好的方式。PFI在一些发达国家经历了多年的发展，广泛应用于市政道路、桥梁、医院、学校和监狱等公益性设施建设项目。

PFI融资模式的核心特征是私营部门承担交付新的公共基础设施，并在设施寿命期内提供维修服务的长期义务。PFI融资模式并不适用于所有的公共设施项目，实践表明，PFI仅适用于大型的资本性投资项目，但不适用于小型项目和技术变化比较大的项目（因为政府部门确定其长期需求比较困难）。同时PFI项目的特许权期一般长达15～30年，因为若特许权期只有5～10年的话，投资者是不可能从中获益的。也就是说，PFI项目特许权期限不长的话，没有投资者愿意参与，政府部门通过PFI方式采购公共设施是不可能成功的。

（3）PFI融资模式与BOT融资模式的比较

无论是BOT还是PFI，都是公共设施项目"公私合作"（public private partnerships，PPP）的融资方式之一。但是，从公共设施项目的运作来看，两者还是存在一定的差异。

① 适用项目的不同

PFI模式适用于没有经营性收入或不具备收费条件的公益性基础设施项目，而BOT模式只适用于经营性或具备收费条件的基础设施项目，如发电厂、城市供水和污水处理项目、收费公路、桥梁等。

② 项目管理方式的不同

PFI模式对项目实施开放式管理。对于项目的建设，PFI模式中政府部门仅提出社会需求，由投标者提出具体建设方案，并经过招标谈判后，由政府部门与私营部门协商确定最终方案；而BOT模式则事先由政府确定方案，再进行招标谈判。其次，对于项目所在地的土地提供方式及以后的运营收益分配或政府补贴额度等，PFI模式都要综合当时政府和私营部门的财力、预计的项目效益及合同期限等多种因素而定，不同于BOT模式对这些问题事先都有框架性的文件规定。所以，PFI模式比BOT模式有更大的灵活性。

③ 合同期满后项目运营权处理方式的不同

PFI模式在合同期满后，如果私营部门通过正常经营未达到合同规定的收益，则可以继续拥有或通过续租的方式获得运营权，这是在前期合同谈判中需要确定的。而BOT模式则明确规定，在特许权期满后，所建项目资产将无偿地交给政府，由政府拥有和管理。

④ 政府部门会计处理方式的不同

在 PFI 模式中，最终要由政府定期支付项目建设、维护费用，体现在政府部门的会计报表中为当期费用支出。而在 BOT 模式中，BOT 项目的投资并不反映在政府部门的资产负债表上，除非政府部门提供了股权资金或债务资金。

（4）PFI 融资模式的优点

PFI 融资模式的优点体现在以下几方面：

① 可以弥补财政预算的不足。PFI 方式可以在不集中增加政府财政支出的情况下，增加公共基础设施项目的建设和维护资金，政府只需在授权期限内相对比较均衡地支付 PFI 项目的报酬或租赁费，这使得政府易于平衡财政预算。同时，由于政府不参与项目的建设和运营管理，还可以减少政府机构的人数，节省政府支出。

② 可以有效转移政府财政风险。由于 PFI 项目的建设费用完全由投资方负责，政府部门不需要为支付项目投资费用而负债，也不需要为项目提供担保，所以运用 PFI 模式可以将项目的成本超支及工期延误风险转移到私营部门，政府不直接承担项目建设期的各种风险。

③ 可以提高公共设施的投资效率。PFI 项目投资方的收益是根据该项目建成后的使用情况来确定的，项目建设的工期和质量与私营部门的收益有直接的关系。项目完工越早，其获得收益越早；工程质量越高，其运营期所需要的维护成本越低，收益越高。因此，私营部门承担着设施使用率的风险，这就迫使他们必须准时完工，并按一定标准来经营和维护所承建的设施，可以有效避免由政府部门直接进行项目建设时常出现的工期拖延及工程质量低下等问题。

④ 可以增加私营部门的投资机会。对私营部门的投资主体而言，PFI 项目的"收入"直接来自政府，比较有保障，在缺乏良好投资机会的情况下，这种投融资方式对稳健型非政府投资主体具有较大吸引力。

⑤ 可以帮助政府部门准确了解公共设施的建设运营总成本。私营部门基于公共设施全寿命期费用（包括初始投资和经常性的维修保养成本以及特许权期间的资本性开支）的竞争性报价，充分反映了社会生产和经营该项目的平均生产力水平，从而有助于政府部门准确了解公共设施的建设运营总成本，避免公共设施建设运营的短期化行为。

2.2　建设工程项目承发包的法律条文分析

2.2.1　建设工程发包与承包的特征

（1）建设工程发包与承包的概念

建筑工程发包与承包是指建设单位将待完成的建筑勘察、设计、施工等工作的全部或其中一部分委托施工单位、勘察设计单位等，并按照双方约定支付一定的报酬，通过合同明确双方当事人的权利义务的一种法律行为。

建筑工程发包和承包的内容涉及建筑工程的全过程，包括可行性研究的承发包、工程勘察设计的承发包、材料及设备采购的承发包、工程施工的承发包、工程劳务的承发包、工程监理的承发包、工程项目管理的承发包等。但是在实践中，建筑工程承发包的内容较多的是指建筑工程勘察设计、施工的承发包。

（2）建设工程发包与承包的方式

① 按获取任务的途径，分为直接发包与招标发包。

《建筑法》第十九条规定："建筑工程依法实行招标发包，对不适于招标发包的可以直接发包"。也就是说，建筑工程的发包方式有两种，一种是招标发包，另一种是直接发包。而招标发包是最基本的发包方式。

② 按承发包范围（内容）划分承发包方式：分为建设全过程承发包、阶段承发包和专项承发包。

（3）建设工程发包与承包的一般性规定

建设工程承发包是发包方与承包方之间所进行的交易活动，因此，承发包双方必须共同遵循交易活动的一些基本规则，由此才能确保交易活动顺利、高效、公平地进行。《建筑法》将这些基本规则以法律的形式做了如下规定：

① 承发包双方应当依法订立书面合同。

② 全面履行合同约定的义务。

③ 招标投标应当遵循公开、公平、平等竞争原则，依法进行。

④ 禁止承发包双方采用不正当竞争手段。

⑤ 建筑工程造价依法约定。

（4）工程项目报建制度

报建制度是指建设单位在工程立项批准后发包前，向所在地的建设行政主管部门办理拟建工程情况的申报和备案手续，以便建设行政主管部门全面掌握工程建设信息，并事先核定发包方式。

根据规定，建设单位或其代理机构在建筑工程可行性研究报告批准后，在工程勘测、设计发包前，应当持有关批准文件，向建筑工程所在地的省、自治区、直辖市人民政府建设行政主管部门或其授权的机构办理报建手续，其他建设项目按国家和地方的有关规定向相应的建设行政主管部门申请办理报建手续，并交验工程项目立项的批准文件，包括银行出具的资信证明以及批准的建设用地等其他有关文件。

凡未报建的工程项目，不得办理招投标手续和发放施工许可证，设计、施工单位不得承接该项工程的设计和施工任务。

2.2.2　建设工程承发包制度的规定

（1）建设工程总承包

工程总承包是国际通行的建设工程项目组织实施的方式。《建筑法》规定，建筑工程的发包单位可以将建筑工程的勘察、设计、施工、设备采购一并发包给一个工程总承包单位，也可以将建筑工程勘察、设计、施工、设备采购的一项或者多项发包给一个工程总承包单位。

总承包主要有两种情况：

① 工程总承包是指从事工程总承包的企业受建设单位的委托，按照工程总承包合同的约定，对工程项目的勘察、设计、采购、施工、试运行（竣工验收）等实行全过程或若干阶段的承包。

② 施工总承包是指发包人将全部施工任务发包给具有施工总承包资质的建筑业企业，由施工总承包企业按照合同的约定向建设单位负责，承包完成施工任务。

建筑工程总承包单位可以将承包工程中的部分工程发包给具有相应资质条件的分包单位；但是，除总承包合同中约定的分包外，必须经建设单位认可。施工总承包的，建筑工程主体结构的施工必须由总承包单位自行完成。

建筑工程总承包单位按照总承包合同的约定对建设单位负责；分包单位按照分包合同的

约定对总承包单位负责。总承包单位和分包单位就分包工程对建设单位承担连带责任。

建设工程实行总承包的，总承包单位应当对全部建设工程质量负责；建设工程勘察、设计、施工、设备采购的一项或者多项实行总承包的，总承包单位应当对其承包的建设工程或者采购的设备的质量负责。总承包单位依法将建设工程分包给其他单位的，分包单位应当按照分包合同的约定对其分包工程的质量向总承包单位负责，总承包单位与分包单位对分包工程的质量承担连带责任。

建筑工程总承包单位按照总承包合同的约定对建设单位负责；分包单位按照分包合同的约定对总承包单位负责。总承包单位和分包单位就分包工程对建设单位承担连带责任。总承包单位除了应加强自行完成工程部分的管理外，还有责任强化对分包单位分包工程的监管。

（2）建设工程共同承包

共同承包是指由两个以上具备承包资格的单位共同组成非法人的联合体，以共同的名义对工程进行承包的行为。共同承包只适用于大中型或结构复杂的工程。《建筑法》规定，大型建筑工程或者结构复杂的建筑工程，可以由两个以上的承包单位联合共同承包。共同承包的各方对承包合同的履行承担连带责任。

参加联合的各方，通常是采用成立工程项目合营公司、合资公司、联合集团等联营体形式，联营体推选承包代表人协调承包人之间的关系，统一与发包人签订合同，共同对发包人承担连带责任。联合的各方资质范围和等级范围都必须满足工程项目的要求。两个以上不同资质等级的单位实行联合共同承包的，应当按照资质等级低的单位的业务许可范围承揽工程。

参加联营的各方仍都是各自独立经营的企业，只是就共同承包的工程项目必须事先达成联合协议，以明确各联合承包人的义务和权利，包括投入的资金数额、工人和管理人员的派遣、机械设备种类、临时设备的费用分摊、利润的分享以及风险的分担等等，并在投标时随投标文件一起提交，中标后共同与招标人签订合同。

是否共同承包由参加联合的各方自己决定。但是在市场竞争日趋激烈的形势下，采取联合承包的方式，优越性十分明显。

（3）建设工程分包的规定

建设工程分承包简称分包，有专业工程分包和劳务作业分包两种。工程项目分包，是指对工程项目实行总承包的单位，将其中承包的工程项目的某一部分或某几部分，再发包给其他的承包单位，并与其签订分包合同。

专业工程分包指从总承包人承包范围内分包某一分项工程，如土方、模板、钢筋等分项工程或某种专业工程，如钢结构制作和安装、电梯安装、卫生设备安装等。分承包人不与发包人发生直接关系，而只对总承包人负责，在现场由总承包人统筹安排其活动。

劳务作业分包，是指施工总承包企业或者专业承包企业将其承包工程中的劳务作业发包给劳务分包企业完成的活动。分承包人承包的工程，不得是总承包范围内的主体结构工程或主要部分（关键性部分），主体结构工程或主要工程必须由总承包人自行完成。

（4）违法分包

按照我国法律的规定，转包是完全禁止的，而工程分包是允许的，但必须依法进行。违法分包同样是法律禁止的行为。违法分包包括：

① 总承包单位将建设工程分包给不具备相应资质条件的单位的。

② 建设工程总承包合同中未有约定，又未经建设单位认可，承包单位将其承包的部分建设工程交由其他单位完成的。

③ 施工总承包单位将建设工程主体结构的施工分包给其他单位的。

④ 分包单位将其承包的建设工程再分包的。

（5）转包

转包是指承包单位承包建设工程后，不履行合同约定的责任和义务，将其承包的全部建设工程转给他人或者将其承包的全部建设工程肢解以后以分包的名义分别转给其他单位承包的行为。

存在下列情形之一的，属于转包：

① 施工单位将其承包的全部工程转给其他单位或个人施工的。

② 施工总承包单位或专业承包单位将其承包的全部工程肢解以后，以分包的名义分别转给其他单位或个人施工的。

③ 施工总承包单位或专业承包单位未在施工现场设立项目管理机构或未派驻项目负责人、技术负责人、质量管理负责人、安全管理负责人等主要管理人员，不履行管理义务，未对该工程的施工活动进行组织管理的。

（6）违法行为应承担的法律责任

① 发包单位违法行为

a. 建设单位将工程发包给不具有相应资质等级的单位：责令改正；处 50 万～100 万元的罚款。

b. 建设单位将工程肢解发包的：责令改正；处工程合同款 0.5%～1% 的罚款；对使用国有资金的项目可暂停项目执行或资金拨付。

② 承包单位违法行为

a. 承包单位将承包工程转包或者违法分包的：责令改正；没收违法所得；对勘察、设计单位处合同约定的勘察费、设计费 25%～50% 的罚款；对施工单位处工程合同价款 0.5%～1% 的罚款；可责令停业整顿，降低资质等级；情节严重的，吊销资质证书。

b. 对认定有转包、违法分包、挂靠、转让出借资质证书或者以其他方式允许他人以本单位的名义承揽工程等违法行为的施工单位，可依法限制其在 3 个月内不得参加违法行为发生地的招标投标活动、承揽新的工程项目，并对其企业资质是否满足资质标准条件进行核查，对达不到资质标准要求的限期整改，整改仍达不到要求的，资质审批机关撤回其资质证书。

c. 对 2 年内发生 2 次转包、违法分包、挂靠、转让出借资质证书或者以其他方式允许他人以本单位的名义承揽工程的施工单位，责令其停业整顿 6 个月以上，停业整顿期间，不得承揽新的工程项目。

d. 对 2 年内发生 3 次以上转包、违法分包、挂靠、转让出借资质证书或者以其他方式允许他人以本单位的名义承揽工程的施工单位，资质审批机关降低其资质等级。

2.3 建设工程项目常见承发包模式

工程项目承发包模式指的是由业主选择和组织项目勘察设计、施工和咨询管理各项任务的方式，它决定了勘察设计、施工、咨询服务等不同业务之间的组合，也决定了各参建单位相互之间的分工和协作关系。在很大程度上，选择承发包模式的过程受到风险的控制，但同时也应符合业主的意愿，即选择项目以一种同时满足工期、成本目标以及业主需求的方式完工。

最常见的承发包模式有传统（DBB）模式、建设管理（CM）模式、设计/建造（DB）模式、设计-采购-施工总承包（EPC）模式、项目管理咨询（PM）模式等。不同的承发包模式有着不同的合同结构和管理特点，因此业主应综合考虑工程规模、复杂性、项目目标等，决定采用何种承发包模式并发挥其优势。

2.3.1　传统的施工总承包（DBB）模式

传统的施工总承包模式，也称为设计-招标-建造模式（design-bid-build，DBB），是在国际上比较通用且应用最早的工程项目承发包模式之一。由业主委托建筑师或咨询工程师进行前期的各项工作（如进行机会研究、可行性研究等），待项目评估立项后再进行设计。在设计阶段编制施工招标文件，随后通过招标选择承包商，而有关单项工程的分包和设备、材料的采购一般都由承包商与分包商和供应商单独订立合同并组织实施，在工程项目实施阶段，工程师则为业主提供施工管理服务。这种模式在国际上比较通用，世界银行、亚洲开发银行贷款项目和采用国际咨询工程师联合会的合同条件的项目均采用这种模式。

这种模式最突出的特点是强调工程项目的实施必须按设计-招标-建造的顺序方式进行，只有一个阶段结束后另一个阶段才能开始。采用这种方法时，业主与设计机构（国际上通常称为建筑师/工程师）签订专业服务合同，建筑师/工程师负责提供项目的设计和施工文件。在设计机构的协助下，通过竞争性招标将工程施工任务交给报价和质量都满足要求且/或最具资质的投标人（施工总承包商）来完成。在施工阶段，设计专业人员通常担任重要的监督角色，并且是业主与承包商沟通的桥梁。DBB 模式组织结构图如图 2-2 所示。

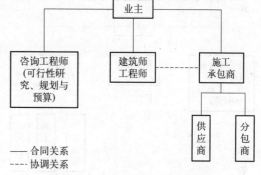

图 2-2　DBB 模式组织结构图

（1）DBB 模式的优点

① 参与项目的业主、设计机构（建筑师/工程师）、承包商三方在合同的约定下行使各自的权利，履行各自的义务，这种模式可以使三方的权、责、利分配明确，避免行政部门的干扰，提高项目效益。

② 由于受利益目标和市场竞争的驱动，业主更愿意寻找信得过、技术过硬的咨询设计机构，这种需求推动了咨询设计公司的产生和发展。

③ 由于长期而广泛地在世界各地采用 DBB 模式，经过大量工程实践的检验和修正，该模式的管理思想、组织模式、方法和技术都比较成熟，项目参与各方对该模式的运行程序都比较熟悉，从而降低了风险水平。

④ 该模式为业主提供了较大自由，业主可以自由选择咨询设计人员，对项目的设计程序和质量要求进行控制，可以自由选择监理人员对项目实施过程进行监督，同时在公开招标过程中业主可选择最低价的投标人，降低项目的投资水平。

⑤ 这一模式从合同的角度为业主提供了保护，施工的风险几乎全部分配给承包商和分包商，业主避免了许多成本超支的风险，诸如劳动力低下、分包商不履约、通货膨胀等，成本超支由承包商承担。成本增加的风险取决于合同文件的准确性和完整性，如果合同文件不够明确，随之而来的变更则在相当程度上会增加业主的成本。

⑥ 可采用各方均熟悉的标准合同文本，有利于合同管理和风险管理。

（2）DBB 模式的缺点

① 该模式按照线性顺序进行设计、招标、施工的管理，设计基本完成后，才开始施工招标，从而造成项目周期长，增加了建设贷款的利息支出以及其他费用，导致投资成本

失控。

②由于施工方无法参与设计工作，设计的"可施工性"差，设计变更频繁。

③由于建筑师/工程师与承包商之间协调关系比较复杂，出现工程质量事故后，责任不易清楚辨别，设计和施工相互推诿，业主得不到充分的保障。

④合同界面多，管理和协调工作较复杂。

⑤频繁变更引起的索赔导致发生较高的管理成本，不利于业主控制造价。

2.3.2 工程总承包（DB、EPC）模式

《住房和城乡建设部关于进一步推进工程总承包发展的若干意见》文件中指出："工程总承包是指从事工程总承包的企业按照与建设单位签订的合同，对工程项目的设计、采购、施工等实行全过程的承包，并对工程的质量、安全、工期和造价等全面负责的承包方式。"本节主要介绍 DB 和 EPC 两种模式。

（1）DB 模式

DB 模式即设计-建造总承包，是指工程总承包企业依照合同约定，承担工程项目设计和施工，并对承包工程的质量、安全、工期、造价全面负责。也就是说，DB 模式是一个实体或者联合体以契约或者合同形式，对一个建设项目的设计和施工负责的工程运作方法。DB 模式组织结构图如图 2-3 所示。

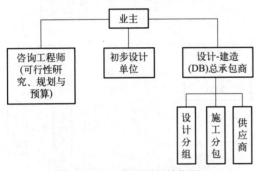

图 2-3 DB 模式组织结构图

该模式中，设计-建造总承包商对整个项目的成本负责，总承包商首先选择一家咨询设计公司进行设计，然后采用竞争性招标方式选择分包商，当然也可以利用本公司的设计和施工力量完成一部分工程。DB 模式避免了设计和施工的矛盾，可显著降低项目的成本和缩短工期。然而，业主关心的重点是工程按合同竣工交付使用，而不在乎承包商如何去实施。同时，在选定承包商时，把设计方案的优劣作为主要的评标因素，可保证业主得到高质量的工程项目。DB 模式与传统 DBB 模式的对比如表 2-1 所示。

表 2-1 DB 模式与传统 DBB 模式对比

对比内容	DB 模式	DBB 模式
招标	设计、施工仅需招一次标	设计完成后才能进行施工招标
承包商的责任	总承包商对设计、施工负全责	设计商、承包商承担各自的相应责任
设计、施工衔接	DB 总承包商在设计阶段介入项目，设计与施工联系紧密，设计更加经济，使成本有效降低，所以能获得较大的利润	设计与施工脱节，有时设计方案可建造性差，容易形成责任盲区，项目出现问题，解决的效率低
业主管理	业主管理、协调工作量小，对项目控制程度较弱	业主管理、协调工作量大，对项目控制程度较强
工期	设计与施工搭接，工期较短	工期相对较长
保险	没有专门的险种	有相应的险种
相关法律	缺乏特定的法律、法规约束	相应的法律、法规比较完善

① DB 模式的优点

a. 设计和建造团队的协同工作，使项目快速建造成为可能，缩短了项目总工期。

b. 项目各参与方之间更易协调处理，有利于减少设计、施工之间的纠纷、矛盾，防止索赔事件的发生。

c. 责任单一，从总体上来说，建设项目的合同关系是业主和承包商之间的关系，业主的责任是按合同规定的方式付款，总承包商的责任是按时提供业主所需的产品，总承包商对项目建设的全过程负有全部责任。

d. 承包商可在参与初期将其材料、施工方法、结构、价格和市场等知识和经验融入设计中，有利于控制成本，降低造价。

② DB 模式的缺点

a. 业主对最终设计和细节控制能力较弱。

b. 质量控制主要取决于业主招标时功能描述书的质量，而且总承包商的水平对设计质量有较大的影响。

c. 时间较短，缺乏特定的法律法规约束，没有专门的险种。

d. 方式操作复杂，竞争性较小。

③ DB 模式的适用范围

DB 模式的基本出发点是促进设计和施工的早期结合，以便能充分发挥设计和施工双方的优势，提高项目的经济性。DB 模式主要适用于那些专业性强、技术含量高、结构、工艺较为复杂、一次性投资较大的建设项目（包括 EPC 项目或类似投资模式的项目）。

（2）EPC 模式

EPC（engineering procurement construction）是一个源于美国工程界的固定短语，是指总承包商按照合同约定完成工程设计、材料设备的采购、施工、试运行服务等工作，实现设计、采购、施工各阶段工作的合理交叉与紧密融合，并对工程的进度、质量、造价和安全全面负责的项目管理模式。EPC 模式侧重承包商的全过程参与性，承包商作为除业主外的主要责任方参与整个工程的所有设计、采购及施工阶段。EPC 模式组织结构图如图 2-4 所示。

采用此模式，在工程项目确定之后，业主只需选定负责项目的设计与施工的实体——交钥匙的承包商，该承包商对设计、施工及项目完工后试运行全部合格的成本负责。项目的供应商与分包商仍需在业主的监督下采取竞标的方式产生。

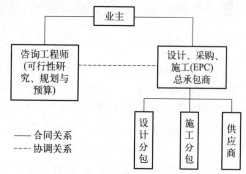

图 2-4　EPC 模式组织结构图

① EPC 模式的优点

a. 业主把工程的设计、采购、施工和开工服务工作全部托付给工程总承包商负责组织实施，业主只负责整体的、原则的、目标的管理和控制，总承包商更能发挥主观能动性，能运用其先进的管理经验为业主和承包商自身创造更多的效益。

b. EPC 总承包商负责整个项目的实施过程，不再以单独的分包商身份建设项目，有利于整个项目的统筹规划和协同运作，可以有效解决设计与施工的衔接问题、减少采购与施工的中间环节，顺利解决施工方案中实用性、技术性、安全性之间的矛盾，提高了工作效率，减少了协调工作量。

c. 工作范围和责任界限清晰，建设期间的责任和风险可以最大限度地转移到总承包商。

　　d. 合同总价和工期固定，业主的投资和工程建设期相对明确，利于费用和进度控制。

　　② EPC 模式的缺点

　　a. 业主主要通过 EPC 合同对 EPC 承包商进行监管，对工程实施过程参与程度低，控制力度较低。

　　b. EPC 承包商责任大，风险高，因此承包商在承接总包工程时会考虑管理投入成本、利润和风险等因素，所以 EPC 总包合同的工程造价水平一般偏高。

　　c. 能够承担 EPC 大型项目的承包商数量较少，竞争性弱。

　　③ EPC 模式的适用范围

　　EPC 模式适合于业主对合同价格和工期具有"高度确定性"，要求承包商全面负责工程的设计和实施并承担大多数风险的项目。因此，采用此模式的项目通常应具备以下条件。

　　a. 投标阶段，业主应给予投标人充分的资料和时间，使其能够详细审核"业主的要求"，以便全面了解工程目的、范围、设计标准和其他技术要求等。

　　b. 此类工程包含的地下隐蔽工作不能太多，承包商在投标前无法进行勘查的工作区域不能太大，否则承包商无法判定具体工作，无法给出较为准确的报价。

　　c. 业主有权监督承包商工作，但不能过分干预承包商工作。

　　d. 合同中的期中支付款应由业主按照合同支付。

　　EPC 模式常用于基础设施工程，如公路、铁路、桥梁、输电线路、发电厂、大坝等，以及以交钥匙方式提供工艺和动力设备的工厂等。

　　（3）DB 模式与 EPC 模式的区别

　　在国际工程中，权威机构 FIDIC（国际咨询工程师联合会）编制了专门的工程总承包合同条件。其中，DB 模式中合同范本对应于 FIDIC 橙皮书，业主仍需完成初步设计，一般在 30％左右；而 EPC 模式中合同范本对应于 FIDIC 银皮书，业主完全不提供设计，进行可行性研究立项后即委托给 EPC 总承包商，目前在石化、电力等工业项目中大量采用。

2.3.3　CM 模式

　　CM（construction management，可译为建设管理，但一般直接采用 CM 简称）模式，又称"边设计、边施工"方式，是指着眼于缩短项目周期，采用快速路径法进行施工时，业主从开始阶段就雇用具有施工经验的建设管理公司（CM 单位）参与建设工程实施过程，以便为设计人员提供施工方面的建议且随后负责管理施工的过程。此方式通过施工管理商来协调设计和施工的矛盾，使决策公开化。

　　这种模式的特点是由业主和业主委托的工程项目经理与工程师组成一个联合小组共同负责组织和管理工程的规划、设计和施工。完成一部分分项（单项）工程设计后，即对该部分进行招标，发包给一家承包商，无总承包商，由业主直接按每个单项工程与承包商分别签订承包合同。这是近年在国外广泛流行的一种合同管理模式，这种模式与设计图纸全都完成之后才进行招标的连续建设生产模式不同。CM 模式与传统承发包模式的对比如图 2-5 所示。

　　（1）CM 模式的类型

　　CM 模式分为两种形式：代理型 CM 模式和风险型 CM 模式。

　　① 代理型 CM 模式

　　在这种模式下，业主与建设管理公司（CM 单位）签订施工管理合同，然后业主再与多个施工承包商分别签订施工合同，其中 CM 单位以"业主代理"身份参与项目工作，为业主提供专业性咨询服务，承担施工管理任务，收取服务酬金，但并不负责具体的施工、分包工程的招标发包，也不对施工任务负责。代理型 CM 承发包模式如图 2-6 所示。

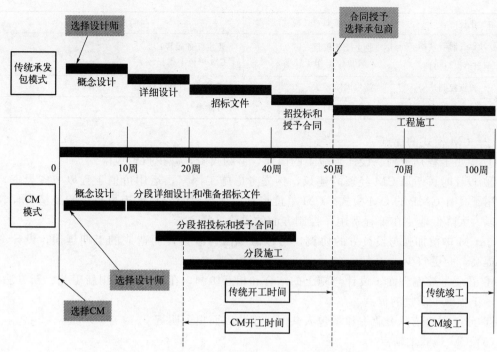

图 2-5　CM 模式与传统承发包模式对比

② 风险型 CM 模式

在这种模式下，CM 单位以总承包商的身份，受业主委托负责进行工程项目的发包和与设计商、承包商、材料供应商等签订合同，并同业主方签订保证最高价格合同（guaranteed maximum price，GMP 合同），如果实际工程费超过了 GMP，超过部分由 CM 单位承担。与施工总承包不同的是，CM 单位不直接从事工程施工活动，其工作性质仍属于专业咨询服务的范畴。风险型 CM 承发包模式如图 2-7 所示。

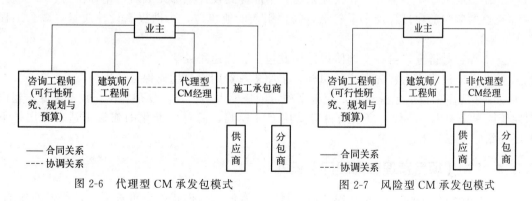

图 2-6　代理型 CM 承发包模式　　　　　　图 2-7　风险型 CM 承发包模式

代理型 CM 模式与风险型 CM 模式相比，两者最大的区别在于 CM 单位是否与分包商签约，两种模式比较如表 2-2 所示。

表 2-2　代理型 CM 与风险型 CM 模式对比

比较内容	代理型 CM 模式	风险型 CM 模式
与分包商的关系	签订合同	不签订合同

续表

比较内容	代理型 CM 模式	风险型 CM 模式
对分包合同的管理	业主任务较重； CM 单位工作量较小	业主任务较轻； CM 单位工作量较大
项目组织与协调		
投资控制	业主风险较大	有 GMP 合同保证，CM 单位风险较大
是否参与施工任务	一般不参与	可能参与

（2）CM 模式的优点

① 缩短工程从规划、设计到竣工的周期，节约投资，减少投资风险。

② 设计时可听取 CM 经理的建议，预先考虑施工因素，运用价值工程以节省投资，如果采用了具有 GMP 的 CM 模式，CM 单位将对工程费用的控制承担更直接的经济责任，因而可以大大降低业主在工程费用、控制方面的风险。

③ CM 单位加强与设计方的协调，可以减少因修改设计而造成的工期延误，设计图纸质量提高，变更较少。

④ 在质量控制方面，设计与施工的结合和相互协调，在项目上采用新工艺、新方法时，有利于工程施工质量的提高。

⑤ 分包商的选择由业主和承包人共同决定，因而更为明智。

（3）CM 模式的缺点

① 对 CM 经理以及其所在单位的资质和信誉的要求都比较高。

② 分项招标导致承包费可能较高。

③ 采用"成本加酬金"合同的 CM 模式，对合同范本要求比较高。

（4）CM 模式的适用范围

虽然 CM 模式在很多方面具有优势，但是 CM 模式同其他模式一样，都有一定的局限性。因此在实际应用时，应了解其主要的特点和适用范围。根据 CM 模式的特点，其适合的工程项目应具有以下特点：

① 需要抢工期，尽早开工和快速采购、不能等到设计全部完成后再招标。

② 业主单位的项目管理水平较低，需要引入专业单位，协助提高设计质量，减少工程变更和索赔。

③ 工程容易拆分，可在实施阶段采用发包法、快速路径法。

④ 业主以进度作为优先考虑的目标，宁愿多花费用也要优先保证进度。

业主在选用项目承包模式时，应根据项目的规模大小、技术复杂程度、投资额度、建设周期等因素来考虑。一般，复杂项目可采用 CM 模式，而对标准化的建筑更适合采用接下来要介绍的工程总承包方式。

2.3.4　PM（项目管理咨询顾问）模式

PM（project management）模式即项目管理咨询顾问模式，也可称为全过程咨询模式，是指项目业主聘请一家公司（一般为具备相当实力的工程公司或咨询公司）代表业主进行整个项目过程的管理，这家公司在项目中被称为项目管理承包商（project management consultant，PMC），项目管理承包商代表业主对工程项目进行全过程、全方位的项目管理，包括进行工程的整体规划、项目定义、工程招标、选择 EPC 承包商，并在设计、采购、施工、试运行等整个实施过程中有效地控制工程质量、进度和费用，保证项目的成功实施，达到项目寿命期技术和经济指标最优化，PMC 一般不直接参与项目的设计、采购、施工和试运行等阶段的具体工作。PM 模式组织结构图如图 2-8 所示。

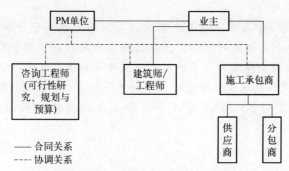

图 2-8　PM 模式组织结构图

该模式的核心思想是引入专业化的管理单位，协助不专业的业主做好建设管理工作，体现了初步设计与施工图设计的分离，施工图设计进入技术竞争领域，只不过初步设计是由 PMC 完成的。管理咨询或管理承包的业务范围可大可小，可自由组合，视业主的需求而定，例如可行性研究、初步设计、施工图设计、施工管理、招标代理、造价咨询等业务。

（1）PM 模式的优点

① 可以充分发挥管理承包商在项目管理方面的专业技能，统一协调和管理项目的设计与施工，减少矛盾。

② 该模式中雇用专业的咨询单位负责项目管理，有利于缩减业主方管理的负担。

③ PMC 自行承担不同类型的咨询业务，有利于提高效率、提高管理的集中度。

（2）PM 模式的缺点

① 业主参与工程的程度低，变更权力有限，协调难度大。

② 业主方能否选择一个高水平的项目管理公司。

（3）PM 模式适用范围

PM 模式通常适用于国际性大型项目，在缺乏管理经验的国家和地区引入 PM 模式可确保项目的成功建成，同时帮助这些国家和地区提高项目管理水平，选用 PM 模式的项目具有如下特点。

① 项目投资额大（一般超过 10 亿元）且包括相当复杂的工艺技术。

② 业主是由多个大公司组成的联合体，并且有些情况下有政府的参与。

③ 项目投资通常需要从商业银行和出口信贷机构取得国际贷款，需要通过 PMC 取得国际贷款机构的信用，获取国际贷款。

④ 由于某种原因，业主感到凭借自身的资源和能力难以完成的项目，需要寻找有管理经验的 PMC 来代业主完成项目管理。

 本章小结

① PPP 模式的共同特征：一是公共部门与私营部门的合作，合作是前提。二是提供包括基础设施在内的公共产品或服务。三是利益共享，私营部门与公共部门实现共赢。四是风险分担。

② BOT 模式最大的特点就是将基础设施的经营权有期限地抵押以获得项目融资。首先由项目发起人通过投标从委托人手中获取对项目的特许权，随后组成项目公司并负责项目的

融资、建设、运营，在特许期内通过对项目的开发运营取得合理的利润。特许期结束后，应将项目无偿地移交给政府。

③ PFI 融资模式是近年来在公共设施领域引入私人资本的一种融资模式，其核心特征是私营部门承担交付新的公共基础设施，并在设施寿命期内提供维修服务的长期义务。PFI 仅适用于大型的资本性投资项目，并不适用于小型项目和技术变化比较大的项目。

④ 学习承发包模式在总承包、分包情况下的具体规定，禁止违法转包、分包。

⑤ 区分 DBB、CM、DB、EPC、PM 等各种承发包模式的概念、优点、缺点、适用范围。

 ## 复习思考题

在线题库

1. 简述一下 PPP、BOT 模式的特点和优缺点分别是什么？
2. PFI 融资模式的运作程序及其适用范围是什么？
3. 目前国内主要有哪些工程项目承发包模式？
4. 介绍一下 DBB、CM、DB、EPC、PM 等各种承发包模式的概念、优点、缺点、适用范围分别是什么？
5. 代理型 CM 模式、风险型 CM 模式有何区别？
6. DB 模式与 EPC 模式有何区别？

第3章
流水施工原理

学习目标

　　熟悉流水施工的基本概念、分类及组织形式，掌握流水施工参数确定的方法，了解等节奏流水、异节奏流水组织的特点，熟悉无节奏流水计划工期的计算方法。

本章重点

　　重点阐述流水施工参数的特性及流水工期的计算，重点掌握固定节拍流水、成倍节拍流水和分别流水的组织方法。

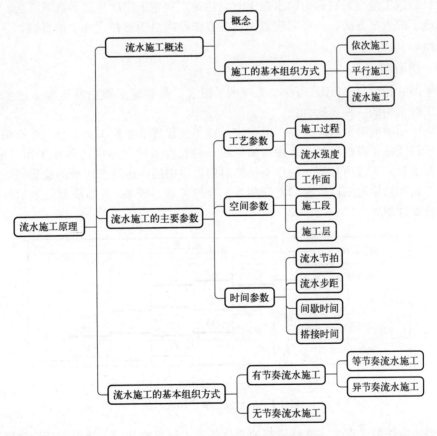

　　建筑工程的"流水施工"类似于汽车生产线上的流水线作业，流水施工是一种在建筑领域中常见的施工方式，它通过优化工序、提高效率，实现了更快速、更经济的建筑过程，实践证明它也是项目施工最有效的科学组织方法。近十年来，我国在建筑领域采用流水施工方

式取得了显著的成就，这不仅提高了建筑效率，还对提升建筑质量和降低成本起到了积极作用。

我国建筑业在流水施工方面取得的成就不仅仅是技术上的进步，还包括在管理和组织方面的创新。通过引入先进的建筑技术、智能化设备以及科学管理方法，我国建筑业在流水施工方面实现了从传统建造方式向现代化建造方式的转变。

3.1　流水施工概述

3.1.1　流水施工的概念

流水施工是指所有的施工过程按一定的时间间隔依次投入施工，各个施工过程陆续开工，陆续竣工，使同一施工过程的专业队保持连续、均衡施工，相邻两专业队能最大限度地搭接施工。

工业生产的经验表明，流水施工作业是组织生产的最高形式。流水施工方法是在工程施工中广泛使用、行之有效的科学组织、计划方法。流水施工方法起源于流水作业方法，在大量的生产实践中已经证明，流水作业方法是合理组织产品生产的有效手段，它建立在分工协作和大批量生产的基础上，其实质就是连续作业，组织均衡生产。流水作业原理同样也适用于工程项目的施工过程，故称为流水施工，它还是工程施工进度控制的有效方法。

流水施工的表示方法，一般有横道图、垂直图和网络图三种，其中最直观，且易于接受的是横道图。

3.1.1.1　横道图

横道图即甘特图（gantt chart），又叫水平图表，是建筑工程中安排施工进度计划和组织流水施工时常用的一种表达方式。

横道图中的横向表示时间进度，纵向表示施工过程或专业施工队编号，带有编号的圆圈表示施工项目或施工段的编号。表中的横道线条的长度表示计划中的各项工作（施工过程、工序或分部工程、工程项目等）的作业持续时间，表中的横道线条所处的位置则表示各项工作的作业开始和结束时刻以及它们之间相互配合的关系。图 3-1 是用横道图表示的某分项工程的施工进度计划。

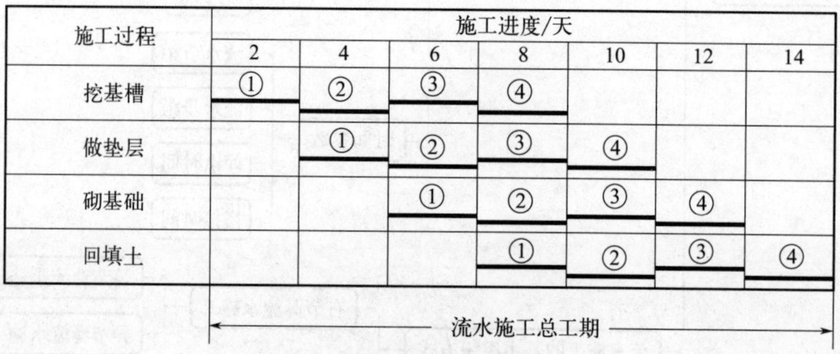

施工过程	施工进度/天						
	2	4	6	8	10	12	14
挖基槽	①	②	③	④			
做垫层		①	②	③	④		
砌基础			①	②	③	④	
回填土				①	②	③	④

←————————　流水施工总工期　————————→

图 3-1　流水施工横道图表示法

横道图表示法的优点是：能够清楚地表达各施工过程的开始、结束和持续时间，时间和空间状况形象直观，计划工期一目了然，使用方便，制作简单，易于掌握，因而至今仍是工程实践中应用最普遍的计划表达方式之一。

拓展阅读

BIM5D 是建筑信息模型（building information modeling）的延伸概念，其中的"5D"指的是建筑项目的时间（time）和成本（cost）管理。BIM5D 强调在建筑信息模型基础上加入时间和成本元素，实现对建筑项目更全面、更准确的管理。

在 BIM5D 中，通过建模软件创建的建筑信息模型将不仅包含建筑的几何形状和空间信息，还会包含建筑元素的属性数据、材料、施工流程等信息。通过将时间和成本信息与建筑模型相结合，可以实现以下功能：

（1）时间管理：BIM5D 可以帮助建筑项目管理者在建模软件中创建项目进度计划，将不同阶段的施工活动与特定的时间点关联起来，实现对建筑项目的时间管理和进度跟踪。

（2）成本管理：BIM5D 可以将建筑元素与其相关的成本数据进行关联，实现对建筑项目成本的估算、分析和控制。通过建模软件中的成本模块，可以对建筑项目进行成本估算、预算编制、成本分析等操作。

（3）时空冲突检测：BIM5D 可以通过对建筑信息模型进行时空冲突的检测，实现时间、空间和安全方面的关联分析。通过模型中的数据和图形展示，可以及时发现并解决建筑项目中可能存在的冲突问题。

BIM5D 将时间和成本管理纳入建筑信息模型的概念，通过整合建模软件和其他相关工具，实现对建筑项目的全过程管理，从而提高项目管理的效率和准确性。

3.1.1.2 垂直图

垂直图又称斜线图，它将横道图中的工作进度水平线改为斜线，并以此方式来表达工程的进度计划。某基础工程流水施工的垂直图表示法如图 3-2 所示。图中的横坐标表示流水施工的持续时间；纵坐标表示流水施工所处的空间位置，即施工段的编号。n 条斜向线段表示 n 个施工过程或专业工作队的施工进度。斜线的斜率形象地反映出各施工过程的流水施工速度。斜率大的施工速度快，斜率小的速度慢。

垂直图表示法的特点是：施工过程及其先后顺序表达清楚，时间和空间状况形象直观，斜向进度线的斜率可以直观地表示出各施工过程的进展速度。但编制实际工程进度计划不如横道图方便。

施工段编号	施工进度/天						
	2	4	6	8	10	12	14
④				挖基槽			
③				做垫层			
②				砌基础 回填土			
①							

图 3-2　流水施工垂直图表示方法

3.1.1.3 网络图

网络图是用箭线和节点组成的，用来表示施工过程之间的先后顺序和逻辑关系的图形，常见的有双代号网络图和单代号网络图两种，如图 3-3、图 3-4 所示。网络图与横道图和斜线图相比，其优势在于不仅能够清晰地表达施工过程之间的逻辑关系，以及一项工作的变动对其他工作的影响，还能够反映出计划任务的内在矛盾和关键环节，并可以利用计算机进行参数的计算、优化和调整。

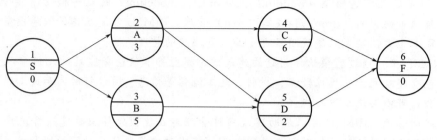

图 3-3 单代号网络图表示方法

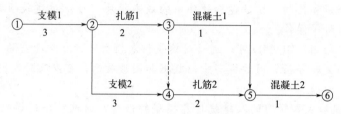

图 3-4 双代号网络图表示方法

3.1.2 流水施工工程施工组织方式

3.1.2.1 施工的基本组织方式

在组织工程项目施工时，根据项目的施工特点、工艺流程、资源利用、平面或空间布置等要求，可采用依次施工、平行施工和流水施工三种组织方式。这三种组织方式不同，工作效率有别，适用范围各异。下面举例对三种施工方式进行分析和对比。

【例 3-1】 某施工项目由四幢结构相同的建筑物组成，其工程编号分别为Ⅰ、Ⅱ、Ⅲ、Ⅳ。各建筑物的基础工程均可分解为挖土方、做垫层、砌基础和回填土四个施工过程，分别由相应的专业队按照施工工艺要求依次完成。各个专业队在每幢建筑物的施工时间均为 5 天，其人数分别为 10 人、8 人、22 人、5 人。四幢建筑物基础工程分别采用依次施工、平行施工和流水施工的组织方式，计划图如图 3-5 所示。

【分析】 (1) 依次施工（顺序施工）

依次施工组织方式是将施工项目的整个施工过程分解为若干个施工过程，按照一定的施工顺序，前一个施工过程完成后，下一个施工过程才开始施工；或前一个工程完成后，下一个工程才开始施工。按照依次施工的方式组织上述工程施工，其施工进度、工期和劳动力需求量动态变化曲线如图 3-5Ⅰ所示。由图 3-5Ⅰ可见依次施工具有以下优缺点：

优点：

① 单位时间内投入的劳动力、材料、机具资源量较少，有利于资源供应的组织工作；

② 每一时段仅有一个专业队在现场施工，施工现场的组织、管理较简单。

缺点：

① 不能充分利用工作面去争取时间，工期长；

② 各专业班组不能连续工作，产生窝工现象（宜采用混合队组）；

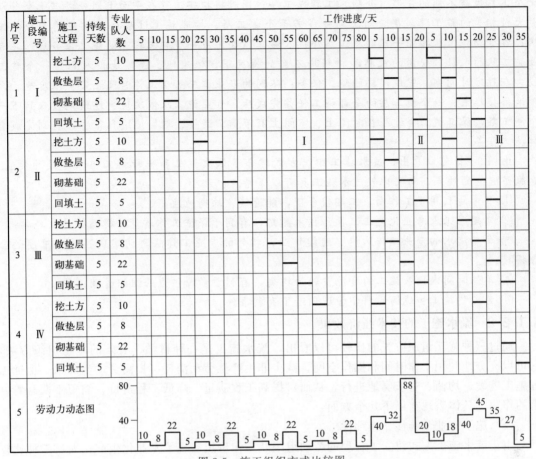

图 3-5　施工组织方式比较图

Ⅰ—依次施工；Ⅱ—平行施工；Ⅲ—流水施工

③ 不利于实现专业化施工，不利于改进工人的操作方法和施工机具，不利于提高劳动生产率和工程质量。

因此，依次施工一般适用于场地小、资源供应不足、工作面有限、工期不紧、规模较小的工程，例如住宅小区非功能性的零星工程。依次施工适合组织大包队施工。

(2) 平行施工（各队同时进行）

平行施工是将同类的工程任务，组织几个施工队，在同一时间、不同空间上，完成同样的施工任务的施工组织方式。由图 3-5 Ⅱ 可见平行施工具有以下优缺点：

优点：可以充分地利用工作面，争取时间、缩短施工工期。

缺点：

① 单位时间内投入施工的劳动力、材料和机具数量成倍增长，不利于资源供应的组织工作；

② 不利于实现专业化施工队伍连续作业，不利于提高工程质量和劳动生产率；

③ 施工现场组织、管理较复杂。

所以，平行施工的组织方式一般在拟建工程任务十分紧迫，工作面允许以及资源能够保证充足供应的条件下才适用，例如抢险救灾工程。

(3) 流水施工

流水施工是将拟建工程的整个建造过程分解为若干个不同的施工过程，也就是划分成若干个工作性质不同的分部（分项）工程或工序；同时将拟建工程在平面上划分成若干个劳动量大致相等的施工段，在竖向上划分成若干个施工层；按照施工过程成立相应的专业施工队；各专业施工队按照一定的施工顺序投入施工，在完成一个施工段上的施工任务后，在专业施工队的人数、使用的机具和材料均不变的情况下，依次地、连续地投入到下一个施工段，在规定时间内，完成同样的施工任务；不同的专业施工队在工作时间上最大限度地、合理地搭接起来；一个施工层的全部施工任务完成后，专业施工队依次地、连续地投入到下一个施工层，保证施工全过程在时间上、空间上有节奏、连续、均衡地进行下去，直到完成全部施工任务。

由图 3-5Ⅲ可以看出，流水施工组织方式综合了依次施工和平行施工组织方式的优点，克服了它们的缺点，与之比较流水施工具有以下特点：

① 科学地利用了工作面，工期较合理，能连续、均衡地生产；

② 实现了工人专业化施工，操作技术熟练，有利于保证工作质量，提高劳动生产率；

③ 参与流水的专业工作队能够连续作业，相邻的专业工作队之间实现了最大限度的合理搭接；

④ 单位时间内投入施工的资源量较为均衡，有利于资源供应的组织管理工作；

⑤ 为文明施工和现场的科学管理创造了有利条件。

3.1.2.2　流水施工的技术经济效果

通过三种施工组织方式的比较可以看出，流水施工是一种科学、有效的施工组织方法，它可以充分地利用工作时间和操作空间，减少非生产性劳动消耗，提高劳动生产率，保证工程施工连续、均衡、有节奏地进行，从而对提高工程质量、降低工程造价、缩短工期有着显著的作用。具体表现在以下几个方面：

（1）施工作业节奏性、连续性

由于流水施工方式建立了合理的劳动组织，工作班组实现了专业化生产，人员工种比较固定，为工人提高技术水平、改进操作方法以及革新生产工具创造了有利条件，因而促进了劳动生产率的不断提高和工人劳动条件的改善。

同时由于工人连续作业，没有窝工现象，机械闲置时间少，增加了有效劳动时间，从而使施工机械和劳动力的生产效率得以充分发挥（一般可提高劳动生产率30%以上）。

（2）资源供应均衡性

在资源使用上，克服了高峰现象，供应比较均衡，有利于资源的采购、组织、存储、供应等工作。

（3）工期合理性

由于流水施工的节奏性、连续性，消除了各专业班组投入施工后的等待时间，可以加快各专业队的施工进度，减少时间间隔；充分利用时间与空间，在一定条件下相邻两施工过程还可以互相搭接，做到尽可能早地开始工作，从而可以大大地缩短工期（一般工期可缩短1/3～1/2左右）。

（4）施工质量更容易保证

正是由于实行了专业化生产，工人的技术水平及熟练程度也不断提高，而且各专业队之间紧密地搭接作业，只有紧前作业队提供合格的成果，紧后作业队才能衔接工作，达到互检的目的，从而使工程质量更容易得到保证和提高，便于推行全面质量管理工作，为创造优良工程提供了条件。

（5）降低工程成本

由于流水施工资源消耗均衡，便于组织资源供应，使得资源存储合理，利用充分，可以减少各种不必要的损失，节约了材料费；生产效率的提高，可以减少用工量和施工临时设施的建造量，从而节约人工费和机械使用费，减少了临时设施费；工期较短，可以减少企业管理费，最终达到降低工程成本，提高企业经济效益的目的（一般可降低成本 6％～12％）。

3.2 流水施工的主要参数

流水施工首先是在研究工程特点和施工条件的基础上，通过确定一系列参数来实现的。流水施工参数是影响流水施工组织节奏和效果的重要因素，是用以表达流水施工在工艺流程、时间安排及空间布局方面开展状态的参数。在施工组织设计中，一般把流水施工的基本参数分为工艺参数、空间参数和时间参数三类。

3.2.1 工艺参数

工艺参数主要是指在组织流水施工时，用以表达流水施工在施工工艺方面进展状态的参数，通常包括施工过程和流水强度两个参数。

3.2.1.1 施工过程

一个建筑物的施工通常可以划分为若干个施工过程。施工过程所包含的施工内容，既可以是分项工程或者分部工程，也可以是单位工程或者单项工程。施工过程数量用 n 来表示，它的多少与建筑物的复杂程度以及施工工艺等因素有关，通常工业建筑物的施工过程数量要多于一般混合结构的住宅的施工过程数量。如何划分施工过程，合理地确定 n 的数值，是组织流水施工的一个重要工作。

根据工艺性质不同，施工过程可以分为三类：

（1）制备类施工过程。是指为了提高建筑产品生产的工厂化、机械化程度和生产能力而形成的施工过程。如砂浆、混凝土、各类制品、门窗等的制备过程和混凝土构件的预制过程。

（2）运输类施工过程。运输类施工过程是指把建筑材料、制品和设备等运输到工地仓库或施工操作地点而形成的施工过程。

（3）建造类施工过程。是指在施工对象的空间上直接进行砌筑、安装与加工，最终形成建筑产品的施工过程。它是建设工程施工中占有主导地位的施工过程，如建筑物或构筑物的地下工程、主体结构工程、装饰工程等。

由于建造类施工过程占有施工对象的空间，直接影响工期的长短，因此，必须列入施工进度计划，并在其中大多作为主导施工过程或关键工作。运输类与制备类施工过程一般不占施工对象的空间，不影响工期，故不需要列入流水施工进度计划之中；只有当其占有施工对象的工作面，影响工期时，才列入施工进度计划之中。例如，对于采用装配式钢筋混凝土结构的建设工程，钢筋混凝土构件的预制过程就需要列入施工进度计划之中。

施工过程数 n 是流水施工的主要参数之一，对于一个单位工程，n 并不一定等于计划中包括的所有施工过程数。因为并不是所有的施工过程都能够按照流水方式组织施工，可能只有其中的某些阶段可以组织流水施工。施工过程数 n 是指参与该阶段流水施工的施工过程的数目。

3.2.1.2 流水强度

流水强度是指流水施工的某施工过程（专业工作队）在单位时间内所完成的工程量，也称为流水能力或生产能力，一般用 V 表示。例如，浇筑混凝土施工过程的流水强度是指每工作班浇筑的混凝土体积。根据施工过程的主导因素不同，可以将施工过程分为机械施工过程和人工操作施工过程两种。

（1）机械施工过程的流水强度

$$V_i = \sum_{i=1}^{x} R_i S_i \tag{3-1}$$

式中　V_i——投入施工过程 i 的机械施工流水强度；

　　　R_i——投入施工过程 i 的某种施工机械台数；

　　　S_i——投入施工过程 i 的某种施工机械产量定额；

　　　x——投入施工过程 i 的施工机械种类数。

（2）人工操作施工过程的流水强度

$$V_i = R_i S_i \tag{3-2}$$

式中　V_i——投入施工过程 i 的人工操作流水强度；

　　　R_i——投入施工过程 i 的工作队人数；

　　　S_i——投入施工过程 i 的工作队的工人每班平均产量定额。

3.2.2　空间参数

空间参数是指在组织流水施工时，用以表达流水施工在空间布置上开展状态的参数。一般包括工作面、施工段和施工层。

3.2.2.1　工作面

工作面是指某一个专业工种的工人在从事施工项目产品生产加工过程中，必须具备的活动空间。工作面的确定是否合理，直接影响着工人的劳动生产效率，工作面过大或过小都不合适。工作面的大小可以根据相应工种的工人在单位时间内的产量定额、工程操作规程和安全规程等的要求确定。一些主要工种的工作面参考取值如表 3-1 所示。

表 3-1　主要工种工作面参考取值表

工作项目	技工的作业面	说明
砖基础	7.6m/人	以 1 砖半计，2 砖乘以 0.8，3 砖乘以 0.55
砌砖墙	8.5m/人	以 1 砖计，1 砖半乘以 0.71，2 砖乘以 0.57
混凝土柱、墙基础	8m³/人	以 40cm 计
混凝土设备基础	7m³/人	机拌、机捣
现浇钢筋混凝土柱	2.45m³/人	机拌、机捣
现浇钢筋混凝土梁	3.20m³/人	机拌、机捣
现浇钢筋混凝土墙	5m³/人	机拌、机捣
现浇钢筋混凝土楼板	5.3m³/人	机拌、机捣
预制钢筋混凝土柱	3.6m³/人	机拌、机捣
预制钢筋混凝土梁	3.6m³/人	机拌、机捣
预制钢筋混凝土屋架	2.7m³/人	机拌、机捣
预制钢筋混凝土平板、空心板	1.91m³/人	机拌、机捣
预制钢筋混凝土大型屋面板	2.62m³/人	机拌、机捣
混凝土地坪及面层	40m³/人	机拌、机捣
外墙抹灰	16m³/人	

续表

工作项目	技工的作业面	说明
内墙抹灰	18.5m³/人	
门窗安装	11m³/人	

3.2.2.2 施工段

将施工对象在平面或空间上划分成若干个劳动量大致相等的施工段落，称为施工段或流水段。施工段的数目一般用 m 表示，它是流水施工的主要参数之一。

（1）划分施工段的目的

划分施工段就是为了组织流水施工。由于建设工程体形庞大，可以将其划分成若干个施工段，从而为组织流水施工提供足够的空间。在组织流水施工时，专业工作队完成一个施工段上的任务后，遵循施工组织顺序又到另一个施工段上作业，产生连续流动施工的效果。在一般情况下，一个施工段在同一时间内，只安排一个专业工作队施工，各专业工作队遵循施工工艺依次投入作业，同一时间内在不同的施工段上平行施工，使流水施工均衡地进行。组织流水施工时，可以划分足够数量的施工段，充分利用工作面，避免窝工，尽可能缩短工期。

（2）划分施工段的原则

施工段划分的数目要适当，数目过多势必减少施工的工人数而延长工期；数目过少又会造成资源供应过分集中，不利于组织流水施工。为了使施工段划分得科学合理，一般应遵循以下原则：

① 同一专业工作队在各个施工段上的劳动量应大致相等，相差幅度不宜超过 $10\% \sim 15\%$，以便组织节奏流水，使施工连续、均衡、有节奏。

② 为充分发挥工人（或机械）的生产效率，不仅要满足专业工程对工作面的要求，而且要使施工段所能容纳的劳动力人数（或机械台数）满足劳动组织优化要求。

③ 施工段数目要满足合理组织流水施工要求。段数的多少应与主导施工过程相协调，以主导施工过程为主形成工艺组合。工艺组合数应等于或小于施工段数。因此，施工段的分段不宜过多，过多可能延长工期，或使工作面狭窄；过少则无法流水，使劳动力或机械窝工。

④ 为保证项目结构完整性，施工段的分界线应尽可能与结构自然界线相一致，如将分界线设在温度缝和沉降缝等处；如果必须将分界线设在墙体中间时，应将其设在门窗洞口处，这样可以减少留槎，便于修复墙体。划分施工段时，住宅可按单元、楼层划分；厂房可按跨、生产线划分；线性工程可以主导施工过程的工程量为平衡条件。

⑤ 对于多层建筑物，既要在平面上划分施工段，又要在竖向上划分施工层。各专业工作队依次完成第一施工层中各施工段任务后，再转入第二施工层的施工段上作业，以此类推，以确保相应专业队在施工段与施工层之间组织连续、均衡、有节奏的流水施工。

（3）施工段数 m 与施工过程数 n 的关系

在工程项目施工中，若某些施工过程之间需要考虑技术或组织间歇时间，则可用式（3-3）确定每一施工层的最少施工段数：

$$m_{\min} = n + \frac{\sum z}{K} \qquad (3-3)$$

式中 $m_{\min}$——每一施工层需划分的最少施工段数；

       n——施工过程数；

       $\sum z$——某些施工过程之间要求的技术或组织间歇时间的总和；

       K——流水步距。

施工段数 m 与施工过程数 n 的关系及其影响：

① $m>n$ 时，各专业工作队能连续施工，但工作面有闲置。

② $m=n$ 时，各专业工作队能连续施工，工作面没有闲置，是理想化的流水施工方案，此时要求项目管理者提高管理水平，充分利用工作面连续施工。

③ $m<n$ 时，专业工作队不能连续工作，工作面没有闲置，但将造成专业工作队有窝工现象，是组织流水施工不允许的。

施工段数的多少，将直接影响工期的长短，而且要想保证专业工作队能连续施工，必须满足式(3-3)的要求。

当无层间关系或未划分施工层时（如某些单层建筑物、基础工程等），则施工段数不受限制，可按前面所述划分施工段的原则确定。

【例 3-2】 某三层办公楼主体结构工程有绑扎钢筋、支模板、浇筑混凝土三个施工过程，其流水节拍均为 3 天（暂不考虑施工段数量对流水节拍的影响），当施工段数 m 分别为 2、3、4 时，试组织该工程的流水施工。

【解】 当取施工段数：$m=2$（$m<n$）时，组织该工程的流水施工如图 3-6 所示，此时，各专业工作队不能连续施工，工作面没有闲置；

楼层	过程	施工进度/天									
		3	6	9	12	15	18	21	24	27	30
第一层	筋	1	2								
	模		1	2							
	混凝土			1	2						
第二层	筋				1	2					
	模					1	2				
	混凝土						1	2			
第三层	筋							1	2		
	模								1	2	
	混凝土									1	2

图 3-6　当 $m=2$ 时（$m<n$），专业工作队不能连续施工，工作面无闲置

当取施工段数：$m=3$（$m=n$）时，组织该工程的流水施工如图 3-7 所示，此时，各专

楼层	过程	施工进度/天										
		3	6	9	12	15	18	21	24	27	30	33
第一层	筋	1	2	3								
	模		1	2	3							
	混凝土			1	2	3						
第二层	筋				1	2	3					
	模					1	2	3				
	混凝土						1	2	3			
第三层	筋							1	2	3		
	模								1	2	3	
	混凝土									1	2	3

图 3-7　当 $m=3$（$m=n$）时，专业工作队能连续施工，工作面无闲置

业工作队能连续施工，工作面没有闲置；

当取施工段数：$m=4$（$m>n$）时，组织该工程的流水施工如图 3-8 所示，此时，各专业工作队能连续施工，工作面有闲置。

楼层	过程	施工进度/天													
		3	6	9	12	15	18	21	24	27	30	33	36	39	42
第一层	筋	1	2	3	4										
	模		1	2	3	4									
	混凝土			1	2	3	4								
第二层	筋					1	2	3	4						
	模						1	2	3	4					
	混凝土							1	2	3	4				
第三层	筋								1	2	3	4			
	模									1	2	3	4		
	混凝土										1	2	3	4	

图 3-8　当 $m=4$（$m>n$）时，专业工作队能连续施工，工作面有闲置

3.2.2.3　施工层

在组织流水施工时，为满足专业工种对操作高度的要求，通常将施工项目在竖向上划分为若干个操作层，这些操作层称为施工层。一般施工层数用 r 表示。

施工层的划分，要视工程项目的具体情况，根据建筑物的高度、楼层来确定。如砌筑工程的施工层高度一般为 1.2～1.4m，即一步脚手架的高度作为一个施工层；室内抹灰、木装修、油漆、玻璃和水电安装等，可以一个楼层作为一个施工层。

3.2.3　时间参数

时间参数是指在组织流水施工时，用以表达流水施工在时间安排上所处状态的参数，主要包括流水节拍、流水步距、间歇时间和搭接时间。

3.2.3.1　流水节拍

流水节拍是指在组织流水施工时，某个专业施工队完成某个施工段上的施工过程所必需的持续时间。流水节拍是流水施工的主要参数之一，它表明流水施工的速度和节奏性。流水节拍小，其流水速度快，节奏感强，单位时间内资源供应量大；反之则相反。同时，流水节拍也是区别流水施工组织方式的特征参数。

同一施工过程的流水节拍，主要由所采用的施工方法、施工机械以及在工作面允许的前提下投入施工的工人数、机械台数和采用的工作班次等因素确定。有时，为了均衡施工和减少转移施工段时消耗的工时，可以适当调整流水节拍，其数值最好为半个班的整数倍。

流水节拍的确定方法有定额计算法、经验估算法、工期计算法。

① 定额计算法。它是根据现有能够投入的资源（人力、机械数量、材料量等）和各施工段的工程量以及劳动定额来确定的。计算式为

$$t_i = \frac{Q_i}{S_i R_i N_i} = \frac{Q_i H_i}{R_i N_i} = \frac{P_i}{R_i t_i} \tag{3-4}$$

式中　Q_i——施工过程 i 在某施工段上的工程量；

S_i——施工过程 i 的人工或机械产量定额；

R_i——施工过程 i 的专业施工队人数或机械台数；

N_i——施工过程 i 的专业施工队每天工作班次；

H_i——施工过程 i 的人工或机械的时间定额；

P_i——施工过程 i 在某施工段上的劳动量，工日或台班。

② 经验估算法。对于采用新结构、新工艺、新方法和新材料等没有定额可循的工程项目，可以根据以往的施工经验估算流水节拍。为了提高估算精度，通常是先估算出该流水节拍的最长、最短、正常情况（最可能）三种时间，然后求其加权平均值，作为某施工过程在某施工段上的流水节拍。一般多采用式(3-5)进行估算，即

$$t = \frac{a + 4c + b}{6} \tag{3-5}$$

式中 t——流水节拍；

a——最长估算时间；

b——最短估算时间；

c——正常估算时间。

③ 工期计算法。对某些在规定日期内必须完成的工程项目，往往采用倒排进度法，具体步骤如下：

a. 根据工期倒排进度，确定某施工过程的工作延续时间。

b. 确定某施工过程在某施工段上的流水节拍，若同一施工过程在各施工段上的流水节拍不等，则用估算法；若流水节拍相等，则按式(3-6)进行计算。

$$t = \frac{T}{m} \tag{3-6}$$

式中 T——某施工过程的工作延续时间；

m——某施工过程划分的施工段数。

3.2.3.2 流水步距

在组织流水施工时，相邻两专业工作队先后开始施工的合理时间间隔（不包含间歇时间），称为它们之间的流水步距，通常用 $K_{i,i+1}$ 来表示。流水步距是流水施工的重要参数之一。流水步距的大小，反映着流水作业的紧凑程度，对工期的影响很大。在施工段不变的情况下，流水步距越大，工期越长；流水步距越小，则工期越短。流水步距的数目，取决于参加流水施工的施工过程数。一般来说，若有 n 个施工过程，则有 $n-1$ 个流水步距。

确定流水步距的原则：

① 要满足相邻两个专业工作队在施工顺序上的制约关系。

② 要保证相邻两个专业工作队在各个施工段上都能连续作业。

③ 要使相邻两个专业工作队在开工时间上能实现最大限度和合理的搭接。

④ 流水步距的确定要保证工程质量，保证安全生产的要求。

3.2.3.3 间歇时间

间歇时间是指在组织流水施工时，由于施工过程之间工艺上或组织上的需要，相邻两个施工过程在时间上不能衔接施工而必须留出的时间间隔。根据原因的不同，又可分为技术间歇时间和组织间歇时间。

施工对象工艺性质决定的间歇时间称为技术间歇时间，如现浇混凝土构件养护时间、砂浆抹面的干燥时间等，以 t_j 来表示。技术间歇时间与材料的性质和施工方法有关。

施工组织原因造成的间歇时间称为组织间歇，如回填土前地下管道检查验收、施工机械转移以及其他作业准备等工作，以 t_z 来表示。

在组织流水施工时，技术间歇时间和组织间歇时间有时统一考虑，有时要分别考虑，但二者的概念、作用和内容是完全不同的，必须结合具体情况优化处理。

3.2.3.4　搭接时间

组织流水施工时，在某些情况下，如果工作面允许，为了缩短工期，前一个专业施工队在完成部分作业后，空出一定的工作面，使得后一个专业施工队能够提前进入这一施工段，在空出的工作面上进行作业，形成两个专业施工队在同一个施工段的不同空间上同时搭接施工。后一个专业施工队提前进入前一个施工段的时间间隔即为搭接时间，一般用 t_d 表示。

3.3　流水施工的基本组织方式

建筑工程流水施工的节奏是由流水节拍决定的，流水节拍的规律不同，流水施工的流水步距、施工工期的计算方法也有所不同，各个施工过程对应的需成立的专业施工队数目也可能受到影响，从而形成不同节奏特征的流水施工组织方式。按照流水节拍和流水步距，流水施工分类如图 3-9 所示。

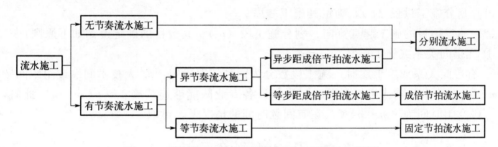

图 3-9　流水施工按流水节拍和流水步距的分类图

流水施工分为有节奏流水施工和无节奏流水施工两大类。

（1）有节奏流水施工是指在组织流水施工时，每一项施工过程在各个施工段上的流水节拍都各自相等，又可分为等节奏流水施工和异节奏流水施工。

等节奏流水施工是指有节奏流水施工中，各施工过程之间的流水节拍都各自相等，也称为固定节拍流水施工或全等节拍流水施工。

异节奏流水施工是指有节奏流水施工中，各施工过程的流水节拍各自相等而不同施工过程之间的流水节拍不尽相等。通常存在两种组织方式，即异步距成倍节拍流水施工和等步距成倍节拍流水施工。等步距成倍节拍流水施工是按各施工过程流水节拍之间的比例关系，成立相应数量的专业施工队进行流水施工，也称为成倍节拍流水施工。当异节奏流水施工，各施工过程的流水步距不尽相同时，其组织方式属于分别流水施工组织的范畴，与无节奏流水施工相同。

（2）无节奏流水施工是指在组织流水施工时，全部或部分施工过程在各个施工段上的流水节拍各不相等，各个施工过程的流水节拍无规律可循的流水施工。

3.3.1 等节奏流水施工的组织方式

等节奏流水施工（亦称全等节拍或固定节拍流水施工），是指各个施工过程在各个施工段上的流水节拍彼此相等的流水施工组织方式。这种组织方式一般是在划分施工工程时，将劳动量较小的施工过程合并，使各施工过程的劳动量相差不大，然后确定主要施工过程专业施工队的人数，并计算流水节拍；再根据流水节拍，确定其他施工过程专业施工队的人数，同时考虑施工段的工作面和合理劳动组合，适当地进行调整。

3.3.1.1 等节奏流水施工的特点

（1）各个施工过程在各个施工段上的流水节拍均相等。

（2）相邻施工过程的流水步距相等，且等于流水节拍。

（3）专业施工队能够连续作业，没有闲置的施工段，使得流水施工在时间和空间上都连续。

（4）专业施工队数等于施工过程数，即每一个施工过程成立一个专业施工队，由该专业施工队完成相应施工过程所有施工段上的任务。

固定节拍流水施工，一般只适用于施工对象结构简单，工程规模较小，施工过程数不多的房屋工程或线型工程，如道路工程、管道工程等。由于固定节拍流水施工的流水节拍和流水步距是定值，局限性较大，且建筑工程多数施工较为复杂，因而在实际建筑工程中采用这种组织方式的并不多见，通常只用于一个分部工程的流水施工中。

3.3.1.2 等节奏流水施工的组织方法

（1）划分施工过程（n），确定其施工顺序。

（2）确定项目的施工起点流向，划分施工段（m）。其数目的确定遵循如下原则：

① 无层间关系或施工层时，$m = n$。

② 有层间关系或施工层时，施工段数分为两种情况确定：a. 无技术间歇或组织间歇时，$m = n$；b. 有技术间歇或组织间歇时，为保证各专业队能够连续施工，应 $m > n$。此时，每层施工段空闲时间为 $(m - n)K$。在有间歇时间的情况下，可取

$$m = n + \frac{\sum Z_1 + \sum Z_2 - \sum t_d}{K} \tag{3-7}$$

式中 Z_1——相邻两个施工过程之间的间歇时间；

   Z_2——施工层间的间歇时间。

（3）确定流水节拍。先计算主导施工过程的流水节拍 t，其他施工过程参照 t 确定。

（4）确定流水步距。对于等节拍流水，$K = t$。

（5）计算流水施工工期：

① 在不分施工层时，工期为

$$T = (m + n - 1)t + \sum t_j + \sum t_z - \sum t_d \tag{3-8}$$

式中 t——流水节拍；

   m——施工段数目；

   n——施工过程数目；

   $\sum t_j$——技术间歇时间总和；

   $\sum t_z$——组织间歇时间总和；

$\sum t_{\mathrm{d}}$——搭接时间总和。

② 划分施工层时，流水施工工期可按下式计算

$$T=(mr+n-1)t+Z_1-\sum t_{\mathrm{d}} \tag{3-9}$$

式中　r——施工层数；

　　　Z_1——第一施工层内各施工过程的技术间歇时间和组织间歇时间之和，即

$$Z_1=\sum t_{\mathrm{j1}}+\sum t_{\mathrm{z1}}$$

其他符号含义同前。

(6) 绘制流水施工水平图。

从流水施工的工期计算来看，施工层数越多，施工工期越长，技术间歇时间和组织间歇时间的存在，也会使工期延长，在工作面能够保证的前提下，相邻两个专业工作队搭接作业的时间可以缩短。

【例 3-3】　某施工项目按照施工工艺可分解为 A、B、C、D 四个施工过程，各施工过程的流水节拍均为 4d，其中，施工过程 A 与 B 之间有 2d 平行搭接时间，C 与 D 之间有 2d 技术间歇时间，试组织流水施工并绘制流水施工水平图。

【解】　由于：$t_1=t_2=t_3=t_4=t=4\mathrm{d}$，$r=1$，故本工程宜组织全等节拍流水施工。

(1) 确定流水步距：$K=t=4\mathrm{d}$。

(2) 取施工段：$m=n=4$ 段。

(3) 计算工期：$T=(m+n-1)t+\sum t_{\mathrm{j}}+\sum t_{\mathrm{z}}-\sum t_{\mathrm{d}}=(4+4-1)\times 4+2-2=28(\mathrm{d})$

(4) 流水施工水平图见图 3-10 所示。

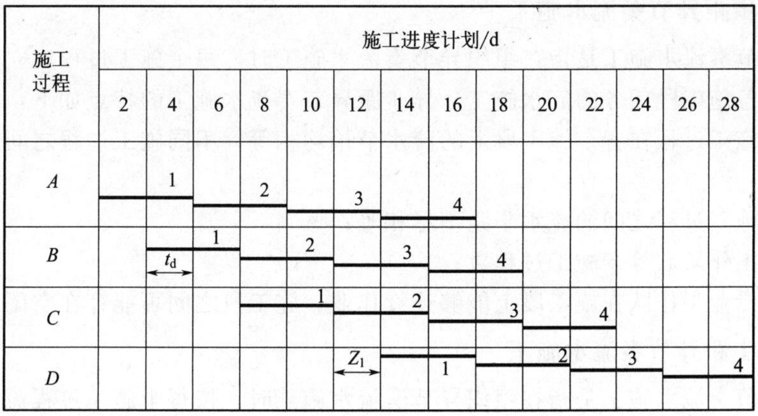

图 3-10　某工程全等节拍流水施工进度计划图（一）

【例 3-4】　某两层现浇钢筋混凝土结构工程，其主体工程可分解为：支模板、扎钢筋、浇混凝土三个施工过程，其流水节拍均为 2d，第一层浇完混凝土需养护 2d 后才能进行第二层的施工，试组织流水施工。

【解】　已知流水节拍 $t_1=t_2=t_3=2\mathrm{d}$，施工层数 $r=2$，施工层间的间歇时间 $Z_2=2\mathrm{d}$；本工程宜组织全等节拍流水施工。

(1) 确定流水步距 $K=t=2\mathrm{d}$。

(2) 取施工段：$m=n+Z_2/K=3+2/2=3+1=4$（段）。

(3) 计算工期：$T=(mr+n-1)K=(4\times 2+3-1)\times 2=20(\mathrm{d})$。

(4) 绘制流水施工水平图，如图 3-11 所示。

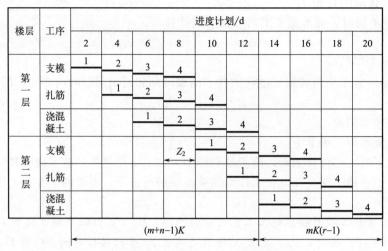

图 3-11 某工程全等节拍流水施工进度计划图（二）

3.3.2 异节奏流水施工的组织方式

异节奏流水施工是指在有节奏流水施工中，各施工过程的流水节拍各自相等而不同施工过程之间的流水节拍不尽相等的流水施工。在组织异节奏流水施工时，又可以采用异步距和等步距两种方式。

3.3.2.1 异步距异节奏流水施工

异步距异节奏流水施工是指在组织异节奏流水施工时，每个施工过程成立一个专业工作队，由其完成各施工段任务的流水施工。异步距异节奏流水施工的特点如下：

（1）同一施工过程在各个施工段上的流水节拍均相等，不同施工过程之间的流水节拍不尽相等；

（2）相邻施工过程之间的流水步距不尽相等；

（3）专业工作队数等于施工过程数；

（4）各个专业工作队在施工段上能够连续作业，施工段之间可能存在空闲时间。

3.3.2.2 等步距异节奏流水施工

等步距异节奏流水施工是指在组织异节奏流水施工时，按每个施工过程流水节拍之间的比例关系，成立相应数量的专业工作队而进行的流水施工，也称为成倍节拍流水施工。成倍节拍流水施工的特点如下：

（1）同一施工过程在其各个施工段上的流水节拍均相等；不同施工过程的流水节拍不等，但其值为倍数关系；

（2）相邻施工过程的流水步距相等，且等于流水节拍的最大公约数（K）；

（3）专业工作队数大于施工过程数，即有的施工过程只成立一个专业工作队，而对于流水节拍大的施工过程，可按其倍数增加相应专业工作队数目；

（4）各个专业工作队在施工段上能够连续作业，施工段之间没有空闲时间。

3.3.2.3 成倍节拍流水施工的组织方法

（1）划分施工过程，确定其施工顺序。

（2）确定各施工过程的流水节拍。

（3）确定流水步距 K，方法是取各施工过程流水节拍的最大公约数。即：

$$K = 最大公约数\{t_1, t_2, \cdots, t_i, \cdots, t_n\}$$

式中　t_i——第 i 个施工过程的流水节拍（$i = 1, 2, \cdots, n$）。

（4）确定各施工过程的专业队数。

第 i 施工过程的工作队数：

$$b_i = \frac{t_i}{K} \tag{3-10}$$

则专业队总数：

$$N = \sum_{i=1}^{n} b_i \tag{3-11}$$

（5）确定施工段数。

施工段数 m 的确定原则为：

① 没有层间关系时（$r = 1$）时，一般可取：

$$m = \sum b_i = N \tag{3-12}$$

② 有层间关系时（$r > 1$）时，每层的施工段数可按下式确定：

$$m \geqslant N + \frac{\sum Z_1}{K} + \frac{Z_2}{K} - \frac{\sum C_i}{K} \tag{3-13}$$

式中　Z_1——相邻两项施工过程之间的间歇时间（包括技术性的与组织性的）；

　　　Z_2——施工层间的间歇时间；

　　　C_i——相邻两项施工过程之间的搭接时间。

当计算出的施工段数有小数时，应只入不舍取整数，以保证足够的间歇时间；当各施工层间的 $\sum Z_1$ 或 Z_2 不完全相等时，应取各层中的最大值进行计算。

（6）计算流水施工工期 T。

$$T = (mr + N - 1)K + \sum Z_1 - \sum C \tag{3-14}$$

式中　r——施工层数；

　　　$\sum Z_1$——施工过程间歇时间之和（施工层间间歇时间不影响工期）；

　　　$\sum C$——平行搭接时间之和。

（7）绘制流水施工水平图。

【例 3-5】　某工程由 A、B、C 三个施工过程组成，各施工过程的流水节拍分别为：$t_1 = 2$ 周、$t_2 = 4$ 周、$t_3 = 6$ 周，试组织成倍节拍流水施工，并绘制施工进度计划图。

【解】　（1）确定流水步距 K。取各流水节拍的最大公约数，即 $K = 2$ 周。

（2）由式（3-10）确定各施工过程的专业队数为：

$$b_1 = t_1/K = 2/2 = 1（队）$$
$$b_2 = t_2/K = 4/2 = 2（队）$$
$$b_3 = t_3/K = 6/2 = 3（队）$$

（3）确定参加流水施工的专业队总数：$N = b_1 + b_2 + b_3 = 1 + 2 + 3 = 6$（队）。

（4）确定施工段数，取 $m = N = 6$ 段，$r = 1$。

（5）计算施工工期：$T = (m + N - 1)K = (6 + 6 - 1) \times 2 = 22$（周）

（6）绘制流水施工水平图，如图 3-12 所示。

施工过程	工作队	施工进度计划/周										
		2	4	6	8	10	12	14	16	18	20	22
A	A₁	1	2	3	4	5	6					
B	B₁			1		3		5				
	B₂				2		4		6			
C	C₁					1			4			
	C₂						2			5		
	C₃							3			6	

图 3-12　某工程成倍节拍流水施工进度计划图

【例3-6】 某两层楼房的主体工程由 A、B、C 三个施工过程组成，各施工过程在各个施工段上的流水节拍依次为：4d、2d、2d，施工过程 B、C 之间至少应有 2d 技术间歇。试划分施工段，确定流水施工工期，并绘制流水施工水平图。

【解】（1）确定流水步距 K。取各流水节拍的最大公约数，即 $K=2d$。

（2）按式（3-10）确定各施工过程的专业队数为：

$$b_1=2（队），b_2=1（队），b_3=1（队）$$

（3）确定参加流水施工的专业队总数：$N=b_1+b_2+b_3=2+1+1=4（队）$。

（4）确定施工段数，即取：

$$m_{\min}=N+Z_{B,C}/K=4+2/2=5（段）$$

（5）计算施工工期：

$$T=(mr+N-1)K+\sum Z_1=(5\times2+4-1)\times2+2=28(d)$$

（6）绘制流水施工水平图，如图 3-13 所示。

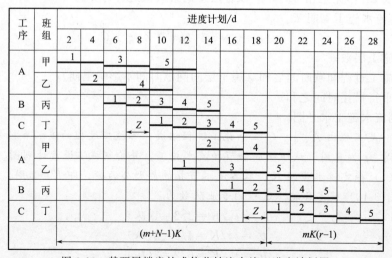

图 3-13　某两层楼房的成倍节拍流水施工进度计划图

3.3.3　无节奏流水施工的组织方式

在实际工作中，每个施工过程在各个施工段上的工程量往往不相等，或各专业队的生产效率相差较大，导致流水节拍彼此不能相等，呈无规律状态而难以组织全等节拍流水施工或成倍节拍流水施工。此时，只能按照施工顺序要求，使相邻两个专业队在开工时间上最大限度地搭接起来，每个专业队都能相对连续施工。该流水施工的组织方式称为无节奏流水施工或分别流水施工。此外，当流水节拍虽然能够满足等节奏流水施工或异节奏流水施工的组织条件，但是施工段数达不到要求时，也需要组织无节奏流水施工。因此，无节奏流水施工是组织流水施工的普遍方法。

3.3.3.1　无节奏流水施工的特点

（1）各个施工过程在各个施工段上的流水节拍彼此不完全相等。

（2）一般情况下，相邻施工过程之间的流水步距也不相等。

（3）每一个施工过程在各个施工段上的工作均由一个专业队独立完成，一般专业队数等于施工过程数（$N = n$）。

（4）各个专业队能相对连续施工，有些施工段可能有空闲。

3.3.3.2　无节奏流水施工的组织方法

（1）分解施工过程，划分施工段。

（2）确定各施工过程在各施工段的流水节拍。

（3）确定流水步距。

组织无节奏流水施工的关键是确定相邻两个专业队之间的流水步距，使其在开工时间上能够最大限度地搭接起来。可以采用最简便且易掌握的"潘特考夫斯基法"，此法又称"累加数列错位相减取最大差法"，其计算步骤如下：

① 累加各施工过程的流水节拍，形成累加数据系列。

② 将相邻两个施工过程的累加数据系列错位相减，得一系列差值。

③ 取差值中的最大者作为两个相邻施工过程之间的流水步距（K_i，K_{i+1}）。

（4）计算流水施工工期：

$$T = \sum K + \sum t + \sum t_j + \sum t_z - \sum t_d \tag{3-15}$$

式中　$\sum K$——各施工过程（或专业工作队）之间流水步距之和；

　　　$\sum t$——最后一个施工过程（或专业工作队）在各施工段流水节拍之和；

　　　$\sum t_j$——技术间歇时间之和；

　　　$\sum t_z$——组织间歇时间之和；

　　　$\sum t_d$——平行搭接时间之和。

（5）绘制流水施工水平指示图。

【例 3-7】　将某工程项目分解为甲、乙、丙、丁 4 个施工过程，在组织施工时将施工平面划分为 4 个施工段，各施工过程在各个施工段上的流水节拍如表 3-2 所示，试组织流水施工并绘制流水施工水平图。

表 3-2　某工程各施工过程的流水节拍　　　　　　　　　　单位：d

施工过程	施工段			
	Ⅰ	Ⅱ	Ⅲ	Ⅳ
甲	2	3	3	2
乙	4	3	3	3
丙	3	3	4	4
丁	4	3	4	1

【解】 根据上述条件，本工程宜组织无节奏流水施工。

（1）求各施工过程流水节拍的累加数据系列：

甲：　　2　5　8　　10

乙：　　4　7　10　13

丙：　　3　6　10　14

丁：　　4　7　11　12

（2）将相邻两个施工过程的累加数据系列错位相减：

甲与乙：　　　2　5　8　10

　　　　　 −　　　4　7　10　13
　　　　　　 ———————————————
　　　　　　　　2　1　1　0　−13

乙与丙：　　　4　7　10　13

　　　　　 −　　　3　6　10　14
　　　　　　 ———————————————
　　　　　　　　4　4　4　3　−14

丙与丁：　　　3　6　10　14

　　　　　 −　　　4　7　11　12
　　　　　　 ———————————————
　　　　　　　　3　2　3　3　−12

（3）确定流水步距

流水步距等于各累加数据系列错位相减所得差值中数值最大者，即：

$$K_{甲,乙}=\max(2,1,1,0,-13)=2(d)$$
$$K_{乙,丙}=\max(4,4,4,3,-14)=4(d)$$
$$K_{丙,丁}=\max(3,2,3,3,-12)=3(d)$$

（4）计算流水施工工期：$T=\sum K+\sum t=(2+4+3)+(4+3+4+1)=21(d)$

（5）绘制流水施工水平图，见图 3-14 所示。

施工过程	施工进度计划/d																				
	1	2	3	4	5	6	7	8	9	10	11	12	13	14	15	16	17	18	19	20	21
甲	1		2			3			4												
乙			1				2			3				4							
丙						1			2			3				4					
丁								1			2				3						4

图 3-14　某工程无节奏流水施工进度计划图

本章小结

① 流水施工的基本概念。主要介绍流水施工的概念及流水施工的三种表示方法，横道图、垂直图、网络图。

② 工程施工的基本组织方式。主要介绍了依次施工、平行施工和流水施工三种组织方式，分别介绍了其概念及优缺点。

③ 流水施工的主要参数。主要介绍了流水施工的工艺参数、空间参数和时间参数。

④ 流水施工的基本组织方式。主要介绍了等节奏流水施工、异节奏流水施工以及无节奏流水施工的特点及组织方式。

 复习思考题

在线题库

1. 常见的施工组织方式有哪几种？各自有哪些特点？

2. 什么是流水施工？其特点有哪些？

3. 流水施工有哪些参数？如何确定？

4. 如何划分施工段？划分时有哪些基本要求？

5. 流水施工按节奏特征不同可分为哪几种方式？各有什么特点？

6. 组织流水施工的程序及主要工作有哪些？

7. 某工程有 A、B、C 三个施工过程，每个施工过程均划分为三个施工段，$t_A = 3d$，$t_B = 2d$，$t_C = 4d$。试分别计算三种施工方式的工期，并绘出它们各自的施工进度计划。

8. 某二层现浇钢筋混凝土工程，其框架平面尺寸为 15m×144m，沿长度方向每隔 48m 设伸缩缝一道。已知 $t_筋 = 2d$，$t_模 = 1d$，$t_浇 = 3d$，层间技术间歇为 2d，试组织流水施工并绘制施工进度表。

第4章
工程网络计划技术

 学习目标

熟悉双代号网络图的构成，工作之间常见的逻辑关系；掌握双代号网络图的绘制；掌握网络计划时间参数的计算；了解工期优化、费用优化和资源优化。

 本章重点

重点掌握双代号网络图的绘制、单代号网络图的绘制、双代号网络计划时间参数的计算、单代号网络计划时间参数的计算、双代号时标网络计划和进度控制方法。

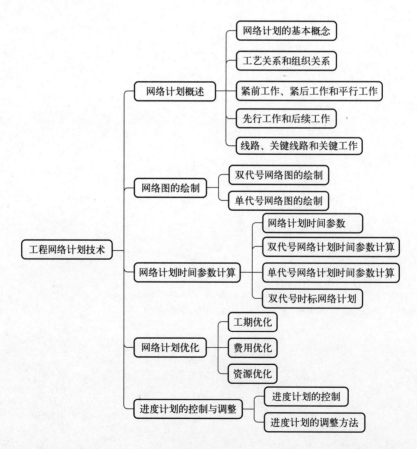

某工程各分项工程的逻辑关系及作业时间见表 4-1，试编制该工程项目施工的双代号计划，计算各项工作的六个时间参数，并绘制时标网络计划。

表 4-1　某工程各分项工程的逻辑关系及作业时间

工作	A	B	C	D	E	F	G	H	I	J	K
持续时间	22	10	13	8	15	17	15	6	11	12	20
紧前工作	—	—	B,E	A,C,H	—	B,E	E	F,G	F,G	A,C,I,H	F,G

网络计划技术的主要内容包括计划评审技术（ERT）和关键路线法（CPM）。两者的基本原理是相同的，即经过科学分析，将一个工程项目分解成许多作业（这里所指的作业，可以是一项设计工作，可以是一个零件的制造过程，也可以是某种活动等），将这些作业按其相互联系及先后顺序，绘制出网络图。通过估计完成各项作业所需的作业时间，确定每项作业的进度日程，并在网络图上找出完成工程项目的关键线路，予以重点安排，使工程项目在合理的时间内完成。通过网络图的调整，可以得到实现工程项目的最优安排方案。但在具体应用时两者有所不同，前者注重对各项工作安排的评价和审查，更多地应用于研究与开发项目；后者强调对各项工作要素间关系及关键路线的研究，主要应用于以往在类似工程中已取得一定经验的工程。

4.1　网络计划概述

用网络分析的方法编制的计划称为网络计划。它是帮助人们分析工作活动规律，揭示任务内在矛盾的科学有效的方法。它提供了一种描述计划任务中各项活动相互逻辑关系的图解模型，即网络图。利用它和有关的计算方法，可以看清计划的全局，分析其规律，以揭示矛盾，抓住关键，并用科学的方法调整计划安排，找出最好的计划方案。

4.1.1　网络计划的基本概念

网络图是由箭线和节点组成，用来表示工作流程的有向、有序网状图形。一个网络图表示一项计划任务。网络图中的工作是计划任务按需要粗细程度划分而成的、消耗时间或同时也消耗资源的一个子项目或子任务。工作可以是单位工程，也可以是分部工程、分项工程，一个施工过程也可以作为一项工作。在一般情况下，完成一项工作既需要消耗时间，也需要消耗劳动力、原材料、施工机具等资源。但也有一些工作只消耗时间而不消耗资源，如混凝土浇筑后的养护过程和墙面抹灰后的干燥过程等。

网络图有双代号网络图和单代号网络图两种。双代号网络图又称箭线式网络图，它以箭线及其两端节点的编号表示工作，同时，以节点表示工作的开始或结束以及工作之间的连接状态。单代号网络图又称节点式网络图，它以节点及其编号表示工作，以箭线表示工作之间的逻辑关系。网络图中工作的表示方法如图 4-1、图 4-2 所示。

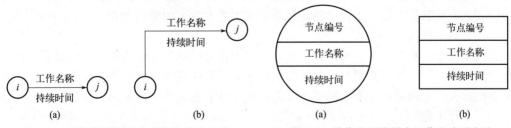

图 4-1　双代号网络图中工作的表示方法　　　图 4-2　单代号网络图中工作的表示方法

网络图中的节点都必须有编号，其编号严禁重复，并应使每一条箭线上箭尾节点编号小于箭头节点编号。

在双代号网络图中，一项工作必须有唯一的一条箭线和相应的一对不重复出现的箭尾、箭头节点编号。因此，一项工作的名称可以用其箭尾和箭头节点编号来表示。而在单代号网络图中，一项工作必须有唯一的一个节点及相应的一个代号，该工作的名称可以用其节点编号来表示。

在双代号网络图中，有时存在虚箭线，虚箭线不代表实际工作，称为虚工作。虚工作既不消耗时间，也不消耗资源。虚工作主要用来表示相邻两项工作之间的逻辑关系。但有时为了避免两项同时开始、同时进行的工作具有相同的开始节点和完成节点，也需要用虚工作加以区分。

在单代号网络图中，虚工作只能出现在网络图的起点节点或终点节点处。

4.1.2　工艺关系和组织关系

工艺关系和组织关系是工作之间先后顺序关系和逻辑关系的组成部分。

（1）工艺关系

生产性工作之间由工艺过程决定的、非生产性工作之间由工作程序决定的先后顺序关系称为工艺关系。如图4-3所示，支模1→扎筋1→混凝土1为工艺关系。

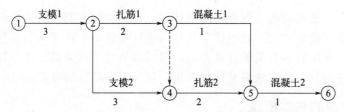

图4-3　某混凝土工程双代号网络计划

（2）组织关系

工作之间由于组织安排需要或资源（劳动力、原材料、施工机具等）调配需要而规定的先后顺序关系称为组织关系。如图4-3所示，支模1→支模2；扎筋1→扎筋2等为组织关系。

4.1.3　紧前工作、紧后工作和平行工作

（1）紧前工作

在网络图中，相对于某工作而言，紧排在该工作之前的工作称为该工作的紧前工作。在双代号网络图中，工作与其紧前工作之间可能有虚工作存在。如图4-3所示，支模1是支模2在组织关系上的紧前工作；扎筋1和扎筋2之间虽然存在虚工作，但扎筋1仍然是扎筋2在组织关系上的紧前工作。支模1则是扎筋1在工艺关系上的紧前工作。

（2）紧后工作

在网络图中，相对于某工作而言，紧排在该工作之后的工作称为该工作的紧后工作。在双代号网络图中，工作与其紧后工作之间也可能有虚工作存在。如图4-3所示，扎筋2是扎筋1在组织关系上的紧后工作；混凝土1是扎筋1在工艺关系上的紧后工作。

（3）平行工作

在网络图中，相对于某工作而言，可以与该工作同时进行的工作即为该工作的平行工作。如图4-3所示，扎筋1和支模2互为平行工作。

紧前工作、紧后工作及平行工作是工作之间逻辑关系的具体表现，只要能根据工作之间的工艺关系和组织关系明确其紧前或紧后关系，即可据此绘出网络图。工作之间的逻辑关系是正确绘制网络图的前提条件。

4.1.4　先行工作和后续工作

（1）先行工作

相对于某工作而言，从网络图的第一个节点（起点节点）开始，顺箭头方向经过一系列箭线与节点到达该工作为止的各条通路上的所有工作，都称为该工作的先行工作。如图 4-3 所示，支模 1、扎筋 1、混凝土 1、支模 2、扎筋 2 均为混凝土 2 的先行工作。

（2）后续工作

相对于某工作而言，从该工作之后开始，顺箭头方向经过一系列箭线与节点到网络图最后一个节点（终点节点）的各条通路上的所有工作，都称为该工作的后续工作。如图 4-3 所示，扎筋 1 的后续工作有混凝土 1、扎筋 2 和混凝土 2。

在建设工程进度控制中，后续工作是一个非常重要的概念。在工程网络计划实施过程中，如果发现某项工作进度出现拖延，则受影响的工作必然是该工作的后续工作。

4.1.5　线路、关键线路和关键工作

（1）线路

网络图中从起点节点开始，沿箭头方向顺序通过一系列箭线与节点，最后到达终点节点的通路称为线路。线路既可依次用该线路上的节点编号来表示，也可依次用该线路上的工作名称来表示。如图 4-3 所示，该网络图中有三条线路，这三条线路既可表示为：①→②→③→⑤→⑥、①→②→③→④→⑤→⑥和①→②→④→⑤→⑥，也可表示为：支模 1→扎筋 1→混凝土 1→混凝土 2、支模 1→扎筋 1→扎筋 2→混凝土 2 和支模 1→支模 2→扎筋 2→混凝土 2。

（2）关键线路和关键工作

在关键线路法（CPM）中，线路上所有工作的持续时间总和称为该线路的总持续时间。总持续时间最长的线路称为关键线路，关键线路的长度就是网络计划的总工期。如图 4-3 所示，线路①→②→④→⑤→⑥或支模 1→支模 2→扎筋 2→混凝土 2 为关键线路。

在工程网络计划中，关键线路可能不止一条。而且在工程网络计划实施过程中，关键线路还会发生转移。

关键线路上的工作称为关键工作。在工程网络计划实施过程中，关键工作的实际进度提前或拖后，均会对总工期产生影响。因此，关键工作的实际进度是建设工程进度控制的工作重点。

4.2　网络图的绘制

4.2.1　双代号网络图的绘制

（1）绘图规则

在绘制双代号网络图时，一般应遵循以下基本规则：

① 网络图必须按照已定逻辑关系绘制。由于网络图是有向、有序的网状图形，所以其必须严格按照工作之间的逻辑关系绘制，这同时也是保证工程质量和资源优化配置及合理使

用所必须的。例如，已知工作之间的逻辑关系如表 4-2 所示，若绘出网络图 4-4(a) 则是错误的，因为工作 A 不是工作 D 的紧前工作。此时，可用虚箭头将工作 A 和工作 D 的联系断开，如图 4-3(b)。

表 4-2　逻辑关系表

工作	A	B	C	D
紧前工作	—	—	A、B	B

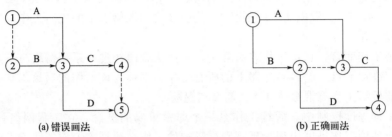

(a) 错误画法　　　　　　　　　　　(b) 正确画法

图 4-4　按表 4-1 绘制的网络图

② 网络图中严禁出现从一个节点出发，顺箭头方向又回到原出发点的循环回路。如果出现循环回路，会造成逻辑关系混乱，使工作无法按顺序进行。如图 4-5 所示，网络图中存在不允许出现的循环回路 BCGF。当然，此时节点编号也发生错误。

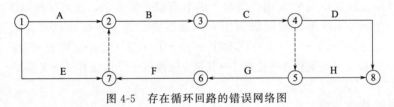

图 4-5　存在循环回路的错误网络图

③ 网络图中的箭线（包括虚箭线，以下同）应保持自左向右的方向，不应出现箭头指向左方的水平箭线和箭头偏向左方的斜向箭线。若遵循该规则绘制网络图，就不会出现循环回路。

④ 网络图中严禁出现双向箭头和无箭头的连线。图 4-6 所示即为错误的工作箭线画法，因为工作进行的方向不明确，因而不能达到网络图有向的要求。

(a) 双向箭头　　　　　　　　　　　(b) 无箭头

图 4-6　错误的工作箭头画法

⑤ 网络图中严禁出现没有箭尾节点的箭线和没有箭头节点的箭线。图 4-7 即为错误画法一。

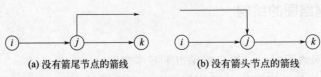

(a) 没有箭尾节点的箭线　　　　　　(b) 没有箭头节点的箭线

图 4-7　错误画法一

⑥ 严禁在箭线上引入或引出箭线，图 4-8 即为错误画法二。

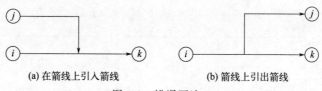

(a) 在箭线上引入箭线　　　　　　(b) 箭线上引出箭线

图 4-8　错误画法二

但当网络图的起点节点有多条箭线引出（外向箭线）或终点节点有多条箭线引入（内向箭线）时，为使图形简洁，可用母线法绘图。即：将多条箭线经一条共用的垂直线段从起点节点引出，或将多条箭线经一条共用的垂直线段引入终点节点，如图 4-9 所示。对于特殊线型的箭线，如粗箭线、双箭线、虚箭线、彩色箭线等，可在从母线上引出的支线上标出。

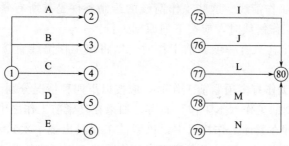

图 4-9　母线法

⑦ 应尽量避免网络图中工作箭线的交叉。当交叉不可避免时，可采用过桥法或指向法处理，如图 4-10 所示。

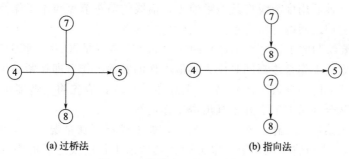

(a) 过桥法　　　　　　　　　　(b) 指向法

图 4-10　箭线交叉的表示方法

⑧ 网络图中应只有一个起点节点和一个终点节点（任务中部分工作需要分期完成的网络计划除外）。除网络图的起点节点和终点节点外，不允许出现没有外向箭线的节点和没有内向箭线的节点。图 4-11 所示网络图中有两个起点节点①和②，两个终点节点⑦和⑧。该

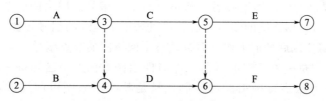

图 4-11　存在多个起点节点和多个终点节点的错误网络图

网络图的正确画法如图 4-12 所示，即将节点①和②合并为一个起点节点，将节点⑦和⑧合并为一个终点节点。

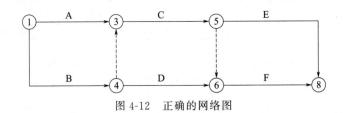

图 4-12　正确的网络图

（2）绘图方法

当已知每一项工作的紧前工作时，可按下述步骤绘制双代号网络图：

① 绘制没有紧前工作的工作箭线，使他们具有相同的开始节点，以保证网络图只有一个起点节点。

② 依次绘制其他工作箭线。这些工作箭线的绘制条件是其所有紧前工作箭线都已经绘制出来。在绘制这些工作箭线时，应按下列原则进行：

a. 当所要绘制的工作只有一项紧前工作时，则将该工作箭线直接画在其紧前工作箭线之后即可。

b. 当所要绘制的工作有多项紧前工作时，应按以下四种情况分别予以考虑：

（a）对于所要绘制的工作（本工作）而言，如果在其紧前工作之中存在一项只作为本工作紧前工作的工作（即在紧前工作栏目中，该紧前工作只出现一次），则应将本工作箭线直接画在该紧前工作箭线之后，然后用虚箭线将其他紧前工作箭线的箭头节点与本工作箭线的箭尾节点分别相连，以表达它们之间的逻辑关系。

（b）对于所要绘制的工作（本工作）而言，如果在其紧前工作之中存在多项只作为本工作紧前工作的工作，应先将这些紧前工作箭线的箭头节点合并，再从合并后的节点开始，画出本工作箭线，最后用虚箭线将其他紧前工作箭线的箭头节点与本工作箭线的箭尾节点分别相连，以表达它们之间的逻辑关系。

（c）对于所要绘制的工作（本工作）而言，如果不存在情况（a）和情况（b）时，应判断本工作的所有紧前工作是否都同时作为其他工作的紧前工作（即在紧前工作栏目中，这几项紧前工作是否均同时出现若干次）。如果上述条件成立，应先将这些紧前工作箭线的箭头节点合并后，再从合并后的节点开始画出本工作箭线。

（d）对于所要绘制的工作（本工作）而言，如果既不存在情况（a）和情况（b），也不存在情况（c）时，则应将本工作箭线单独画在其紧前工作箭线之后的中部，然后用虚箭线将其各紧前工作箭线的箭头节点与本工作箭线的箭尾节点分别相连，以表达它们之间的逻辑关系。

③ 当各项工作箭线都绘制出来之后，应合并那些没有紧后工作之工作箭线的箭头节点，以保证网络图只有一个终点节点（多目标网络计划除外）。

④ 当确认所绘制的网络图正确后，即可进行节点编号。网络图的节点编号在满足前述要求的前提下，既可采用连续的编号方法，也可采用不连续的编号方法，如 1，3，5，…或 5，10，15，…以避免以后增加工作时而改动整个网络图的节点编号。

以上所述是已知每一项工作的紧前工作时的绘图方法，当已知每一项工作的紧后工作时，也可按类似的方法进行网络图的绘制，只是其绘图顺序由前述的从左向右改为从右向左。

【例 4-1】　已知各工作之间逻辑关系见表 4-3，则可按下述步骤绘制其双代号网络图。

表 4-3　工作逻辑关系

工作	A	B	C	D
紧前工作	—	—	A、B	B

【解】　（1）绘制工作箭线 A 和工作箭线 B，如图 4-13(a) 所示。

（2）按前述原则②中的情况（a）绘制工作箭线 C，如图 4-13(b) 所示。

（3）绘制工作箭线 D 后，按前述原则③将工作箭线 C 和 D 的箭头节点合并，以保证网络图只有一个终点节点。当确定给定的逻辑关系表达正确后，再进行节点编号。表 4-3 给定逻辑关系所对应的双代号网络图如图 4-13(c) 所示。

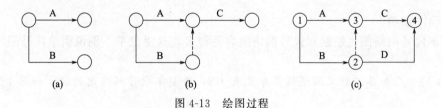

图 4-13　绘图过程

【例 4-2】　已知各工作之间的逻辑关系见表 4-4，则可按下述步骤绘制其双代号网络图。

表 4-4　工作逻辑关系

工作	A	B	C	D	E	G
紧前工作	—	—	—	A、B	A、B、C	D、E

【解】　（1）绘制工作箭线 A、工作箭线 B 和工作箭线 C，如图 4-14(a) 所示。

（2）按前述原则②中的情况（c）绘制工作箭线 D，如图 4-14(b) 所示。

（3）按前述原则②中的情况（a）绘制工作箭线 E，如图 4-14(c) 所示。

（4）按前述原则②中的情况（b）绘制工作箭线 G。当确认给定的逻辑关系表达正确后，再进行节点编号。表 4-4 给定逻辑关系所对应的双代号网络图如图 4-14(d) 所示。

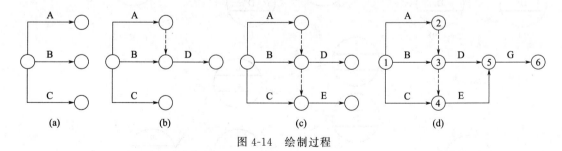

图 4-14　绘制过程

4.2.2　单代号网络图的绘制

（1）绘图规则

单代号网络图的绘图规则与双代号网络图的绘图规则基本相同，主要区别在于：

当网络图中有多项开始工作时，应增设一项虚拟的工作（S），作为该网络图的起点节点；当网络图中有多项结束工作时，应增设一项虚拟的工作（F），作为该网络图的终点节点。如图 4-15 所示，其中 S 和 F 为虚工作，所谓虚工作是在网络图中，只表示其相邻的前后工作之间相互制约、相互依存的逻辑关系，既不占用时间也不消耗资源的一种虚拟工作。

虚工作可以将图形复杂、有多种约束关系而又难以用实箭线联系的工作用虚箭线联系起来，可以切断没有逻辑约束关系的工作间的联系，以求得逻辑表达上的准确。

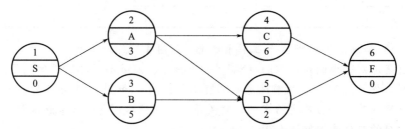

图 4-15   具有虚拟起点节点和终点节点的单代号网络图

（2）绘图示例

绘制单代号网络图比绘制双代号网络图容易得多，这里仅举一例说明单代号网络图的绘制方法。

【例 4-3】 已知各工作之间逻辑关系见表 4-5，绘制单代号网络图的过程如图 4-16 所示。

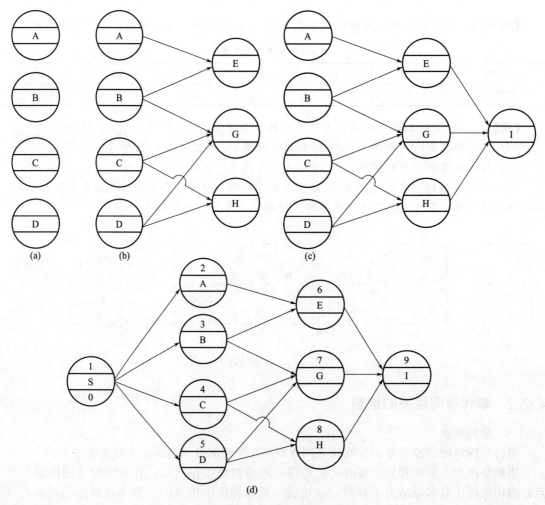

图 4-16   绘图过程

表 4-5　各工作之间逻辑关系

工作	A	B	C	D	E	G	H	I
紧前工作	—	—	—	—	A、B	B、C、D	C、D	E、G、H

4.3　网络计划时间参数计算

4.3.1　网络计划时间参数

所谓网络计划，是指在网络图上加注时间参数而编制的进度计划。网络计划时间参数的计算应在各项工作的持续时间确定之后进行。所谓时间参数，是指网络计划、工作及节点所具有的各种时间值。

（1）工作持续时间和工期

① 工作持续时间

工作持续时间是指一项工作从开始到完成的时间。在双代号网络计划中，工作 i-j 的持续时间用 $D_{i\text{-}j}$ 表示；在单代号网络计划中，工作 i 的持续时间用 D_i 表示。

② 工期

工期泛指完成一项任务所需要的时间。在网络计划中，工期一般有以下三种：

a. 计算工期。计算工期是根据网络计划时间参数计算而得到的工期，用 T_c 表示。

b. 要求工期。要求工期是任务委托人所提出的指令性工期，用 T_r 表示。

c. 计划工期。计划工期是指根据要求工期和计算工期所确定的作为实施目标的工期，用 T_p 表示。

当已规定了要求工期时，计划工期不应超过要求工期，即：

$$T_p \leqslant T_r \tag{4-1}$$

当未规定要求工期时，可令计划工期等于计算工期，即：

$$T_p = T_c \tag{4-2}$$

（2）工作的六个时间参数

除工作持续时间外，网络计划中工作的六个时间参数是：最早开始时间、最早完成时间、最迟完成时间、最迟开始时间、总时差和自由时差。

① 最早开始时间和最早完成时间

工作的最早开始时间是指在其所有紧前工作全部完成后，本工作有可能开始的最早时刻。工作的最早完成时间是指在其所有紧前工作全部完成后，本工作有可能完成的最早时刻。工作的最早完成时间等于本工作的最早开始时间与其持续时间之和。

在双代号网络计划中，工作 i-j 的最早开始时间和最早完成时间分别用 $ES_{i\text{-}j}$ 和 $EF_{i\text{-}j}$ 表示；在单代号网络计划中，工作 i 的最早开始时间和最早完成时间分别用 ES_i 和 EF_i 表示。

② 最迟完成时间和最迟开始时间

工作的最迟完成时间是指在不影响整个任务按期完成的前提下，本工作必须完成的最迟时刻。工作的最迟开始时间是指在不影响整个任务按期完成的前提下，本工作必须开始的最迟时刻。工作的最迟开始时间等于本工作的最迟完成时间与其持续时间之差。

在双代号网络计划中，工作 i-j 的最迟完成时间和最迟开始时间分别用 $LF_{i\text{-}j}$ 和 $LS_{i\text{-}j}$ 表示；在单代号网络计划中，工作 i 的最迟完成时间和最迟开始时间分别用 LF_i 和 LS_i

表示。

③ 总时差和自由时差

工作的总时差是指在不影响总工期的前提下，本工作可以利用的机动时间。在双代号网络计划中，工作 i-j 的总时差用 $TF_{i\text{-}j}$ 表示；在单代号网络计划中，工作 i 的总时差用 TF_i 表示。

工作的自由时差是指在不影响其紧后工作最早开始时间的前提下，本工作可以利用的机动时间。在双代号网络计划中，工作 i-j 的自由时差用 $FF_{i\text{-}j}$ 表示；在单代号网络计划中，工作 i 的自由时差用 FF_i 表示。

从总时差和自由时差的定义可知，对于同一项工作而言，自由时差不会超过总时差。当工作的总时差为零时，其自由时差必然为零。

在网络计划的执行过程中，工作的自由时差是该工作可以自由使用的时间。但是，如果利用某项工作的总时差，则有可能使该工作后续工作的总时差减小。

（3）节点最早时间和最迟时间

① 节点最早时间

节点最早时间是指在双代号网络计划中，以该节点为开始节点的各项工作的最早开始时间。节点 i 的最早时间用 ET_i 表示。

② 节点最迟时间

节点最迟时间是指在双代号网络计划中，以该节点为完成节点的各项工作的最迟完成时间。节点 j 的最迟时间用 LT_j 表示。

（4）相邻两项工作之间的时间间隔

相邻两项工作之间的时间间隔是指本工作的最早完成时间与其紧后工作最早开始时间之间可能存在的差值。工作 i 与工作 j 之间的时间间隔用 $LAG_{i,j}$ 表示。

4.3.2 双代号网络计划时间参数计算

双代号网络计划的时间参数既可以按工作计算，也可以按节点计算，还可以按标号计算，下面分别以简例说明。

（1）按工作计算法

所谓按工作计算法，就是以网络计划中的工作为对象，直接计算各项工作的时间参数。这些时间参数包括：工作的最早开始时间和最早完成时间、工作的最迟开始时间和最迟完成时间、工作的总时差和自由时差。此外，还应计算网络计划的计算工期。

为了简化计算，网络计划时间参数中的开始时间和完成时间都应以时间单位的终了时刻为标准。如第 3 天开始即指第 3 天终了（下班）时刻开始，实际上是第 4 天上班时刻才开始；第 5 天完成即指第 5 天终了（下班）时刻完成。

以图 4-17 所示双代号网络计划为例，说明按工作计算法计算时间参数的过程。其计算

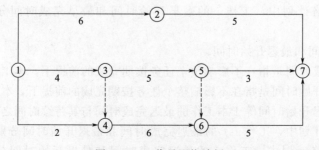

图 4-17　双代号网络计划

结果如图 4-18 所示。

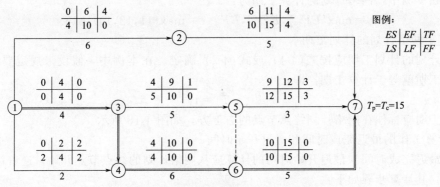

图 4-18　双代号网络计划（六时标注法）

① 计算工作的最早开始时间和最早完成时间

工作最早开始时间和最早完成时间的计算应从网络计划的起点节点开始，顺着箭线方向依次进行。其计算步骤如下：

a. 以网络计划起点节点为开始节点的工作，当未规定其最早开始时间时，其最早开始时间为零。例如在本例中，工作 1-2，工作 1-3，和工作 1-4 的最早开始时间都为零，即：
$$ES_{1-2}=ES_{1-3}=ES_{1-4}=0$$

b. 工作的最早完成时间可利用式（4-3）进行计算：
$$EF_{i-j}=ES_{i-j}+D_{i-j} \tag{4-3}$$

式中　EF_{i-j}——工作 i-j 的最早完成时间；

　　　ES_{i-j}——工作 i-j 的最早开始时间；

　　　D_{i-j}——工作 i-j 的持续时间。

例如在本例中，工作 1-2、工作 1-3 和工作 1-4 的最早完成时间分别为：
$$EF_{1-2}=ES_{1-2}+D_{1-2}=0+6=6$$
$$EF_{1-3}=ES_{1-3}+D_{1-3}=0+4=4$$
$$EF_{1-4}=ES_{1-4}+D_{1-4}=0+2=2$$

c. 其他工作的最早开始时间应等于其紧前工作最早完成时间的最大值，即：
$$ES_{i-j}=\max\{EF_{h-i}\}=\max\{ES_{h-i}+D_{h-i}\} \tag{4-4}$$

式中　ES_{i-j}——工作 i-j 的最早开始时间；

　　　EF_{h-i}——工作 i-j 的紧前工作 h-i（非虚工作）的最早完成时间；

　　　ES_{h-i}——工作 i-j 的紧前工作 h-i（非虚工作）的最早开始时间；

　　　D_{h-i}——工作 i-j 的紧前工作 h-i（非虚工作）的持续时间。

例如在本例中，工作 3-5 和工作 4-6 的最早开始时间分别为：
$$ES_{3-5}=EF_{1-3}=4$$
$$ES_{4-6}=\max\{EF_{1-3},EF_{1-4}\}=\max\{4,2\}=4$$

d. 网络计划的计算工期应等于以网络计划终点节点为完成节点的工作的最早完成时间的最大值，即：
$$T_c=\max\{EF_{i-n}\}=\max\{ES_{i-n}+D_{i-n}\} \tag{4-5}$$

式中　T_c——网络计划的计算工期；

　　　EF_{i-n}——以网络计划终点节点 n 为完成节点的工作的最早完成时间；

　　　ES_{i-n}——以网络计划终点节点 n 为完成节点的工作的最早开始时间；

D_{i-n}——以网络计划终点节点 n 为完成节点的工作的持续时间。

例如在本例中，网络计划的计算工期为：

$$T_c = \max\{EF_{2-7}, EF_{5-7}, EF_{6-7}\} = \max\{11, 12, 15\} = 15$$

② 确定网络计划的计划工期

网络计划的计划工期应按式(4-1)或式(4-2)确定。在本例中，假设未规定要求工期，则其计划工期就等于计算工期，即：

$$T_p = T_c = 15$$

计划工期应标注在网络计划终点节点的右上方，如图 4-18 所示。

③ 计算工作的最迟完成时间和最迟开始时间

工作最迟完成时间和最迟开始时间的计算应从网络计划的终点节点开始，逆着箭线方向依次进行。其计算步骤如下：

a. 以网络计划终点节点为完成节点的工作，其最迟完成时间等于网络计划的计划工期，即：

$$LF_{i-n} = T_p \tag{4-6}$$

式中　LF_{i-n}——以网络计划终点节点 n 为完成节点的工作的最迟完成时间；

　　　T_p——网络计划的计划工期。

例如在本例中，工作 2-7、工作 5-7 和工作 6-7 的最迟完成时间为：

$$LF_{2-7} = LF_{5-7} = LF_{6-7} = T_p = 15$$

b. 工作的最迟开始时间可利用式(4-7)进行计算：

$$LS_{i-j} = LF_{i-j} - D_{i-j} \tag{4-7}$$

式中　LS_{i-j}——工作 i-j 的最迟开始时间；

　　　LF_{i-j}——工作 i-j 的最迟完成时间；

　　　D_{i-j}——工作 i-j 的持续时间。

例如在本例中，工作 2-7、工作 5-7 和工作 6-7 的最迟开始时间分别为：

$$LS_{2-7} = LF_{2-7} - D_{2-7} = 15 - 5 = 10$$
$$LS_{5-7} = LF_{5-7} - D_{5-7} = 15 - 3 = 12$$
$$LS_{6-7} = LF_{6-7} - D_{6-7} = 15 - 5 = 10$$

c. 其他工作的最迟完成时间应等于其紧后工作最迟开始时间的最小值，即：

$$LF_{i-j} = \min\{LS_{j-k}\} = \min\{LF_{j-k} - D_{j-k}\} \tag{4-8}$$

式中　LF_{i-j}——工作 i-j 的最迟完成时间；

　　　LS_{j-k}——工作 i-j 的紧后工作 j-k（非虚工作）的最迟开始时间；

　　　LF_{j-k}——工作 i-j 的紧后工作 j-k（非虚工作）的最迟完成时间；

　　　D_{j-k}——工作 i-j 的紧后工作 j-k（非虚工作）的持续时间。

例如在本例中，工作 3-5 和工作 4-6 的最迟完成时间分别为：

$$LF_{3-5} = \min\{LS_{5-7}, LS_{6-7}\} = \min\{12, 10\} = 10$$
$$LF_{4-6} = LS_{6-7} = 10$$

④ 计算工作的总时差

工作的总时差等于该工作最迟完成时间与最早完成时间之差，或该工作最迟开始时间与最早开始时间之差，即：

$$TF_{i-j} = LF_{i-j} - EF_{i-j} = LS_{i-j} - ES_{i-j} \tag{4-9}$$

式中　TF_{i-j}——工作 i-j 的总时差；其余符号同前。

例如在本例中，工作 3-5 的总时差为：

$$TF_{3-5}=LF_{3-5}-EF_{3-5}=10-9=1$$

或
$$TF_{3-5}=LS_{3-5}-ES_{3-5}=5-4=1$$

⑤ 计算工作的自由时差

工作自由时差的计算应按以下两种情况分别考虑：

a. 对于有紧后工作的工作，其自由时差等于本工作紧后工作最早开始时间减本工作最早完成时间所得之差的最小值，即：

$$FF_{i-j}=\min\{ES_{j-k}-EF_{i-j}\}$$
$$=\min\{ES_{j-k}-ES_{i-j}-D_{i-j}\} \tag{4-10}$$

式中　FF_{i-j}——工作 i-j 的自由时差；

$\qquad ES_{j-k}$——工作 i-j 的紧后工作 j-k（非虚工作）的最早开始时间；

$\qquad EF_{i-j}$——工作 i-j 的最早完成时间；

$\qquad ES_{i-j}$——工作 i-j 的最早开始时间；

$\qquad D_{i-j}$——工作 i-j 的持续时间。

例如在本例中，工作 1-4 和工作 3-5 的自由时差分别为：

$$FF_{1-4}=ES_{4-6}-EF_{1-4}=4-2=2$$
$$FF_{3-5}=\min\{ES_{5-7}-EF_{3-5},ES_{6-7}-EF_{3-5}\}$$
$$=\min\{9-9,10-9\}$$
$$=0$$

b. 对于无紧后工作的工作，也就是以网络计划终点节点为完成节点的工作，其自由时差等于计划工期与本工作最早完成时间之差，即：

$$FF_{i-n}=T_{p}-EF_{i-n}=T_{p}-ES_{i-n}-D_{i-n} \tag{4-11}$$

式中　FF_{i-n}——以网络计划终点节点 n 为完成节点的工作 i-n 的自由时差；

$\qquad T_{p}$——网络计划的计划工期；

$\qquad EF_{i-n}$——以网络计划终点节点 n 为完成节点的工作 i-n 的最早完成时间；

$\qquad ES_{i-n}$——以网络计划终点节点 n 为完成节点的工作 i-n 的最早开始时间；

$\qquad D_{i-n}$——以网络计划终点节点 n 为完成节点的工作 i-n 的持续时间。

例如在本例中，工作 2-7、工作 5-7 和工作 6-7 的自由时差分别为：

$$EF_{2-7}=T_{p}-EF_{2-7}=15-11=4$$
$$FF_{5-7}=T_{p}-EF_{5-7}=15-12=3$$
$$FF_{6-7}=T_{p}-EF_{6-7}=15-15=0$$

需要指出的是，对于网络计划中以终点节点为完成节点的工作，其自由时差与总时差相等。此外，由于工作的自由时差是其总时差的构成部分，所以，当工作的总时差为零时，其自由时差必然为零，可不必进行专门计算。例如在本例中，工作 1-3、工作 4-6 和工作 6-7 的总时差全部为零，故其自由时差也全部为零。

⑥ 确定关键工作和关键线路

在网络计划中，总时差最小的工作为关键工作。特别地，当网络计划的计划工期等于计算工期时，总时差为零的工作就是关键工作。例如在本例中，工作 1-3、工作 4-6 和工作 6-7 的总时差均为零，均为关键工作。

找出关键工作之后，将这些关键工作首尾相连，便构成从起点节点到终点节点的通路，位于该通路上各项工作的持续时间总和最大，这条通路就是关键线路。在关键线路上可能有虚工作存在。

关键线路一般用粗箭线或双线箭线标出，也可以用彩色箭线标出。例如在本例中，线路

①→③→④→⑥→⑦即为关键线路。关键线路上各项工作的持续时间总和应等于网络计划的计算工期，这一特点也是判别关键线路是否正确的准则。

　　在上述计算过程中，将每项工作的六个时间参数均标注在图中，故称为六时标注法，如图 4-18 所示。为使网络计划的图面更加简洁，在双代号网络计划中，除各项工作的持续时间以外，通常只需标注两个最基本的时间参数——各项工作的最早开始时间和最迟开始时间即可，而工作的其他四个时间参数（最早完成时间、最迟完成时间、总时差和自由时差）均可根据工作的最早开始时间、最迟开始时间及持续时间导出。这种方法称为二时标注法，如图 4-19 所示。

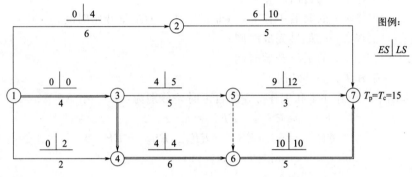

图 4-19　双代号网络图（二时标注法）

（2）按节点计算法

　　所谓按节点计算法，就是先计算网络计划中各个节点的最早时间和最迟时间，然后再据此计算各项工作的时间参数和网络计划的计算工期。

　　下面仍以图 4-17 所示双代号网络计划为例，说明按节点计算法计算时间参数的过程。其计算结果如图 4-20 所示。

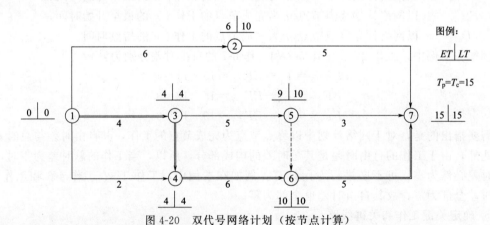

图 4-20　双代号网络计划（按节点计算）

　　① 计算节点的最早时间和最迟时间

　　a. 计算节点的最早时间

　　节点最早时间的计算应从网络计划的起点节点开始，顺着箭线方向依次进行。其计算步骤如下：

　　（a）网络计划起点节点，如未规定最早时间时，其值等于零。例如在本例中，起点节点①的最早时间为零，即：

$$ET_1 = 0$$

（b）其他节点的最早时间应按式（4-12）进行计算：

$$ET_j = \max\{ET_i + D_{i\text{-}j}\}　\qquad (4\text{-}12)$$

式中　ET_j——工作 i-j 的完成节点 j 的最早时间；

　　　ET_i——工作 i-j 的开始节点 i 的最早时间；

　　　$D_{i\text{-}j}$——工作 i-j 的持续时间。

例如在本例中，节点③和节点④的最早时间分别为：

$$ET_3 = ET_1 + D_{1\text{-}3} = 0 + 4 = 4$$

$$ET_4 = \max\{ET_3 + D_{1\text{-}4}, ET_3 + D_{3\text{-}4}\} = \max\{0 + 2, 4 + 0\} = 4$$

（c）网络计划的计算工期等于网络计划终点节点的最早时间，即：

$$T_c = ET_n　\qquad (4\text{-}13)$$

式中　T_c——网络计划的计算工期；

　　　ET_n——网络计划终点节点 n 的最早时间。

例如在本例中，其计算工期为：

$$T_c = ET_7 = 15　\qquad (4\text{-}14)$$

b. 确定网络计划的计划工期

网络计划的计划工期应按式（4-1）或式（4-2）确定。在本例中，假设未规定要求工期，则其计划工期就等于计算工期，即：

$$T_p = T_c = 15$$

计划工期应标注在终点节点的右上方，如图 4-20 所示。

c. 计算节点的最迟时间

节点最迟时间的计算应从网络计划的终点节点开始，逆着箭线方向依次进行。其计算步骤如下：

（a）网络计划终点节点的最迟时间等于网络计划的计划工期，即：

$$LT_n = T_p　\qquad (4\text{-}15)$$

式中　LT_n——网络计划终点节点 n 的最迟时间；

　　　T_p——网络计划的计划工期。

例如在本例中，终点节点⑦的最迟时间为：

$$LT_7 = T_p = 15$$

（b）其他节点的最迟时间应按式（4-16）进行计算：

$$LT_i = \min\{LT_j - D_{i\text{-}j}\}　\qquad (4\text{-}16)$$

式中　LT_i——工作 i-j 的开始节点 i 的最迟时间；

　　　LT_j——工作 i-j 的完成节点 j 的最迟时间；

　　　$D_{i\text{-}j}$——工作 i-j 的持续时间。

例如在本例中，节点⑥和节点⑤的最迟时间分别为：

$$LT_6 = LT_7 - D_{6\text{-}7} = 15 - 5 = 10$$

$$LT_5 = \min\{LT_6 - D_{5\text{-}6}, LT_7 - D_{5\text{-}7}\} = \min\{10 - 0, 15 - 3\} = 10$$

② 根据节点的最早时间和最迟时间判定工作的六个时间参数

a. 工作的最早开始时间等于该工作开始节点的最早时间，即：

$$ES_{i\text{-}j} = ET_i　\qquad (4\text{-}17)$$

例如在本例中，工作 1-2 和工作 2-7 的最早开始时间分别为：

$$ES_{1\text{-}2} = ET_1 = 0$$

$$ES_{2-7} = ET_2 = 6$$

b. 工作的最早完成时间等于该工作开始节点的最早时间与其持续时间之和，即：

$$EF_{i-j} = ET_i + D_{i-j} \tag{4-18}$$

例如在本例中，工作 1-2 和工作 2-7 的最早完成时间分别为：

$$EF_{1-2} = ET_1 + D_{1-2} = 0 + 6 = 6$$
$$EF_{2-7} = ET_2 + D_{2-7} = 6 + 5 = 11$$

c. 工作的最迟完成时间等于该工作完成节点的最迟时间，即：

$$LF_{i-j} = LT_j \tag{4-19}$$

例如在本例中，工作 1-2 和工作 2-7 的最迟完成时间分别为：

$$LF_{1-2} = LT_2 = 10$$
$$LF_{2-7} = LT_7 = 15$$

d. 工作的最迟开始时间等于该工作完成节点的最迟时间与其持续时间之差，即：

$$LS_{i-j} = LT_j - D_{i-j} \tag{4-20}$$

例如在本例中，工作 1-2 和工作 2-7 的最迟开始时间分别为：

$$LS_{1-2} = LT_2 - D_{1-2} = 10 - 6 = 4$$
$$LS_{2-7} = LT_7 - D_{2-7} = 15 - 5 = 10$$

e. 工作的总时差可根据式(4-9)、式(4-19) 和式(4-18) 得到：

$$TF_{i-j} = LF_{i-j} - EF_{i-j} = LT_j - (ET_i + D_{i-j})$$
$$= LT_j - ET_i - D_{i-j} \tag{4-21}$$

由式(4-21) 可知，工作的总时差等于该工作完成节点的最迟时间减去该工作开始节点的最早时间所得差值再减其持续时间。例如在本例中，工作 1-2 和工作 3-5 的总时差分别为：

$$TF_{1-2} = LT_2 - ET_1 - D_{1-2} = 10 - 0 - 6 = 4$$
$$TF_{3-5} = LT_5 - ET_3 - D_{3-5} = 10 - 4 - 5 = 1$$

f. 工作的自由时差可根据式(4-10) 和式(4-17) 得到：

$$FF_{i-j} = \min\{ES_{j-k} - ES_{i-j} - D_{i-j}\}$$
$$= \min\{ES_{j-k}\} - ES_{i-j} - D_{i-j}$$
$$= \min\{ET_j\} - ET_i - D_{i-j} \tag{4-22}$$

由式(4-22) 可知，工作的自由时差等于该工作完成节点的最早时间减去该工作开始节点的最早时间所得差值再减其持续时间。例如在本例中，工作 1-2 和 3-5 的自由时差分别为：

$$FF_{1-2} = ET_2 - ET_1 - D_{1-2} = 6 - 0 - 6 = 0$$
$$FF_{3-5} = ET_5 - ET_3 - D_{3-5} = 9 - 4 - 5 = 0$$

特别需要注意的是，如果本工作与其各紧后工作之间存在虚工作时，其中的 ET_j 应为本工作紧后工作开始节点的最早时间，而不是本工作完成节点的最早时间。

③ 确定关键线路和关键工作

在双代号网络计划中，关键线路上的节点称为关键节点。关键工作两端的节点必为关键节点，但两端为关键节点的工作不一定是关键工作。关键节点的最迟时间与最早时间的差值最小。特别地，当网络计划的计划工期等于计算工期时，关键节点的最早时间与最迟时间必然相等。例如在本例中，节点①、③、④、⑥、⑦就是关键节点。关键节点必然处在关键线路上，但由关键节点组成的线路不一定是关键线路。例如在本例中，由关键节点①、④、⑥、⑦组成的线路就不是关键线路。

当利用关键节点判别关键线路和关键工作时，还要满足下列判别式：

$$ET_i + D_{i-j} = ET_j \tag{4-23}$$

或
$$LT_i + D_{i-j} = LT_j \tag{4-24}$$

式中　ET_i——工作 i-j 的开始节点（关键节点）i 的最早时间；

　　　D_{i-j}——工作 i-j 的持续时间；

　　　ET_j——工作 i-j 的完成节点（关键节点）j 的最早时间；

　　　LT_i——工作 i-j 的开始节点（关键节点）i 的最迟时间；

　　　LT_j——工作 i-j 的完成节点（关键节点）j 的最迟时间。

如果两个关键节点之间的工作符合上述判别式，则该工作必然为关键工作，它应该在关键线路上。否则，该工作就不是关键工作，关键线路也就不会从此处通过。例如在本例中，工作 1-3、虚工作 3-4、工作 4-6 和工作 6-7 均符合上述判别式，故线路①→③→④→⑥→⑦为关键线路。

④ 关键节点的特性

在双代号网络计划中，当计划工期等于计算工期时，关键节点具有以下一些特性，掌握这些特性，有助于确定工作时间参数。

a. 开始节点和完成节点均为关键节点的工作，不一定是关键工作。例如在图 4-20 所示网络计划中，节点①和节点④为关键节点，但工作 1-4 为非关键工作。由于其两端为关键节点，机动时间不可能为其他工作所利用，故其总时差和自由时差均为 2。

b. 以关键节点为完成节点的工作，其总时差和自由时差必然相等。例如在图 4-20 所示网络计划中，工作 1-4 的总时差和自由时差均为 2；工作 2-7 的总时差和自由时差均为 4；工作 5-7 的总时差和自由时差均为 3。

c. 当两个关键节点间有多项工作，且工作间的非关键节点无其他内向箭线和外向箭线时，则两个关键节点间各项工作的总时差均相等。在这些工作中，除以关键节点为完成节点的工作自由时差等于总时差外，其余工作的自由时差均为零。例如在图 4-20 所示网络计划中，工作 1-2 和工作 2-7 的总时差均为 4。工作 2-7 的自由时差等于总时差，而工作 1-2 的自由时差为零。

d. 当两个关键节点间有多项工作，且工作间的非关键节点有外向箭线而无其他内向箭线时，则两个关键节点间各项工作的总时差不一定相等。在这些工作中，除以关键节点为完成节点的工作自由时差等于总时差外，其余工作的自由时差均为零。例如在图 4-20 所示网络计划中，工作 3-5 和工作 5-7 的总时差分别为 1 和 3。工作 5-7 的自由时差等于总时差，而工作 3-5 的自由时差为零。

（3）标号法

标号法是一种快速寻求网络计划计算工期和关键线路的方法。标号法利用按节点计算法的基本原理，对网络计划中的每一个节点进行标号，然后利用标号值确定网络计划的计算工期和关键线路。

下面仍以图 4-17 所示网络计划为例，说明标号法的计算过程。其计算结果如图 4-21 所示。

a. 网络计划起点节点的标号值为零。例如在本例中，节点①的标号值为零，即：$b_1 = 0$。

b. 其他节点的标号值应根据式（4-25）按节点编号从小到大的顺序逐个进行计算：

$$b_j = \max\{b_i + D_{i-j}\} \tag{4-25}$$

式中　b_j——工作 i-j 的完成节点 j 的标号值；

　　　b_i——工作 i-j 的开始节点 i 的标号值；

　　　D_{i-j}——工作 i-j 的持续时间。

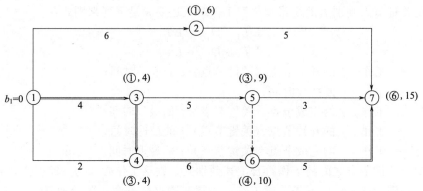

图 4-21　双代号网络计划（标号法）

例如在本例中，节点③和节点④的标号值分别为：

$$b_3 = b_1 + D_{1\text{-}3} = 0 + 4 = 4$$
$$b_4 = \max\{b_1 + D_{1\text{-}4}, b_3 + D_{3\text{-}4}\}$$
$$= \max\{0 + 2, 4 + 0\} = 4$$

当计算出节点的标号值后，应用其标号值及其源节点对该节点进行双标号。所谓源节点，就是用来确定本节点标号值的节点。例如在本例中，节点④的标号值 4 是由节点③所确定，故节点④的源节点就是节点③。如果源节点有多个，应将所有源节点标出。

c. 网络计划的计算工期就是网络计划终点节点的标号值。例如在本例中，其计算工期就等于终点节点⑦的标号值 15。

d. 关键线路应从网络计划的终点节点开始，逆着箭线方向按源节点确定。例如在本例中，从终点节点⑦开始，逆着箭线方向按源节点可以找出关键线路为①→③→④→⑥→⑦。

4.3.3　单代号网络计划时间参数的计算

单代号网络计划与双代号网络计划只是表现形式不同，它们所表达的内容则完全一样。下面以图 4-22 所示单代号网络计划为例，说明其时间参数的计算过程。计算结果如图 4-23 所示。

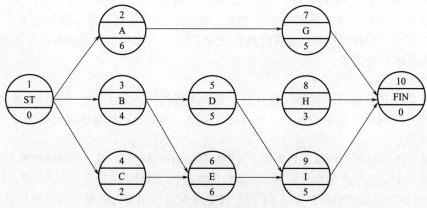

图 4-22　单代号网络计划

（1）计算工作的最早开始时间和最早完成时间

工作最早开始时间和最早完成时间的计算应从网络计划的起点节点开始，顺着箭线方向按节点编号从小到大的顺序依次进行。其计算步骤如下：

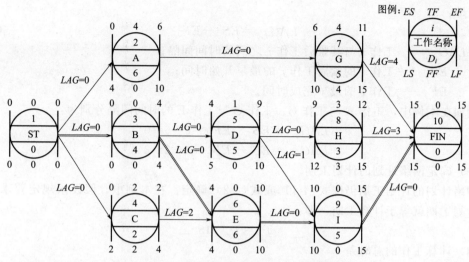

图 4-23 单代号网络计划时间参数计算

① 网络计划起点节点所代表的工作，其最早开始时间未规定时取值为零。例如在本例中，起点节点 ST 所代表的工作（虚拟工作）的最早开始时间为零，即：

$$ES_1 = 0 \tag{4-26}$$

② 工作的最早完成时间应等于本工作的最早开始时间与其持续时间之和，即：

$$EF_i = ES_i + D_i \tag{4-27}$$

式中 EF_i——工作 i 的最早完成时间；

ES_i——工作 i 的最早开始时间；

D_i——工作 i 的持续时间。

例如在本例中，虚工作 ST 和工作 A 的最早完成时间分别为：

$$EF_1 = ES_1 + D_1 = 0 + 0 = 0$$

$$EF_2 = ES_2 + D_2 = 0 + 6 = 6$$

③ 其他工作的最早开始时间应等于其紧前工作最早完成时间的最大值，即：

$$ES_j = \max\{EF_i\} \tag{4-28}$$

式中 ES_j——工作 j 的最早开始时间；

EF_i——工作 j 的紧前工作 i 的最早完成时间。

例如在本例中，工作 E 和工作 G 的最早开始时间分别为：

$$ES_6 = \max\{EF_3, EF_4\} = \max\{4, 2\} = 4$$

$$ES_7 = EF_2 = 6$$

④ 网络计划的计算工期等于其终点节点所代表的工作的最早完成时间。例如在本例中，其计算工期为：

$$T_c = EF_{10} = 15$$

（2）计算相邻两项工作之间的时间间隔

相邻两项工作之间的时间间隔是指其紧后工作的最早开始时间与本工作最早完成时间的

差值，即：

$$LAG_{i,j} = ES_j - EF_i \qquad (4\text{-}29)$$

式中 $LAG_{i,j}$——工作 i 与其紧后工作 j 之间的时间间隔；

$\quad ES_j$——工作 i 的紧后工作 j 的最早开始时间；

$\quad EF_i$——工作 i 的最早完成时间。

例如在本例中，工作 A 与工作 G、工作 C 与工作 E 的时间间隔分别为：

$$LAG_{2,7} = ES_7 - EF_2 = 6 - 6 = 0$$

$$LAG_{4,6} = ES_6 - EF_4 = 4 - 2 = 2$$

（3）确定网络计划的计划工期

网络计划的计划工期仍按式(4-1)或式(4-2)确定。在本例中，假设未规定要求工期，则其计划工期就等于计算工期，即：

$$T_p = T_c = 15$$

（4）计算工作的总时差

工作总时差的计算应从网络计划的终点节点开始，逆着箭线方向按节点编号从大到小的顺序依次进行。

① 网络计划终点节点 n 所代表的工作的总时差应等于计划工期与计算工期之差，即：

$$TF_n = T_p - T_c \qquad (4\text{-}30)$$

当计划工期等于计算工期时，该工作的总时差为零。例如在本例中，终点节点⑩所代表的工作 FIN（虚拟工作）的总时差为：

$$TF_{10} = T_p - T_c = 15 - 15 = 0$$

② 其他工作的总时差应等于本工作与其各紧后工作之间的时间间隔加该紧后工作的总时差所得之和的最小值，即：

$$TF_i = \min\{LAG_{i,j} + TF_j\} \qquad (4\text{-}31)$$

式中 TF_i——工作 i 的总时差；

$\quad LAG_{i,j}$——工作 i 与其紧后工作 j 之间的时间间隔；

$\quad TF_j$——工作 i 的紧后工作 j 的总时差。

例如在本例中，工作 H 和工作 D 的总时差分别为：

$$TF_8 = LAG_{8,10} + TF_{10} = 3 + 0 = 3$$

$$TF_5 = \min\{LAG_{5,8} + TF_8, LAG_{5,9} + TF_9\} = \min\{0 + 3, 1 + 0\} = 1$$

（5）计算工作的自由时差

① 网络计划终点节点 n 所代表的工作的自由时差等于计划工期与本工作的最早完成时间之差，即：

$$FF_n = T_p - EF_n \qquad (4\text{-}32)$$

式中 FF_n——终点节点 n 所代表的工作的自由时差；

$\quad T_p$——网络计划的计划工期；

$\quad EF_n$——终点节点 n 所代表的工作的最早完成时间（即计算工期）。

例如在本例中，终点节点⑩所代表的工作 FIN（虚拟工作）的自由时差为：

$$FF_{10} = T_p - EF_{10} = 15 - 15 = 0$$

② 其他工作的自由时差等于本工作与其紧后工作之间时间间隔的最小值，即：

$$FF_i = \min\{LAG_{i,j}\} \qquad (4\text{-}33)$$

例如在本例中，工作 D 和工作 G 的自由时差分别为：

$$FF_5 = \min\{LAG_{5,8}, LAG_{5,9}\} = \min\{0, 1\} = 0$$

$$FF_7 = LAG_{7,10} = 4$$

（6）计算工作的最迟完成时间和最迟开始时间

工作的最迟完成时间和最迟开始时间的计算可按以下两种方法进行：

① 根据总时差计算

a. 工作的最迟完成时间等于本工作的最早完成时间与其总时差之和，即：

$$LF_i = EF_i + TF_i \tag{4-34}$$

例如在本例中，工作 D 和工作 G 的最迟完成时间分别为：

$$LF_5 = EF_5 + TF_5 = 9 + 1 = 10$$
$$LF_7 = EF_7 + TF_7 = 11 + 4 = 15$$

b. 工作的最迟开始时间等于本工作的最早开始时间与其总时差之和，即：

$$LS_i = ES_i + TF_i \tag{4-35}$$

例如在本例中，工作 D 和工作 G 的最迟开始时间分别为：

$$LS_5 = ES_5 + TF_5 = 4 + 1 = 5$$
$$LS_7 = ES_7 + TF_7 = 6 + 4 = 10$$

② 根据计划工期计算

工作最迟完成时间和最迟开始时间的计算应从网络计划的终点节点开始，逆着箭线方向按节点编号从大到小的顺序依次进行。

a. 网络计划终点节点 n 所代表的工作的最迟完成时间等于该网络计划的计划工期，即：

$$LF_n = T_p \tag{4-36}$$

例如在本例中，终点节点⑩所代表的工作 FIN（虚拟工作）的最迟完成时间为：

$$LF_{10} = T_p = 15$$

b. 工作的最迟开始时间等于本工作的最迟完成时间与其持续时间之差，即：

$$LS_i = LF_i - D_i \tag{4-37}$$

例如在本例中，虚拟工作 FIN 和工作 G 的最迟开始时间分别为：

$$LS_{10} = LF_{10} - D_{10} = 15 - 0 = 15$$
$$LS_7 = LF_7 - D_7 = 15 - 5 = 10$$

c. 其他工作的最迟完成时间等于该工作各紧后工作最迟开始时间的最小值，即：

$$LF_i = \min\{LS_j\} \tag{4-38}$$

式中　LF_i——工作 i 的最迟完成时间；

　　　LS_j——工作 i 的紧后工作 j 的最迟开始时间。

例如在本例中，工作 H 和工作 D 的最迟完成时间分别为：

$$LF_8 = LS_{10} = 15$$
$$LF_5 = \min\{LS_8, LS_9\} = \min\{12, 10\} = 10$$

（7）确定网络计划的关键线路

① 利用关键工作确定关键线路

如前所述，总时差最小的工作为关键工作。将这些关键工作相连，并保证相邻两项关键工作之间的时间间隔为零而构成的线路就是关键线路。

例如在本例中，由于工作 B、工作 E 和工作 I 的总时差均为零，故这些工作均为关键工作。由网络计划的起点节点①和终点节点⑩与上述三项关键工作组成的线路上，相邻两项工作之间的时间间隔全部为零，故线路①→③→⑥→⑨→⑩为关键线路。

② 利用相邻两项工作之间的时间间隔确定关键线路

从网络计划的终点节点开始，逆着箭线方向依次找出相邻两项工作之间时间间隔为零的线路就是关键线路。例如在本例中，逆着箭线方向可以直接找出关键线路①→③→⑥→⑨→⑩，因为在这条线路上，相邻两项工作之间的时间间隔均为零。

在网络计划中，关键线路可以用粗箭线或双箭线标出，也可以用彩色箭线标出。

4.3.4　双代号时标网络计划

一般网络计划不带时标，工作持续时间由箭头下方标注的数字说明，而与箭线本身长短无关，这种非时标网络计划看起来不太直观，不能一目了然地在网络计划图上直接反映各项工作的开始和完成时间，同时不能按天统计资源，编制资源需用量计划。

双代号时标网络计划（以下简称时标网络计划）是以时间坐标为尺度编制的网络计划。该网络计划既具有一般网络计划的优点，又具有横道图计划直观易懂的优点，在网络计划基础上引入横道图，它清晰地把时间参数直观地表达出来，同时表明网络计划中各工作之间的逻辑关系。

（1）时标网络计划绘制的一般规定

① 时标网络计划必须以水平时间坐标为尺度表示工作时间。时标的时间单位应根据需要在编制网络计划之前确定，可为小时、天、周、月或季等。

② 时标网络计划应以实箭线表示工作，以虚箭线表示虚工作，以波形线表示工作的自由时差。虚工作是实际上不存在的工序，其作用只是为了说明工序之间的衔接关系。虚工序的作业时间为零，故也称为零工序，它在网络图中有着重要的作用，要善于使用。

③ 时标网络计划中所有符号在时间坐标上的水平投影位置，都必须与其时间参数相对应。节点中心必须对应相应的时标位置。虚工作必须以垂直方向的虚箭线表示，自由时差用波形线表示。

（2）时标网络计划的绘制法

时标网络计划一般按最早时间编制，其绘制方法有间接绘制法和直接绘制法。

① 时标网络计划的间接绘制法

所谓间接绘制法，是指先根据无时标的网络计划草图计算其时间参数并确定关键线路，然后在时标网络计划表中进行绘制。在绘制时应先将所有节点按其最早时间定位在时标网络计划表中的相应位置，然后用规定线型（实箭线和虚箭线）按比例绘出工作和虚工作。当某些工作箭线的长度不足以到达该工作的完成节点时，必须用波形线补足，箭头应画在与该工作完成节点的连接处。

② 时标网络计划的直接绘制法

直接绘制法是不计算网络计划时间参数，直接在时间坐标上进行绘制的方法。其绘制步骤和方法可归纳为如下绘图口诀："时间长短坐标限，曲直斜平利相连，画完箭线画节点，节点画完补波线。"

a. 时间长短坐标限：箭线的长度代表着具体的施工持续时间，受到时间坐标的制约。

b. 曲直斜平利相连：箭线的表达方式可以是直线、折线或斜线等，但布图应合理，直观清晰，尽量横平竖直。

c. 画完箭线画节点：工作的开始节点必须在该工作的全部紧前工作都画完后，定位在这些紧前工作全部完成的时间刻度上。

d. 节点画完补波线：某些工作的箭线长度不足以达到其完成节点时，用波形线补足，箭头指向与位置不变。

如图 4-24 所示的双代号网络计划，根据绘图口诀及绘制要求，按最早时间参数不经计算直接绘制的时标网络计划如图 4-25 所示。

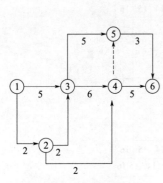

图 4-24 双代号网络计划

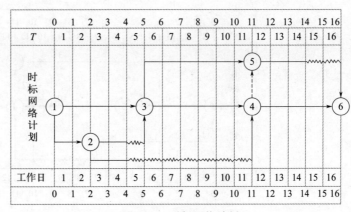

图 4-25 时标网络计划

③ 时标网络计划的识读

a. 最早时间参数

（a）最早开始时间

$$ES_{i\text{-}j} = ET_i \tag{4-39}$$

开始节点或箭尾节点所在位置对应的坐标值，表示最早开始时间。

（b）最早完成时间

$$EF_{i\text{-}j} = ES_{i\text{-}j} + D_{i\text{-}j} \tag{4-40}$$

用实线右端坐标值表示最早完成时间。若实箭线抵达箭头节点（右端节点），则最早完成时间就是箭头节点（右端节点）中心的时标值；若实箭线达不到箭头节点（右端节点），则其最早完成时间就是实箭线右端末端所对应的时标值。

b. 计算工期

$$T_c = ET_n \tag{4-41}$$

终点节点所在位置与起点节点所在位置的时标值之差表示计算工期。

c. 自由时差 $FF_{i\text{-}j}$

波形线的水平投影长度表示自由时差的数值。

d. 总时差

总时差识读从右向左，逆着箭线，其值等于本工作的自由时差加上其各紧后工作的总时差的最小值。计算公式如下。

$$TF_{i\text{-}j} = FF_{i\text{-}j} + \min[TF_{j\text{-}k}, TF_{j\text{-}l}, TF_{j\text{-}m}] \tag{4-42}$$

式中，$TF_{j\text{-}k}$、$TF_{j\text{-}l}$、$TF_{j\text{-}m}$ 表示工作 $i\text{-}j$ 的各紧后工作的总时差。

各工作的总时差如图 4-26 所示。

e. 关键线路

自终点节点逆着箭线方向朝起点箭线方向观察，自始至终不出现波形线的线路为关键线路，图 4-26 中，关键线路为①→③→④→⑥。

f. 最迟时间参数

（a）最迟开始时间

$$LS_{i\text{-}j} = ES_{i\text{-}j} + TF_{i\text{-}j} \tag{4-43}$$

（b）最迟完成时间

$$LF_{i\text{-}j} = EF_{i\text{-}j} + TF_{i\text{-}j} = LS_{i\text{-}j} + D_{i\text{-}j} \tag{4-44}$$

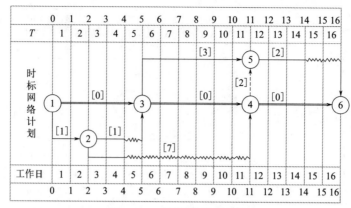

图 4-26　时标网络计划识读

图 4-25 所示的时标网络计划各参数的识读见表 4-6。

表 4-6　时标网络计划各参数的识读

工作	ES	EF	FF	TF	LS	LF
1-3	0	5	0	0	0	5
1-2	0	2	0	1	1	3
2-3	2	4	1	1	3	5
2-4	2	4	7	7	9	11
3-4	5	11	0	0	5	11
3-5	5	10	1	3	8	13
4-5	11	11	0	2	13	13
4-6	11	16	0	0	11	16
5-6	11	14	2	2	13	13

4.4　网络计划优化

　　网络计划的优化，应在满足既定约束条件下，按选定目标，通过不断改进网络计划寻求满意方案。网络计划的优化目标，应按计划任务的需要和条件选定，包括工期目标、费用目标、资源目标。

4.4.1　工期优化

　　所谓的工期优化，是指网络计划的计算工期 T_c 不满足要求工期 T_r 时，通过压缩关键工作的持续时间以满足要求工期目标的过程。

　　当计算工期不满足要求工期时，可通过压缩关键工作的持续时间满足工期要求，需要注意，不能将关键线路压缩成非关键线路，当出现多条关键线路时，必须将各条关键线路的持续时间压缩为同一数值。工期优化的计算，应按下述步骤进行：

　　（1）计算并找出初始网络计划的计算工期、关键线路及关键工作。

　　（2）按要求工期计算应缩短的时间。

（3）确定各关键工作能缩短的持续时间。

（4）选择关键工作，压缩其持续时间，并重新计算网络计划的计算工期。选择应缩短持续时间的关键工作宜考虑下列因素：①缩短持续时间对质量和安全影响不大的工作；②有充足备用资源的工作；③缩短持续时间所需增加的费用最少的工作。

（5）当计算工期仍超过要求工期时，则重复以上（1）～（4）的步骤，直到满足工期要求或工期已不能再缩短为止。

（6）对计划的原技术方案、组织方案进行调整或对要求工期重新审定。

【例 4-4】　已知某物流工程项目，要求工期 $T_r = 10$ 周，各工作逻辑关系如表 4-7 所示，试对该工程进行工期优化。

表 4-7　各工作逻辑关系

工作	A	B	C	D	E	F	G
紧前工作	—	—	A	A	B	C	CE
时间/周	5	3	4	3	2	3	3

【解】　根据表 4-7 所示逻辑关系，得到计划网络图，如图 4-27 所示。图中粗箭头表示关键线路。

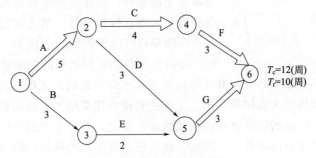

图 4-27　例 4-4 计划网络图

按工期要求，对该网络图进行工期优化，得到优化后的网络图，如图 4-28 所示。

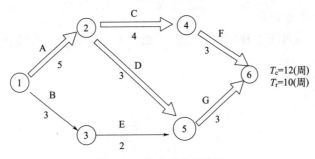

图 4-28　优化后的网络图

即在线路①-②-④-⑥上压缩 2 周的工期，线路①-②-⑤-⑥上压缩 1 周的工期。

4.4.2　费用优化

费用优化又称工期成本优化，是指寻求工程最低总成本的工期安排，或按要求工期寻求最低成本计划安排的过程。

在建设工程施工过程中，完成一项工作通常可以采用多种施工方法和组织方法，而不同的施工方法和组织方法，又会有不同的持续时间和费用。由于一项建设工程往往包含许多工作，所以在安排建设工程进度计划时，就会出现许多方案。进度方案不同，所对应的总工期和总费用也就不同。为了能从多种方案中找出总成本最低的方案，首先必须分析费用和时间之间的关系。

（1）工程费用与工期的关系

工程总费用由直接费用和间接费用组成。直接费用由人工费、材料费、机械使用费、其他直接费用及现场经费等组成。施工方案不同，直接费用也就不同；如果施工方案一定，工期不同，直接费用也不同。直接费用会随着工期的缩短而增加。间接费用包括企业经营管理的全部费用，它一般会随着工期的缩短而减少。在考虑工程总费用时，还应考虑工期变化带来的其他损益，包括效益增量和资金的时间价值等。工程费用与工期的关系如图 4-29 所示。

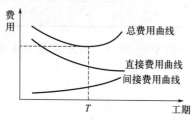

图 4-29　工程费用与工期的关系

（2）工作直接费用与持续时间的关系

由于网络计划的工期取决于关键工作的持续时间，为了进行工期成本优化，必须分析网络计划中各项工作的直接费用与持续时间之间的关系，它是网络计划工期成本优化的基础。工作的直接费用与持续时间之间的关系类似于工程直接费用与工期之间的关系，即工作的直接费用随着持续时间的缩短而增加。为简化计算，工作的直接费用与持续时间之间的关系被近似地认为是直线关系。当工作划分不是很粗略时，其计算结果还是比较精确的。工作的持续时间每缩短单位时间而增加的直接费用称为直接费用率。工作的直接费用率越大，说明将该工作的持续时间缩短一个时间单位，所需增加的直接费用就越多；反之，将该工作的持续时间缩短一个时间单位，所需增加的直接费用就越少。因此，在压缩关键工作的持续时间以达到缩短工期的目的时，应将直接费用率最小的关键工作作为压缩对象。当有多条关键线路出现而需要同时压缩多个关键工作的持续时间时，应将它们的直接费用率之和（组合直接费用率）最小者作为压缩对象。

（3）费用优化的步骤和方法

① 计算正常作业条件下工程网络计划的工期、关键线路和总直接费用、总间接费用及总费用。

② 计算各项工作的直接费用率。

对双代号网络计划：

$$\Delta C_{i-j} = \frac{CC_{i-j} - CN_{i-j}}{DN_{i-j} - DC_{i-j}}$$

式中　ΔC_{i-j}——工作 i-j 的费用；

　　　CC_{i-j}——将工作 i-j 持续时间缩短为最短持续时间后，完成该工作所需的直接费用；

　　　CN_{i-j}——在正常条件下完成工作 i-j 所需的直接费用；

　　　DN_{i-j}——工作 i-j 的正常持续时间；

　　　DC_{i-j}——工作 i-j 的最短持续时间。

对单代号网络计划：

$$\Delta C_i = \frac{CC_i - CN_i}{DN_i - DC_i}$$

式中　ΔC_i——工作 i 的费用率；

　　　CC_i——将工作 i 持续时间缩短为最短持续时间后，完成该工作所需的直接费用；

　　　CN_i——在正常条件下完成工作 i 所需的直接费用；

　　　DN_i——工作 i 的正常持续时间；

　　　DC_i——工作 i 的最短持续时间。

③ 在关键线路上，选择直接费用率（或组合直接用费率）最小并且不超过工程间接费用率的工作作为被压缩对象。

④ 将被压缩对象压缩至最短，当被压缩对象为一组工作时，将该组工作压缩为同一数值，并找出关键线路，如果被压缩对象变成了非关键工作，则需适当延长其持续时间，使其刚好恢复为关键工作为止。

⑤ 重新计算和确定网络计划的工期、关键线路和总直接费用、总间接费用、总费用。

⑥ 重复上述第③至第⑤步骤，直至找不到直接费用率或组合直接费用率不超过工程间接费用率的压缩对象为止。此时即求出总费用最低的最优工期。

⑦ 绘制出优化后的网络计划，在每项工作上注明优化的持续时间和相应的直接费用。

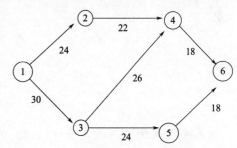

图 4-30　例 4-5 网络计划图

【例 4-5】 已知网络计划如图 4-30 所示，各工作的工时、直接费用及直接费用率（C_{ij}）如表 4-8 所示，间接费用为 180（百元），每提前 1 天可省 3.3（百元）。求最低成本日程。

表 4-8　各工作的工时、直接费用及直接费用率

工序	正常工时		极限工时		直接费用变动率 C_{ij} /(百元/天)
	工时	费用	工时	费用	
（1、2）	24	50	16	70	2.5
（1、3）	30	90	18	102	1
（2、4）	22	40	18	48	2
（3、4）	26	100	24	103	1.5
（3、5）	24	80	20	90	2.5
（4、6）	18	54	18	54	—
（5、6）	18	64	10	68	0.5
总直接费用	478				

【解】 下面对该网络计划进行优化：

首先，计算出计划工期 T_c，找出关键线路及关键工作，如图 4-31 所示：$T_c = 74$，关键线路为①-③-④-⑥，关键工作为（1、3）、（3、4）、（4、6）。

其次，选择最小的直接费用率 C_{ij} 进行优化，如下：

选工序（1、3），可缩短 12 天。如图 4-32 所示。

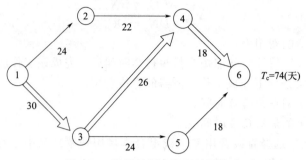

图 4-31　计算计划工期和关键线路

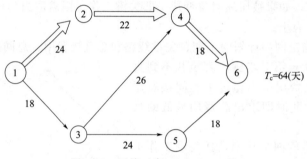

图 4-32　压缩工序（1、3）12 天

但关键路线变了，故工序（1、3）只能缩短 10 天，得到新的优化网络图如图 4-33 所示。

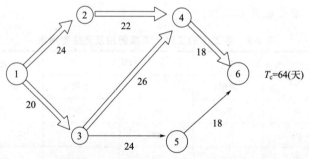

图 4-33　压缩工序（1、3）10 天

此时，总直接费用：$478+10 \times 1=488$（百元）

间接费用：$180-33=147$（百元）

重复上述过程，继续优化，线路①-③-④-⑥与线路①-②-④-⑥同时缩短工期，可供选择的方案如下：

（1、3），（1、2）同时缩小 $2.5+1=3.5$；

（1、3），（2、4）同时缩小 $1+2=3$；

（3、4），（1、2）同时缩小 $1.5+2.5=4$；

（3、4），（2、4）同时缩小 $1.5+2=3.5$。

故选择（1、3），（2、4）同时缩小，得到新的优化图。

重复优化过程，直至找不到直接费用率或组合直接费用率不超过工程间接费用率的压缩对象为止。最终得到的结果如表 4-9 所示。

表 4-9　最终计算结果

计算过程	工序名称	可缩短天数/天	实际缩短天数/天	总直接费用/百元	间接费用/百元	总成本/百元	总工期/天
0	—	—	—	478	180	658	74
1	(1、3)	12	10	488	147	635	64
2	(1、3)(2、4)	2,4	2	494	140.4	634.4	62
3	(3、4)(2、4)	2,2	2	501	133.8	634.8	60

从表 4-9 的计算过程得知，费用最低的工期为 62 天，总费用为 634.4 百元。相应的网络计划如图 4-34 所示。

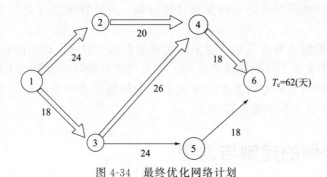

图 4-34　最终优化网络计划

4.4.3　资源优化

资源是指为完成一项计划任务所需投入的人力、材料、机械设备和资金等。完成一项工程任务所需要的资源量基本上是不变的，不可能通过资源优化将其减少。资源优化的目的是通过改变工作的开始时间和完成时间，使资源按照时间的分布符合优化目标。

在通常情况下，网络计划的资源优化分为两种，即"资源有限，工期最短"的优化和"工期固定，资源均衡"的优化。前者是通过调整计划安排，在满足资源限制条件下，使工期延长最少的过程；而后者是通过调整计划安排，在工期保持不变的条件下，使资源需用量尽可能均衡的过程。这里所讲的资源优化，其前提条件是：

① 在优化过程中，不改变网络计划中各项工作之间的逻辑关系；

② 在优化过程中，不改变网络计划中各项工作的持续时间；

③ 网络计划中各项工作的资源强度（单位时间所需资源数量）为常数，而且是合理的；

④ 除规定可中断的工作外，一般不允许中断工作，应保持其连续性。

通常，将某项工作在单位时间内所需的某种资源数量称为资源强度（用 r_{i-j} 表示）；将整个计划在某单位时间内所需某种资源的数量称为资源需用量（用 Q_t 表示）；将在单位时间内可供使用的某种资源的最大数量称为资源限量（用 Q_a 表示）。

（1）"资源有限，工期最短"优化

在满足有限资源的条件下，通过调整某些工作投入作业的开始时间，使工期不延误或最少延误。下面介绍优化的步骤与方法。

① 绘制时标网络计划，逐时段计算资源需用量；

② 逐时段检查资源需用量是否超过资源限量，若超过进入第③步，否则检查下一时段；

③ 对于超过的时段，按总时差从小到大累计该时段中各项工作的资源强度，累计不超

过资源限量的最大值，其余的工作推移到下一时段（在各项工作不允许间断作业的假定条件下，前一时段已经开始的工作应优先累计）；

④ 重复上述步骤，直至所有时段的资源需用量均不超过资源限量为止。

安排建设工程进度计划时，需要使资源需用量尽可能地均衡，使整个工程每单位时间的资源需用量不出现过多的高峰和低谷，这样不仅有利于工程建设的组织与管理，而且可以降低工程费用。

（2）"工期固定，资源均衡"的优化

"工期固定，资源均衡"的优化方法有多种，如方差值最小法、极差值最小法、削高峰法等。这里仅介绍方差值最小的优化方法。

按方差值最小的优化原理，"工期固定，资源均衡"的优化一般可按以下步骤进行：

① 按照各项工作的最早开始时间安排进度计划，并计算网络计划每个时间单位的资源需用量。

② 从网络计划的终点节点开始，按工作完成节点编号值从大到小的顺序依次进行调整。当某一节点同时作为多项工作的完成节点时，应先调整开始时间较迟的工作。

③ 当所有工作均自右向左调整了一次之后，为使资源需用量更加均衡，再自右向左进行多次调整，直至所有工作不能右移为止。

4.5 进度计划的控制与调整

4.5.1 进度计划的控制

进度计划控制可通过横道图比较法、S曲线比较法、香蕉曲线比较法、赢得值法和前锋线法等，以下重点介绍横道图比较法和前锋线法。

（1）横道图比较法

① 横道图比较法的概念

某工程项目基础工程的计划进度和截止到第九周末的实际进度如图 4-35 所示。从图中实际进度与计划进度的比较可以看出，到第 9 周末进行进度检查时，挖土方和做垫层两项工作已经完成；支模板按计划也应该完成，但实际只完成 75%，任务量拖欠 25%；绑扎钢筋按计划应该完成 60%，而实际只完成 20%，任务量拖欠 40%。

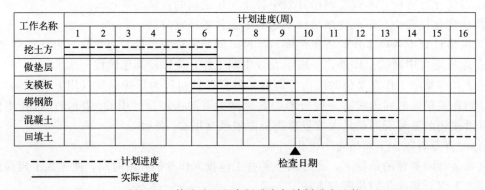

图 4-35 某基础工程实际进度与计划进度比较

图中所表达的比较方法仅适用于工程项目中的各项工作都是均匀进展的情况，即每项工作在单位时间内完成的任务量都是相等的情况。事实上，工程项目中各项工作的进展不一定是匀速的。根据工程项目中各项工作进展是否匀速，可以分别采用以下两种方法进行实际进度与计划进度的比较。

a. 匀速进展横道图比较法

匀速进展是指在工程项目中，每项工作在单位时间内完成的任务量是相等的，即工作的进展速度是均匀的。此时，每项工作累计完成的任务量与时间呈线性关系。

采用匀速进展横道图比较法时，其步骤如下：

（a）编制横道图进度计划。

（b）在进度计划上标出检查日期。

（c）将检查收集到的实际进度数据经加工整理后按比例用涂黑的粗线标于计划进度的下方，如图 4-36 所示。

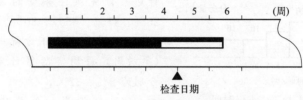

图 4-36 匀速进展横道图比较图

（d）对比分析实际进度与计划进度。如果涂黑的粗线右端落在检查日期左侧，表明实际进度拖后；如果涂黑的粗线右端落在检查日期右侧，表明实际进度超前；如果涂黑的粗线右端与检查日期重合，表明实际进度与计划进度一致。

必须指出，该方法仅适用于工作从开始到结束的整个过程中，其进展速度均为固定不变的情况。如果工作的进展速度是变化的，则不能采用这种方法进行实际进度与计划进度的比较；否则，会得出错误的结论。

b. 非匀速进展横道图比较法

当工作在不同单位时间里的进展速度不相等时，累计完成的任务量与时间的关系就不可能是线性关系。此时，应采用非匀速进展横道图比较法进行工作实际进度与计划进度的比较。非匀速进展横道图比较法在用涂黑粗线表示工作实际进度的同时，还要标出其对应时刻完成任务量的累计占比，并将该占比与其同时刻计划完成工作量的累计占比相比较，判断工作实际进度与计划进度之间的关系。

采用非匀速进展横道图比较法时，其步骤如下：

（a）编制横道图进度计划。

（b）在横道线上方标出各主要时间工作的计划完成任务量累计占比。

（c）在横道线下方标出相应时间工作的实际完成任务量累计占比。

（d）用涂黑粗线标出工作的实际进度，从开始之日标起，同时反映出该工作在实施过程中的连续与间断情况。

（e）通过比较同一时刻实际完成任务量累计占比和计划完成任务量累计占比，判断工作实际进度与计划进度之间的关系：如果同一时刻横道线上方累计占比大于横道线下方累计占比，表明实际进度拖后，拖欠的任务量为二者之差；如果同一时刻横道线上方累计占比小于横道线下方累计占比，表明实际进度超前，超前的任务量为二者之差；如果同一时刻横道线上下方两个累计占比相等，表明实际进度与计划进度一致。

可以看出，由于工作进展速度是变化的，因此，在图中的横道线，无论是计划的还是实际的，只能表示工作的开始时间、完成时间和持续时间，并不表示计划完成的任务量和实际完成的任务量。此外，采用非匀速进展横道图比较法，不仅可以进行某一时刻（如检查日期）实际进度与计划进度的比较，而且还能进行某一时间段实际进度与计划进度的比较。当然，这需要实施部门按规定的时间记录当时的任务完成情况。

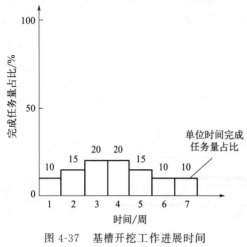

图 4-37 基槽开挖工作进展时间
与完成任务量关系图

【例 4-6】 某工程项目中的基槽开挖工作按施工进度计划安排需要 7 周完成，每周计划完成的任务量占比如图 4-37 所示。编制横道图进度计划，比较实际进度与计划进度。

【解】 （1）编制横道图进度计划，如图 4-38 所示；

（2）在横道线上方标出基槽开挖工作每周计划累计完成任务量的占比，分别为 10%、25%、45%、65%、80%、90%、100%；

（3）在横道线下方标出第一周至检查日期（第四周）每周实际累计完成任务量的占比，分别为 8%、22%、42%、60%；

（4）用涂黑粗线标出实际投入的时间。图 4-38 表明，该工作实际开始时间晚于计划开始时间，在开始后连续工作，没有中断；

（5）比较实际进度与计划进度。从图 4-38 中可以看出该工作在第一周实际进度比计划进度拖后 2%，以后各周末累计拖后分别为 3%、3% 和 5%。

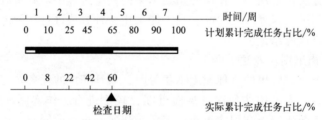

图 4-38 非匀速进展横道图比较图

横道图比较法虽有记录和比较简单、形象直观、易于掌握、适用方便等优点，但由于其以横道计划为基础，因而带有不可克服的局限性。在横道计划中，各项工作之间的逻辑关系表达不明确，关键工作和关键线路无法确定。一旦某些工作实际进度出现偏差时，难以预测其对后续工作和工程总工期的影响，也就难以确定相应的进度计划调整方法。因此，横道图比较法主要用于工程项目中某些工作实际进度与计划进度的局部比较。

② 横道图的特点

a. 横道图的优点

（a）它能够清楚地表达活动的开始时间、结束时间和持续时间，一目了然，易于理解。

（b）使用方便，制作简单。

（c）横道图不仅能够安排工期，而且可以与劳动力计划、资源计划、资金计划相结合。

b. 横道图的缺点

（a）很难表达工程活动之间的逻辑关系。如果一个活动提前或推迟，或延长持续时间会影响哪些活动，不能通过该图表现出来。

（b）不能表示活动的重要性，如哪些活动是关键的，哪些活动有推迟或拖延的余地，以及余地的大小。

c. 横道图的应用范围

横道图的优缺点，决定了它既有广泛的应用范围和很强的生命力，同时又有局限性。

（a）它可直接用于一些简单的小项目。由于活动较少，可以直接用它安排工期。

（b）项目初期由于没有做详细的项目结构分解，工序之间负责的逻辑关系尚不明确，一般都采用横道图做总体计划。

（c）高层管理者一般仅需了解总体计划，用横道图表示。

（d）作为网络分析的输出结果。现在几乎所有的网络分析程序都有横道图的输出功能，而且它被广泛应用。

（2）前锋线法

当采用时标网络计划时，可以用实际进度前锋线记录项目执行状况，进行实际进度与计划进度的对比。

所谓的实际进度前锋线是在原时标网络计划上，自上而下地从检查时刻的时标点出发，用虚线或点画线依次将各项工作实际进度达到的前锋点连接而成的一段折线。通过实际进度前锋线与原计划中各工作箭线交点的位置可以判断实际进度与计划进度是否存在偏差以及偏差的大小。

当前锋线与计划进度线路的交点正好在检查日期线上时，表示进度正常；当交点在检查日期线前（右方）时，表示进度提前；当交点在检查日期线后（左方）时，则表示拖后。画出前锋线，实际进度便一目了然了。

① 前锋线比较法的步骤

采用前锋线比较法进行实际进度与计划进度的比较，其步骤如下。

a. 绘制时标网络计划图

工程项目实际进度前锋线是在时标网络计划图上标示的。为清楚起见，可在时标网络计划图的上方和下方各设一时间坐标。

b. 绘制实际进度前锋线

一般从时标网络计划图上方时间坐标的检查日期开始绘制，依次连接相邻工作的实际进展位置点，最后与时标网络计划图下方坐标的检查日期相连接。

工作实际进展位置点的标定方法有以下两种。

（a）按该工作已完成任务量比例进行标定：假设工程项目中各项工作均为匀速进展，根据实际进度检查时刻该工作已完成任务量占其计划完成总任务量的比例，在工作箭线上从左至右按相同的比例标定其实际进展位置点。

（b）按尚需作业时间进行标定：当某些工作的持续时间难以按实物工程量来计算而只能凭经验估算时，可以先估算出检查时刻到该工作全部完成尚需作业的时间，然后在该工作箭线上从右向左逆向标定其实际进展位置点。

c. 进行实际进度与计划进度的比较

前锋线可以直观地反映出检查日期有关工作实际进度与计划进度之间的关系。对某项工作来说，其实际进度与计划进度之间的关系可能存在以下三种情况。

（a）工作实际进展位置点落在检查日期的左侧，表明该工作实际进度拖后，拖后时间为二者之差。

（b）工作实际进展位置点与检查日期重合，表明该工作实际进度与计划进度一致。

（c）工作实际进展位置点落在检查日期的右侧，表明该工作实际进度超前，超前的时间为二者之差。

d. 预测进度偏差对后续工作及总工期的影响

通过实际进度与计划进度的比较确定进度偏差后，还可根据工作的自由时差和总时差预测该进度偏差对后续工作及项目总工期的影响。由此可见，前锋线比较法既适用于工作实际进度与计划进度之间的局部比较，又可用来分析和预测工程项目整体进度状况。值得注意的是，以上比较针对匀速进展的工作。

② 前锋线比较法示例

在图 4-39 中，在第 5 天末进行进度检查，图中虚线即为前锋线。易知，工序③-⑦比计划进度提前了一天；工序④-⑤比计划进度滞后了一天；工序④—⑧的进度跟计划进度吻合。上述判断假定各工序匀速进展。

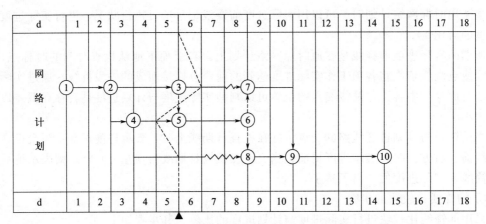

图 4-39   前锋线法在时标网络中的应用

【例 4-7】 某工程项目时标网络计划如图 4-40 所示。该计划执行到第 6 周末检查实际进度时，发现工作 A 和 B 已经全部完成，工作 D、E 分别完成计划任务量的 20% 和 50%，工作 C 尚需 3 周完成，试用前锋线法进行实际进度与计划进度的比较。

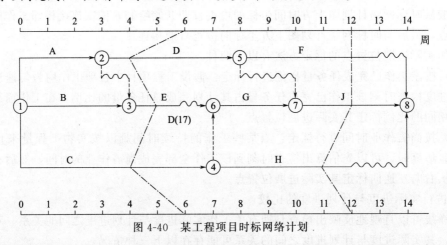

图 4-40   某工程项目时标网络计划

【解】 根据第 6 周末实际进度的检查结果绘制前锋线，如图 4-40 中左边的点画线所示。通过比较可以看出：

（1）工作 D 实际进度滞后 2 周，将使其后续工作 F 的最早开始时间推迟 2 周，不采取措施，将使总工期延长一周；

（2）工作 E 实际进度拖后 1 周，既不影响总工期，也不影响其后续工作的正常进行；

（3）工作 C 实际进度滞后 2 周，将使其后续工作 G、H、J 的最早开始时间推迟 2 周，如果不采取措施，将导致总工期延长 2 周。

综上可知，按第 6 周末的实际进度看，如不采取措施，总工期将延长 2 周。针对该情况，在总工期不能后延的情况下，施工方及时采取了赶工措施，对相应工序的施工力量进行了再安排。第 12 周末再次进行检查，得到实际进度前锋线如图 4-40 右边的点画线所示。此时，工序 F、J 实际进度与计划进度一致，工序 H 实际进度比计划进度滞后一周，但该滞后并不影响总工期，即工程有望如期完成。可见，在前一次前锋线检查的基础上采取的调整措施有效，实现了赶工目的。

4.5.2　进度计划的调整方法

项目进度计划的调整，一般有以下几种方法。

① 关键工作的调整。关键工作无机动时间，其中任一工作持续时间的缩短或延长都会对整个项目工期产生影响。因此，关键工作的调整是项目进度更新的重点。存在关键工作的实际进度较计划进度提前和落后两种调整方法。

② 改变某些工作的逻辑关系。若实际进度产生的偏差影响了总工期，则在工作之间的逻辑关系允许改变的条件下，改变关键线路和超过计划工期的非关键线路上有关工作之间的逻辑关系，达到缩短工期的目的。

③ 重新编制计划。当采用其他方法仍不能奏效时，则应根据工期要求，将剩余工作重新编制网络计划，使其满足工期要求。

④ 非关键工作的调整。当非关键线路上某些工作的持续时间延长，但不超过其时差范围时，则不会影响项目工期，进度计划不必调整。为了更充分地利用资源，降低成本，必要时可对非关键工作的时差做适当调整，但不得超出总时差，且每次调整均需进行时间参数计算，以观察每次调整对计划的影响。

⑤ 增减工作项目。由于编制计划时考虑不周，或因某些原因需要增加或取消某些工作，则需重新调整网络计划，计算网络参数。增减工作项目不应影响原计划总的逻辑关系，以便使原计划得以实施。

⑥ 资源调整。若资源供应发生异常，则应进行资源调整。资源供应发生异常是指因供应满足不了需要，如资源强度降低或中断，影响到计划工期的实现。资源调整的前提是保证工期不变或使工期更加合理。资源调整的方法是进行资源优化。

 本章小结

① 网络计划的概述。主要介绍了网络计划的基本概念、工艺关系和组织关系，紧前工作、紧后工作和平行工作，先行工作和后续工作，线路和关键工作。

② 网络图的绘制。双代号网络图的绘制有 8 个基本绘制原则，绘图方法主要分为 4 步，单代号网络图的绘图规则与双代号网络图的绘图规则基本相同，单代号网络图中增加了虚工作。

③ 网络计划时间参数计算。

双代号网络计划时间参数的计算：工作持续时间和工期、工作的六个时间参数、节点最早时间和最迟时间、相邻两项工作之间的时间间隔。

单代号网络计划时间参数的计算：工作的最早开始时间和最早完成时间、相邻两项工作之间的时间间隔、网络计划的计划工期、工作的总时差。

复习思考题

在线题库

1. 什么是网络图？什么是网络图的工作？
2. 双代号网络图的绘制规则是什么？
3. 简述双代号网络计划中工作计算法的计算步骤。
4. 简述网络计划优化的分类。
5. 简述横道图的特点。
6. 试计算图 4-41 所示双代号网络计划的时间参数，并将计算结果标注在图中。

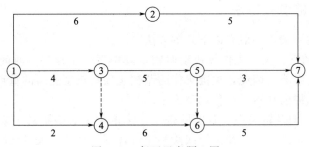

图 4-41　复习思考题 6 图

7. 时标网络计划绘制的一般规定。
8. 已知工作之间的逻辑关系见表 4-10～表 4-12，试分别绘制双代号网络图和单代号网络图。

表 4-10　工作之间的逻辑关系（一）

工作	A	B	C	D	E	G	H
紧前工作	C,D	E,H	—	—	—	D,H	—

表 4-11　工作之间的逻辑关系（二）

工作	A	B	C	D	E	G
紧前工作	—	—	—	—	B,C,D	A,B,C

表 4-12　工作之间的逻辑关系（三）

工作	A	B	C	D	E	G	H	I	J
紧前工作	E	H,A	J,G	H,I,A	—	H,A	—	—	E

第 5 章
工程施工组织设计

学习目标

掌握施工组织设计的主要内容，熟悉施工组织设计编制的依据和程序。

本章重点

能够按照施工组织设计内容和程序的要求，编制施工组织设计。

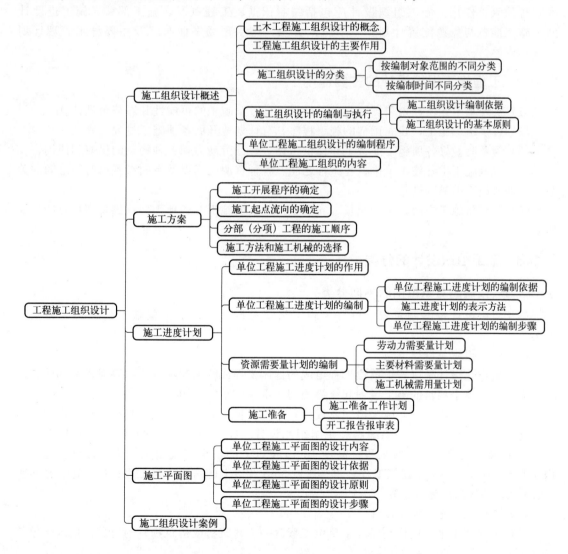

　　建筑业作为高耗能的行业，转型升级，走高质量发展之路势在必行。施工组织设计产生于计划经济年代，是施工企业对施工项目进行技术管理的文件。如今，工程施工的发包和承包实行工程招标投标制和合同管理制，工程的管理实行业主责任制、项目经理责任制和工程建设监理制等。新制度的施行，使项目管理的模式也相应发生了变化，而工程施工环境和技术环境的变化，使施工组织设计的地位和作用发生了根本性的变化。因此，施工组织设计的创新是施工企业必须面对和重视的问题。

5.1　施工组织设计概述

5.1.1　土木工程施工组织设计的概念

　　土木工程施工组织设计是以土木工程施工项目为对象编制的，用以指导施工的技术、经济和管理的综合性文件。其依据拟建工程的特点，对人力、材料、机械、资金、施工方法等方面的因素做全面的、科学的、合理的安排，用来指导拟建工程施工全过程。土木工程施工组织设计是土木工程施工活动实施科学管理的重要手段，具有战略部署和战术安排的双重作用。施工组织设计应包括编制依据、工程概况、施工部署、施工进度计划、施工准备与资源配置计划、主要施工方法、施工现场平面布置及主要施工管理计划等基本内容。

5.1.2　工程施工组织设计的主要作用

　　（1）实现基本建设计划和设计要求，衡量设计方案施工的可能性和经济合理性。
　　（2）科学组织施工，建立正常的施工程序，有计划地开展各项施工过程。
　　（3）为及时做好各项施工准备工作提供依据，保证劳动力和各种物资的供应和使用。
　　（4）协调施工中各施工单位、各工种之间、各种资源之间以及空间布置与时间之间的关系，以保证施工的顺利进行。
　　（5）为建筑施工中的技术、质量、安全生产、文明施工等各项工作提供切实可行的保证措施。

5.1.3　施工组织设计的分类

5.1.3.1　按编制对象范围的不同分类

　　施工组织设计按编制对象，可分为施工组织总设计、单位工程施工组织设计和施工方案。
　　（1）施工组织总设计
　　施工组织总设计是以若干单位工程组成的群体工程或特大型项目为主要对象编制的施工组织设计，对整个项目的施工过程起统筹规划、重点控制的作用。
　　群体工程一般需要编制施工组织总设计，单位工程只需编制单位工程施工组织设计，超大型建筑工程的单位工程需要编制施工组织总设计。在我国，大型房屋建筑工程标准一般指：25 层及以上的房屋建筑工程；高度 100m 及以上的构筑物或建筑物工程；单体建筑面积 3 万 m^2 及以上的房屋建筑工程；单跨跨度 30m 及以上的房屋建筑工程；单项建安合同额 1 亿元及以上的房屋建筑工程。
　　（2）单位工程施工组织设计
　　单位工程施工组织设计是以一个单位工程（一个建筑物或构筑物）为对象，用以指导其施工全过程的各项施工活动的技术性、经济性文件。单位工程和子单位工程的划分原则，在《建筑工程施工质量验收统一标准》（GB 50300—2013）中已经明确。对于已经编制了施工组织总设计的项目，单位工程施工组织设计应是施工组织总设计的进一步具体化，直接指导单位工程的施工管理和技术经济活动。

（3）施工方案

以分部分项工程或专项工程为主要对象编制的施工技术与组织方案，用以具体指导其施工过程。专项工程是指某一专项技术（如重要的安全技术、质量技术或高新技术）。

5.1.3.2 按编制时间不同分类

施工组织设计按编制时间不同可分为投标前编制的施工组织设计（简称技术标）和签订工程承包合同后编制的施工组织设计两种。两类施工组织设计的区别如表 5-1 所示。

表 5-1 标前与标后施工组织设计的区别

种类	编制时间	编制者	服务范围	编制程度	追求主要目标
标前施工组织设计	投标前	经营管理层	投标与签约	简明	中标和经济效益
标后施工组织设计	签约后开工前	项目管理层	施工准备至验收	详细	施工效率和收益

5.1.4 施工组织设计的编制与执行

5.1.4.1 施工组织设计编制依据

（1）与工程建设有关的法律法规和文件；

（2）国家现行有关标准和技术经济指标；

（3）工程所在地区行政主管部门的批准文件，建设单位对施工的要求；

（4）工程施工合同或招标投标文件；

（5）工程设计文件；

（6）工程范围内的现场条件，工程地质及水文地质、气象等自然条件；

（7）与工程有关的资源供应情况；

（8）施工企业的生产能力、机具设备状况、技术水平等。

5.1.4.2 施工组织设计的基本原则

施工组织设计是施工企业和施工项目经理部施工管理活动的重要技术经济管理文件。

（1）施工组织设计的基本思想

① 认真执行工程建设程序

工程建设必须遵循计划、设计和施工三个阶段。施工阶段应该在设计阶段结束和施工准备工作完成之后方可正式开始。如果违背基本建设程序，就会给施工带来混乱，造成时间上的浪费、资源上的损失、质量上的低劣等后果。

② 统筹兼顾，有的放矢

建筑施工企业和施工项目经理部一切生产经营活动的最终目标就是尽快地完成拟建工程项目的建造，使其早日投产或交付使用。对于施工企业的计划决策人员来说，如何合理调配资源，保证各工程合同目标的实现，就需要通过各种科学管理手段，对各种管理信息进行优化之后，做出决策。通常情况下，在时间上分期和在项目上分批，保证重点和统筹安排，是建筑施工企业和工程项目经理部在组织工程项目施工时必须研究的课题。

③ 采用流水施工方法和网络计划技术，组织有节奏、均衡、连续的施工

流水施工方法具有生产专业化强、劳动效率高、操作熟练、工程质量好、生产节奏性强、资源利用均衡、工人连续作业、工期短、成本低等特点。国内外经验证明，采用流水施工方法组织施工，不仅能使拟建工程的施工有节奏、均衡、连续地进行，而且能带来很大的技术经济效益。

网络计划技术应用网络图形表达计划中各项工作的相互关系，具有逻辑严密，思维层次清晰，主要矛盾突出，有利于计划的优化、控制和调整，有利于计算机在计划管理中的应用等特点。因此它在各种计划管理中都得到了广泛的应用。

为此在组织工程项目施工时，应该采用流水作业和网络计划技术。

④ 组织绿色施工

组织绿色施工是土木工程施工企业可持续发展的具体手段，是实现发展方式转变的重要途径之一，也是市场竞争的重要指标。在涉及土木工程施工过程中环境保护、资源与能源的综合利用方面，土木工程施工企业应发挥主力军作用，在施工中应该将绿色施工理念贯穿于施工全过程，建立绿色施工管理体系，优化绿色施工方案，对各项施工技术措施实时控制，进行绿色施工评价管理，创新研究绿色施工的新技术、新材料、新工艺，不断积累和总结施工技术和经验。通过实施绿色施工，提高企业创新能力，提升企业核心竞争力。

（2）施工组织设计编制原则

编制施工组织设计应遵守以下原则：

① 重视工程施工的目标控制，符合施工合同或招标文件中有关工程进度、质量、安全、环境保护、造价等方面的要求；

② 积极开发、使用新技术和新工艺，推广应用新材料和新设备，提高施工的工业化程度；

③ 坚持科学的施工程序和合理的施工顺序，采用流水施工和网络计划等方法，科学配置资源，合理布置现场，采取季节性施工措施，实现均衡施工，达到合理的经济技术指标；

④ 采取技术和管理措施，重视管理创新和技术创新，推广建筑节能和绿色施工；

⑤ 与质量、环境和职业健康安全三个管理体系有效结合；

⑥ 精心规划施工平面图，节约用地；尽量减少临时设施，合理储存物资，充分利用当地资源，减少物资运输量；

⑦ 合理部署施工现场，实现文明施工和环境保护工作。

（3）施工组织设计的编制

① 当拟建工程中标后，施工单位必须编制建设工程施工组织设计。建设工程实行总包和分包的，由总包单位负责编制施工组织设计或者分阶段施工组织设计。分包单位在总包单位的总体部署下，负责编制分包工程的施工组织设计。施工组织设计应根据合同工期及有关的规定进行编制，并且要广泛征求各协作施工单位的意见。

② 对结构复杂、施工难度大以及采用新工艺和新技术的工程项目，要进行专业性的研究，必要时组织专门会议，邀请有经验的专业工程技术人员参加。

③ 在施工组织设计编制过程中，要充分发挥各职能部门的作用，充分利用施工企业的技术素质和管理素质，统筹安排、扬长避短，发挥施工企业的优势，合理地进行工序交叉配合的程序设计。

④ 当比较完整的施工组织设计方案提出之后，要组织参加编制的人员及单位进行讨论，逐项逐条地研究，修改后确定，最终形成正式文件，送主管部门审批。

（4）施工组织设计的审批 [1]

① 施工组织设计应由项目负责人主持编制，可根据需要分阶段编制和审批；

② 施工组织总设计应由总承包单位技术负责人审批，单位工程施工组织设计应由施工单位技术负责人或技术负责人授权的技术人员审批，施工方案应由项目技术负责人审批，重点、难点分部（分项）工程和专项工程施工方案应由施工单位技术部门组织相关专家评审，施工单位技术负责人批准；

③ 由专业承包单位施工的分部（分项）工程或专项工程的施工方案，应由专业承包单位技术负责人或技术负责人授权的技术人员审批；有总承包单位时，应由总承包单位项目技术负责人核准备案；

④ 规模较大的分部（分项）工程和专项工程的施工方案应按单位工程施工组织设计进行编制和审批。

工程实践中，施工组织设计必须报送建设（或监理）单位审批，施工组织设计一经批准，便构成施工承包合同的主要组成文件，承包单位必须按施工组织设计中承诺的内容组织施工，并作为施工索赔的主要依据。因此，必须根据拟建工程的规模、结构特点和施工合同的要求，在原始资料调查分析的基础上，编制出一份能切实指导工程全部施工活动的施工组织设计，以确保工程好、快、省、安全地完成。施工组织设计（方案）报审表如表 5-2 所示。

表 5-2　施工组织设计（方案）报审表

工程名称：＿＿＿＿＿＿＿＿＿　　　　　　　　　　　　　　　　编号：＿＿＿＿＿＿＿＿

致：＿＿＿＿＿＿＿（监理单位） 　我方已根据施工合同的有关规定完成了＿＿＿＿＿＿＿工程施工组织设计（方案）的编制，并经我单位上报技术负责人审查批准，予以审查。 　　附件：施工组织设计（方案）   　　　　　　　　　　　　　　　　　　　　承包单位(章)：＿＿＿＿＿＿＿＿ 　　　　　　　　　　　　　　　　　　　　项目经理：＿＿＿＿＿＿＿　日期：＿＿＿＿＿＿＿
专业监理工程师审查意见： 　　　　　　　　　　　　　　　　　　专业监理工程师：＿＿＿＿＿＿＿　日期：＿＿＿＿＿＿＿
总监理工程师审核意见：项目监理机构(章)：＿＿＿＿＿＿＿ 　　　　　　　　　　　　　　　　　　　总监理工程师：＿＿＿＿＿＿＿　日期：＿＿＿＿＿＿＿

本表由承包单位填报，一式三份，送监理机构审核后，建设、监理及承包单位各一份。

（5）施工组织设计的执行

施工组织设计应实行动态管理，并符合下列规定：

① 项目施工过程中，发生以下情况之一时，施工组织设计应及时进行修改或补充：

---

[1] 《建设工程安全生产管理条例》（国务院第 393 号令）规定对下列达到一定规模的危险性较大的分部分项工程编制专项施工方案，并附具安全验算结果，经施工单位技术负责人、总监理工程师签字后实施：1）基坑支护与降水工程；2）土方开挖工程；3）模板工程；4）起重吊装工程；5）脚手架工程；6）拆除、爆破工程；7）国务院建设行政主管部门或者其他有关部门规定的其他危险性较大的工程。对前款所列工程中涉及深基坑、地下暗挖工程、高大模板工程的专项施工方案，施工单位还应当组织专家进行论证，审查。

除上述《建设工程安全生产管理条例》中规定的分部（分项）工程外，施工单位还应根据项目特点和地方政府部门有关规定，对具有一定规模的重点、难点分部（分项）工程进行相关论证。

　　a. 工程设计有重大修改，如地基基础或主体结构的形式发生变化、装修材料或做法发生重大变化、机电设备系统发生大的调整等；

　　b. 有关法律法规、规范和标准实施、修订和废止；

　　c. 主要施工方法有重大调整；

　　d. 主要施工资源配置有重大调整；

　　e. 施工环境有重大改变，如施工延期造成季节性施工方法变化，施工场地变化造成现场布置和施工方式改变等。

　　② 经修改或补充的施工组织设计应重新审批后实施。

　　③ 项目施工前，应进行施工组织设计逐级交底。

　　④ 项目施工过程中，应对施工组织设计的执行情况进行检查、分析并适时调整。

　　施工组织设计的编制，只是为实施拟建工程项目的生产过程提供了一个可行的方案。这个方案的经济效果如何，必须通过实践去验证。贯彻施工组织设计的实质，就是把一个静态平衡方案，放到不断变化的施工过程中，考核其效果和检查其优劣，并通过调整达到预定目标的过程。

5.1.5　单位工程施工组织设计的编制程序

　　单位工程施工组织设计的编制程序如图 5-1 所示。

图 5-1　单位工程施工组织设计的编制程序

5.1.6　单位工程施工组织的内容

　　单位工程施工组织设计根据工程性质、规模、技术复杂难易程度不同，其编制内容的深度和广度也不尽相同。一般应包括编制依据、工程概况、施工部署、施工进度计划、施工准备与资源配置计划、主要施工方法、施工现场平面布置及主要施工管理计划与措施等基本内容。

（1）工程概况

工程概况包括工程主要情况、各专业设计简介和工程施工条件等。在编制工程概况时，为了清晰易读，宜采用图表说明。

① 工程主要情况

a. 工程名称、性质、规模和地理位置：工程性质可分为工业和民用两大类，应简要介绍项目的使用功能；建设规模可包括项目的占地总面积、投资规模（产量）等。

b. 工程的建设、勘察、设计、监理和总承包等相关单位的情况。

c. 项目设计概况：简要介绍项目的建筑面积、建筑高度、建筑层数、结构形式、建筑结构及装饰用料、建筑抗震设防烈度、安装工程和机电设备的配置等情况。

d. 工程承包范围和分包工程范围。

e. 施工合同、招标文件或总承包单位对工程施工的重点要求。

f. 其他应说明的情况。

② 各专业设计简介

a. 建筑设计简介应依据建设单位提供的建筑设计文件进行描述，包括建筑规模，建筑功能，建筑特点，建筑耐火、防水及节能要求等，并应简单描述工程的主要装修做法；

b. 结构设计简介应依据建设单位提供的结构设计文件进行描述，包括结构形式、地基基础形式、结构安全等级、抗震设防类别、主要结构构件类型及要求等；

c. 机电及设备安装专业设计简介应依据建设单位提供的各相关专业设计文件进行描述，包括给排水及采暖系统、通风与空调系统、电气系统、智能化系统、电梯等各个专业系统的做法要求。

③ 工程施工条件

a. 项目建设地点气象状况：简要介绍项目建设地点的气温、雨、雪、风和雷电等气象变化情况以及冬、雨期的期限和冬季土的冻结深度等情况；

b. 项目施工区域地形和工程水文地质状况：简要介绍项目施工区域地形变化和绝对标高，地质构造、土的性质和类别，地基土的承载力，河流流量和水质，最高洪水和枯水期的水位，地下水位的高低变化，含水层的厚度、流向和水质等情况；

c. 项目施工区域地上、地下管线及相邻的地上、地下建（构）筑物情况；

d. 与项目施工有关的道路、河流等状况；

e. 当地建筑材料、设备供应和交通运输等服务能力状况；

f. 当地供电、供水、供热和通信能力状况；

g. 其他与施工有关的主要因素。

（2）施工部署

施工部署是施工组织设计的纲领性内容，它是对项目实施过程做出的统筹规划和全面安排，包括项目施工主要目标，施工顺序及空间组织、安排等。

① 单位工程施工组织设计目标应根据施工合同、招标文件以及本单位对工程管理目标的要求确定，包括进度、质量、安全、环境和成本等目标。各项目标应满足施工组织总设计中确定的总体目标。

② 施工部署中的进度安排和空间组织应符合下列规定：

a. 施工部署应对本单位工程的主要分部（分项）工程和专项工程的施工做出统筹安排，

对施工过程的里程碑节点进行说明。

b. 施工流水段应结合工程特点及工程量进行合理划分，并应说明划分依据及流水方向，确保均衡流水施工。单位工程施工阶段的划分一般包括地基基础、主体结构、装修装饰和机电设备安装三个阶段。

c. 对于工程施工的重点和难点应进行分析，如工程量大、施工技术复杂或对工程质量起关键作用的分部（分项）工程。分析包括组织管理和施工技术两个方面内容。

d. 工程管理的组织机构形式应根据施工项目的规模、复杂程度、专业特点、人员素质和地域范围确定。大中型项目宜设置矩阵式项目管理组织，远离企业管理层的大中型项目宜设置事业部式项目管理组织，小型项目宜设置直线职能式项目管理组织。并确定项目经理部的工作岗位设置及其职责划分，见【例 5-1】。

e. 对于工程施工中开发和使用的新技术、新工艺应做出部署，对新材料和新设备的使用应提出技术及管理要求。

f. 对主要分包工程施工单位的选择要求及管理方式应进行简要说明。

【例 5-1】 某项目施工组织机构。

（1）施工组织机构示意图（图 5-2）

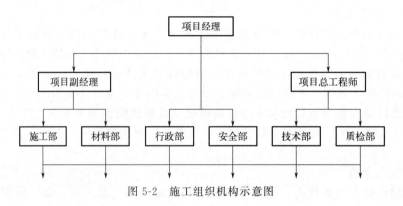

图 5-2　施工组织机构示意图

（2）项目经理部的组成、分工及各职能部门的权限

① 项目经理：负责项目经理部的行政领导工作，并对整个项目的施工计划、生产进度、质量安全、经济效益全面负责，分管行政部和安全部。

② 项目副经理：是项目经理的助手，负责项目施工中的各项生产工作，对进度、质量、安全负直接责任，分管施工部和材料部。

③ 项目总工程师：负责项目施工中的全部技术管理、质量控制和安全监督工作，分管技术部和质检部。

④ 施工部：负责定额核算、计划统计和预决算的编制工作；负责施工现场平面管理、施工调度及内外协调；负责施工测量、放线，负责机械设备管理和安全管理工作。

⑤ 技术部：负责设计、专项施工方案和技术交底卡的编制；负责钢筋翻样、木工放样、构配件加工订货和现场施工技术问题的处理；负责发放施工图纸、设计变更和有关技术文件；负责做好隐蔽工程的验收记录和各项工程技术资料的收集整理工作。

⑥ 质检部：负责工程质量的检查、监督，进行分部（分项）工程的自检评定，开展全面质量管理和 QC 小组的活动。

⑦ 安全部：负责做好经常性的安全生产宣传工作，贯彻"安全第一，预防为主"的方针，组织日常的安全生产检查、监督工作，帮助班组消除事故隐患，促进安全生产。

⑧ 材料部：负责编制材料供应计划，根据施工进度分批组织材料供应；负责材料的发放和物资保管，进行原材料的检验、化验、抽检，提供有关材料的技术文件。

⑨ 行政部：负责政治宣传、职工教育、生活后勤、安全保卫、环境卫生、文明施工及接待工作。

（3）施工进度计划

① 施工进度计划是施工部署在时间上的体现，反映了施工顺序和各个阶段工程进展情况，应均衡协调、科学安排。

② 施工进度计划可采用网络图或横道图表示，并附必要说明；对工程规模较大、工序比较复杂的工程宜采用网络图表示，通过对各类参数的计算，找出关键线路，选择最优方案。

（4）施工准备与资源配置计划

① 施工准备应包括技术准备、现场准备和资金准备等。

a. 技术准备应包括施工所需技术资料的准备、施工方案编制计划、试验检验及设备调试工作计划、样板制作计划等。

（a）主要分部（分项）工程和专项工程在施工前应单独编制施工方案，施工方案可根据工程进展情况，分阶段编制完成；对需要编制的主要施工方案应制订编制计划；

（b）试验检验及设备调试工作计划应根据现行规范、标准中的有关要求及工程规模、进度等实际情况制订；

（c）样板制作计划应根据施工合同或招标文件的要求并结合工程特点制订。

b. 现场准备应根据现场施工条件和实际需要，准备现场生产、生活等临时设施。

c. 资金准备应根据施工进度计划编制资金使用计划。

② 资源配置计划应包括劳动力配置计划和物资配置计划等。

a. 劳动力配置计划应包括下列内容：

（a）确定各施工阶段用工量；

（b）根据施工进度计划确定各施工阶段劳动力配置计划。

b. 物资配置计划应包括下列内容：

（a）主要工程材料和设备的配置计划应根据施工进度计划确定，包括各施工阶段所需主要工程材料、设备的种类和数量；

（b）工程施工主要周转材料和施工机具的配置计划应根据施工部署和施工进度计划确定，包括各施工阶段所需主要周转材料、施工机具的种类和数量。

（5）主要施工方案

① 单位工程应按照《建筑工程施工质量验收统一标准》（GB 50300—2013）中分部（分项）工程的划分原则，对主要分部（分项）工程制订施工方案。

② 对脚手架工程、起重吊装工程、临时用水用电工程、季节性施工等专项工程所采用的施工方案应进行必要的验算和说明。

（6）施工现场平面布置

单位工程施工组织设计平面布置图的内容一般包括以下内容：

① 工程施工场地状况；

② 拟建建（构）筑物的位置、轮廓尺寸、层数等；

③ 工程施工现场的加工设施、存贮设施、办公和生活用房等的位置和面积；

④ 布置在工程施工现场的垂直运输设施、供电设施、供水供热设施、排水排污设施和临时施工道路等；

⑤ 施工现场必备的安全、消防、保卫和环境保护等设施；

⑥ 相邻的地上、地下既有建（构）筑物及相关环境。

5.2　施工方案

5.2.1　施工开展程序的确定

（1）开工前后的开展程序

施工准备➡开工报告及审批➡开始施工。

（2）施工先后顺序与相互关系

① 民用建筑

常规施工方法的施工程序应遵循"先地下后地上，先主体后围护，先结构后装饰，先土建后设备安装"的原则。

a. "先地下后地上"指的是在地上工程施工之前，把管道、线路等地下设施和土方工程、基础工程全部完成或基本完成，以免对地上部分产生干扰。

b. "先主体后围护"主要指结构中主体与围护的关系，一般来说，多层建筑主体结构与围护结构以少搭接为宜，而高层建筑则应尽量交叉搭接施工，以便有效地缩短工期。

c. "先结构后装饰"主要指先进行主体结构施工，后进行装饰工程施工。就一般情况而言，高层建筑则应交叉搭接施工缩短工期。

d. "先土建后设备安装"指的是处理好土建与水、暖、电、卫等设备安装的施工顺序。

上述施工程序并不是一成不变的，随着我国施工技术的发展以及企业经营管理水平的提高，特别是随着建筑工业化的不断发展，有些施工程序也将发生变化。例如，采用逆作法施工的工程，地下、地上同时施工，大大缩短了工期；又如装配式结构施工，已由工地生产逐渐转向工厂生产，结构与装饰可在工厂内同时完成。

② 工业厂房

a. 先土建，后设备（封闭式施工）。工业建筑的土建与设备安装的施工顺序与厂房的性质有关，如精密工业厂房，一般要求土建、装饰工程完工之后安装工艺设备；重型工业厂房则有可能先安装设备，后建厂房或设备安装与土建同时进行，这样的厂房设备一般体积很大，若厂房建好以后，设备无法进入，如发电厂的主厂房。

"封闭式"施工方案的优点是厂房基础施工和构件预制的工作面较宽敞，便于布置起重机开行路线，可加快主体结构的施工进度；设备基础在室内施工，不受气候的影响，可提前安装厂房内的桥式吊车为设备基础施工服务。其主要缺点是设备基础的土方工程施工条件较差，不利于采用机械化施工；不能提前为设备安装提供条件，因而工期较长；出现某些重复性工作，例如厂房内部回填土的重复挖填和临时运输道路的重复铺设等。

b. 先设备，后土建（开敞式施工）。该方案的优缺点与"封闭式"施工正好相反。

确定单层工业厂房的施工方案时，应根据具体情况进行分析。一般而言，当设备基础较浅或其底部标高不低于柱基且不靠近柱基时，宜采用"封闭式"施工方案；而当设备基础体积较大，埋置较深，采用"封闭式"施工对主体结构的稳定性有影响时，则应采用"开敞式"施工方案。对某些大而深的设备基础，若采用特殊的施工方法（如沉井），仍可采用"封闭式"。当土建工程为设备安装创造了条件，同时又采取防止设备被砂浆、垃圾等污染损坏的措施时，主体结构与设备安装工程可以同时进行。

5.2.2　施工起点流向的确定

多层建筑的室内装
饰工程起点和流向

施工流向是指施工活动在空间上的展开顺序。单层建筑需确定平面上的流向，多层建筑除确定平面流向外，还需确定竖向流向。也就是说，多层建筑施工项目在平面上和竖向上各划分为若干施工段，施工流向就是确定各施工段施工的先后顺序。例如，图 5-3 所示为多层建筑物层数不等时的施工流向示意图，其中图 5-3(a) 为从层数多的第Ⅱ段开始施工，再进入较少层数的施工段Ⅰ（或Ⅲ）进行施工，然后再依次进入第二层、第三层顺序施工；图 5-3(b) 为从有地下室的第Ⅱ段开始施工，接着进入一层的第Ⅲ段施工，继而又从第一层的第Ⅰ段开始，由下至上逐层逐段依此顺序进行施工。采取这两种施工顺序组织施工时，能使各施工过程的工作队在各施工段上（包括各层的施工段）连续施工。

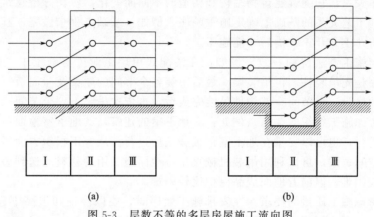

图 5-3　层数不等的多层房屋施工流向图

确定施工起点流向应考虑以下的因素：

(1) 从生产工艺流程考虑，应对先投产的部位先施工。拟建项目的工艺流程，往往是确定施工流向的关键因素，首先施工影响后续生产工艺试车投产的部位。这样可以提前发挥基本建设投资的效果。

(2) 从施工技术考虑，应对技术复杂、工程量大、工期长的部位先施工。一般技术复杂、施工进度较慢、工期较长的区段和部位应先施工。一旦前导施工过程的起点流向确定了，后续施工过程也就随之而定了。如单层工业厂房的土方挖土工程的起点流向决定柱基础施工起点流向和预制、吊装施工过程的起点流向。

(3) 根据施工条件，现场环境情况，对条件具备的（如材料、图纸、设备供应等）先行施工。工程现场条件和施工方案，施工场地的大小，道路布置和施工方案中采用的施工方法和机械也是确定施工起点和流向的主要因素。如土方工程边开挖边余土外运，则施工流向应按离道路远到近的方向进展。

(4) 从沉降等因素考虑，应先高后低，先深后浅进行施工。如基础有深浅之分时，应按先深后浅的顺序进行施工。

(5) 从分部（分项）工程的特点及其相互关系考虑。例如卷材屋面防水工程施工，必须在保温层与找平层施工完成，且干燥后方可铺贴防水卷材；在大面积铺贴前，需要先施工细部附加层，后大面积施工；考虑每幅卷材长向搭接翘起渗漏隐患，卷材搭接必须顺着水流方向，即由檐口到屋脊方向逆着水流方向铺贴卷材。

5.2.3　分部（分项）工程的施工顺序

施工顺序举例

施工顺序是各分部（分项）工程施工的先后关系，可以协调各工种之间在时间上的搭接，充分利用施工空间，保证质量和安全生产、缩短工期、减少成本。

各施工过程的施工顺序，必须符合工艺顺序，还应与所选用的施工方法和施工机械协调一致，同时还要考虑施工组织、施工质量、安全技术的要求，以及当地气候条件等因素。其目的是更好地按照施工的客观规律组织施工，使各施工过程的工作队紧密配合，进行平行、搭接、穿插施工。

施工顺序的确定应遵循以下原则：

（1）必须符合施工工艺的要求。建筑物在建造过程中，各分部（分项）工程之间存在着一定的工艺顺序关系，它随着建筑物结构和构造的不同而变化，应在分析建筑物各分部（分项）工程之间的工艺关系的基础上确定施工顺序。例如：基础工程未做完，其上部结构就不能进行，垫层需在土方开挖验槽后才能施工。

（2）必须与施工方法协调一致。例如：在装配式单层工业厂房施工中，采用分件吊装法，则施工顺序是先吊装柱、再吊装梁、最后吊装各个节间的屋架及屋面板等；采用综合吊装法，则施工顺序为一个节间全部构件吊装完成后，再依次吊装下一个节间。

（3）必须考虑施工组织的要求。例如：有地下室的建筑，其地下室地面可以安排在地下室顶板施工前进行，也可以安排在地下室顶板施工后进行。从施工组织方面考虑，前者施工较方便，上部空间宽敞，可以利用吊装机械直接将地面施工用的材料运送到地下室。而后者材料运输就比较困难，但前者地面成品保护比较困难。

（4）必须考虑施工质量的要求。在安排施工顺序时，要以保证和提高工程质量为前提，影响工程质量时，要重新安排施工顺序或采取必要的技术措施。例如：建筑电气的灯具、开关插头面板安装在室内涂料粉刷完成后进行，否则容易造成电气设备的污染。

（5）必须考虑当地的气候条件。例如：在雨期到来之前，应尽量先做基础工程、室外工程、门窗玻璃工程，为地上和室内工程施工创造条件，改善工人的劳动环境，有利于保证工程质量。

（6）必须考虑安全施工的要求。尤其立体交叉、平行搭接施工的安全问题。

5.2.4　施工方法和施工机械的选择

施工方法和施工机械的选择是制订施工方案的关键，必须从先进、经济、合理的角度出发选择施工方法和施工机械，以达到提高工程质量、降低工程成本、提高劳动生产率和加快工程进度的预期效果。

施工方法和施工机械的选择主要应根据工程建筑结构特点、质量要求、工期长短、资源供应条件、现场施工条件、施工单位的技术装备水平和管理水平等因素综合考虑。

（1）选择施工方法和施工机械的基本要求

① 以主要分部（分项）工程为主；

② 符合施工组织设计的要求；

③ 满足施工工艺及技术要求；

④ 能够提高工厂化、机械化程度；

⑤ 满足先进、合理、可行、经济的要求；

⑥ 满足工期、质量、成本和安全要求。

（2）施工方法的选择

施工方法是针对拟建工程的主要分部（分项）工程而言的，其内容应简明扼要，重点突出。应着重研究那些影响施工全局的重要分部工程，凡新技术、新工艺和对拟建工程起关键作用的项目，应详细而具体地拟定该项目的操作过程、方法、质量、技术、安全措施。

一般情况下，土木工程主要项目的施工方法有以下内容：

① 测量放线

说明测量工作的总要求；说明建筑物平面位置的测定方法，首层及各层轴线的定位、放线方法及轴线控制要求；说明建筑物垂直度控制的方法，包括外围垂直度和内部每层垂直度的控制方法，并说明确保控制质量的措施；说明沉降观测的方法、步骤和要求。

操作人员必须按照操作程序、规程进行操作，经常进行仪器检查验证，配合好各工序的穿插和检查验收工作。

② 土石方工程

计算土方量，选择挖土方法、施工机械；确定施工流向、放坡坡度和边坡支护方法；选择地下水和地表水排除方法，确定排水沟渠、集水井、井点的布置及所需设备的型号、数量；确定土方回填压实的方法及机具。对于大型土石方、打桩、构件吊装等项目，一般均需单独编制施工方案。

③ 地基与基础工程

地基处理的方法及相应的材料、机具、设备，浅基础中垫层、钢筋混凝土基础施工的技术要求和深基础中的施工方法及技术要求；地下工程防水方法及相关技术措施等。

④ 主体结构工程

a. 确定模板类型、支模方法、模板设计及绘制模板放样图。推广"工具式模板"和"早拆模板体系"，提高周转利用率。采取分段流水工艺，减少模板一次投入量。

b. 选择钢筋的加工、运输、连接方法，明确相应机具设备型号、数量；对梁节点钢筋密集区的处理措施，应力集中处的加筋处理；高强钢筋、预应力钢筋张拉与锚固等。

c. 确定混凝土搅拌和运输方法；进行配合比设计，确定掺合料、外加剂的品种数量；确定砂石计量和后台上料方法；确定混凝土浇筑顺序、施工缝位置、后浇带位置、工作班制、浇捣方法、养护制度、质量评定及相应机械工具的型号、数量。

在选择施工方法时，应特别注意大体积混凝土、特殊混凝土、高强度混凝土的施工方法注重模板工具化、早拆化；钢筋加工中的联动化、机械化；混凝土运输车、泵送等。

⑤ 砌筑工程

砌筑砂浆的拌制和使用要求；砌体的组砌方法和质量要求，皮数杆的控制要求；砌体与钢筋混凝土构造柱、梁、圈梁、楼板、阳台、楼梯等构件的连接要求；配筋砌体工程的施工要求等。

⑥ 结构安装工程

确定结构安装方法、吊装顺序、起重机械选择、开行路线；确定构件运输、装卸、堆放办法；吊装机具设备型号、数量和对运输道路的要求。

⑦ 屋面工程

确定屋面各层材料及其质量要求；屋面各个分项工程的施工操作要求，特别是各种节点部位及各种接缝的密封防水施工。

⑧ 装饰装修工程

a. 明确装修工程进入现场施工的时间、施工顺序和成品保护等具体要求；安排结构、装修及安装穿插施工时间。

b. 较高级的室内装修应先做样板间，通过设计、业主、监理等单位联合认定后，再全面开展工作。

c. 对于民用建筑需提出室内装饰环境污染控制办法。

d. 室外装修工程应明确脚手架设置，饰面材料应有防止渗水、防止坠落及金属材料防锈蚀的措施。

e. 确定分项工程的施工方法和要求，提出所需的机具设备的型号、数量。

f. 提出各种装饰装修材料的品种、规格、外观、尺寸、质量等要求。

g. 确定装修材料逐层配套堆放的数量和平面位置，提出材料储存要求。

h. 保证装饰工程施工防火安全的方法。

⑨ 脚手架工程

a. 明确内外脚手架的用料、搭设、使用、拆除方法及安全措施，落地式外墙脚手架应有防止脚手架不均匀下沉的措施。采用工字钢或槽钢外挑脚手架，应分段搭设，一般每段5～8层，且应沿架高与主体结构做拉结固定。

b. 应明确特殊部位（如施工现场的主要出入口处）脚手架的搭设方案。

c. 室内施工脚手架宜采用轻型的工具式脚手架；高度较高、跨度较大的厂房顶棚喷刷工程宜采用移动式脚手架。

d. 脚手架工程还需确定安全网挂设方法、四口五临边防护方案。

（3）施工机械选择

① 选择施工机械原则

a. 首先选择主导工程的施工机械，如地下工程的土方机械，主体结构工程的垂直、水平运输机械，结构吊装工程的起重机械等。垂直运输机械的选择是一项重要内容，它直接影响工程的施工进度，一般根据标准层垂直运输量来编制垂直运输量表，然后据此选择垂直运输方式和机械数量，再确定水平运输方式和机械数量。

b. 各种辅助机械或运输工具应与主导机械的生产能力协调配套，以充分发挥主导机械的效率。例如在土方工程中，运土汽车容量应是挖土机斗容量的倍数；结构安装工程中，运输工具的数量和运输量，应能保证结构安装的起重机连续工作。

c. 在同一工地上，应力求减少施工机械的种类和型号，既便于工地管理，也可减少机械转移的工时消耗。例如，对于工程量小而分散的工程，则应尽量采用多用途机械，如挖土机既可用于挖土，又可用于装卸。

d. 充分发挥施工单位现有机械的能力。当本单位的机械能力不能满足工程施工需要时才通过工程经济分析决定购置还是租赁新型机械。

② 现场垂直运输的选择

a. 现场垂直和水平运输方案一般包括下列内容：

（a）确定标准层垂直运输量。如模板、钢筋、混凝土、各种预制构件、砖、砌块、砂浆、门窗和各种装修用料、水电材料、工具和脚手架等。

（b）选定水平运输方式，如各种运输车（小推车、机动小翻斗车、架子车、构件安装小车、钢筋小车等）和输送泵及其型号和数量。

（c）确定和上述配套使用的工具和设备，如砖车、砖笼、混凝土罐车、砂浆罐车等。

（d）确定地面和楼层水平运输的行驶路线。

（e）合理布置垂直运输机械位置，综合安排各种垂直运输设施的任务的服务范围。如划分运送砖、砌块、构件、砂浆、混凝土的时间和工作班次。

（f）确定搅拌混凝土、砂浆后台上料所需机具，如皮带运输机、提升料斗、铲车、装载机或流槽的型号和数量。

b. 垂直运输机械

确定垂直运输机械，一般是确定几种垂直运输机械的组合。例如：塔式起重机与施工电梯组合；塔式起重机、混凝土泵和施工电梯组合；塔式起重机、井架和施工电梯组合；井架和施工电梯组合；井架、快速提升机和施工电梯组合。

（a）塔式起重机的选择

塔式起重机类型的选择应根据建筑物的结构平面尺寸、层数、高度、施工条件及场地周围的环境等因素综合考虑。对于中高层建筑，可选用附着自升式塔式起重机或爬升式塔式起重机，其起重高度随建筑物的施工高度而增加，如 QT4-10 型、QT5-4/40 型、QT5-4/60 型等；如果建筑物体积庞大、建筑结构内部又有足够的空间（电梯间、设备间），可选择内爬式塔式起重机。

（b）混凝土输送泵的选择

输送泵有泵车和固定泵两种，多层结构一般不在现场设地泵，混凝土浇筑时，将泵车开到现场进行混凝土水平和垂直运输，高层结构一般在现场设固定泵。在选用泵送混凝土的同时，对于浇筑零星混凝土通常需要采用塔吊运输方式配合补充。

【例 5-2】　某住宅小区 60 号楼脚手架施工方案中型钢悬挑脚手架专项方案。

（1）工程概况

某工程为高层商住两用楼，地下一层，地上十四层，地下一层为停车场，层高 4.6m，地上一、二、三层为商场，层高均为 5m，四层以上为住宅，层高 2.9m。建筑物总高 48.6m。

（2）脚手架方案设计

根据工程实际情况，确定本工程脚手架方案如下：地下一层至地上三层采用双排落地式脚手架，四层以上采用型钢悬挑脚手架，分两次悬挑，分别在三层、九层顶板上设置工字钢挑梁，四～九层悬挑架高度为 18m，十层以上悬挑架高度为 16.5m。

① 脚手架参数

悬挑水平钢梁采用 20a 号工字钢，其中建筑物外悬挑段长度 1.5m，建筑物内锚固段长度 2m，锚固压点压环钢筋直径 20mm；楼板混凝土标号为 C35。悬挑水平钢梁采用钢丝绳与建筑物拉结（图 5-4），钢丝绳与悬挑梁连接点距离建筑物 1.3m，钢丝绳垂直高度为 ±3.3m；钢丝绳安全系数为 6.0。

双排脚手架计算高度按最大搭设高度取为 18m，立杆采用单立杆。搭设尺寸为：立杆的纵距为 1.5m，立杆的横距为 1.05m，立杆的

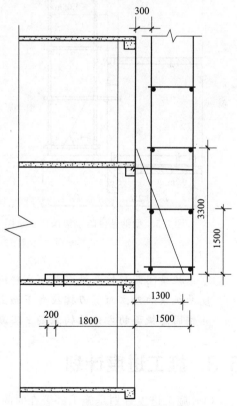

图 5-4　型钢悬挑梁搭设示意图

步距为 1.5m；内排架距离墙长度为 0.30m；横向水平杆在上，搭接在纵向水平杆上的横向水平杆根数为 1 根；采用的钢管类型为 φ48.3mm×3.6mm；纵向水平杆与立杆连

接方式为单扣件；连墙件布置取两步三跨，竖向间距 3m，水平间距 4.5m，采用双扣件连接。

② 脚手架各受力杆件计算

脚手架各受力杆件计算根据《建筑施工扣件式钢管脚手架安全技术规范》（JGJ 130—2011）进行计算。

（3）构造要求

① 型钢悬挑脚手架构造示意图见图 5-5。

② U 形钢筋拉环采用冷弯成型。U 形钢筋拉环与型钢间隙应用钢楔或硬木楔楔紧，见图 5-6。型钢悬挑梁固定端应采用 2 个（对）及以上 U 形钢筋拉环与梁板固定，U 形钢筋拉环预埋至混凝土梁、板底层钢筋位置，并应与混凝土梁、板底层钢筋焊接或绑扎牢固，并保证 U 形钢筋拉环两侧 30cm 以上锚固长度。其锚固长度应符合现行国家标准《混凝土结构设计规范（2015 年版）》（GB 50010—2010）中钢筋锚固的规定。U 形钢筋拉环与钢梁间隙应用钢楔或硬木楔楔紧。

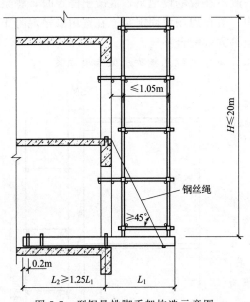

图 5-5　型钢悬挑脚手架构造示意图

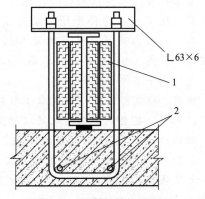

图 5-6　U 形钢筋拉环预埋
1—钢楔或硬木楔；2—楼板下层钢筋

③ 悬挑梁间距应按悬挑架架体立杆纵距设置，每一纵距设置一根。

④ 悬挑架的外立面剪刀撑应自下而上连续设置。

⑤ 锚固悬挑梁的主体结构混凝土实测强度等级不得低于 C20。

5.3　施工进度计划

（1）施工进度计划是施工部署在时间上的体现，反映了施工顺序和各个阶段工程进展情况，应均衡协调、科学安排。

（2）施工进度计划可采用网络图或横道图表示，并附必要说明；对工程规模较大、工序比较复杂的工程宜采用网络图表示，通过对各类参数的计算，找出关键线路，选择最优方案。

5.3.1　单位工程施工进度计划的作用

单位工程施工进度计划的作用有如下几点：

（1）控制单位工程的施工进度，保证在规定工期内完成符合质量要求的工程任务；

（2）确定单位工程各个施工过程的施工持续时间、施工顺序、相互衔接和平行搭接协作配合关系；

（3）为编制季度、月度生产作业计划提供依据；

（4）是编制各项资源需用量计划和施工准备工作计划的依据。

5.3.2　单位工程施工进度计划的编制

单位工程施工进度计划的编制是在确定了施工部署和施工方案的基础上，根据规定工期和各种资源供应条件，按照施工过程的合理施工顺序及组织施工的原则，用图表的形式，确定一个工程从开始到竣工的各个施工过程在时间上的安排和相互间的搭接关系。

5.3.2.1　单位工程施工进度计划的编制依据

（1）经过审批的建筑总平面图、单位工程全套施工图、地质地形图、工艺设计图、设备及其基础图，采用的各种标准图等技术资料；

（2）施工组织总设计的有关规定；

（3）施工工期要求及开、竣工日期；

（4）施工条件、资源供应条件及分包单位情况等；

（5）主要分部（分项）工程的施工方案；

（6）施工工期定额；

（7）其他有关要求和资料，如工程合同等。

5.3.2.2　施工进度计划的表示方法

一般工程施工进度计划画横道图即可，工程规模较大、工序比较复杂的工程宜采用网络图表示。

（1）横道图：用横道图表示的施工进度计划如表 5-3 所示。

表 5-3　单位工程施工进度计划

序号	施工过程		工程量		劳动定额	劳动量/工日		机械/台班		工作班制	每班人数	持续时间/天	施工进度 ××××年											
	分部工程名称	分项工程名称	单位	数量		计算	实际	机械名称	台班数				××××年×月						××××年×月					
													2	4	6	8	10	12	2	4	6	8	10	12
1																								
2																								
3																								
...																								

从表 5-3 中可以看出，它由左、右两部分组成。左边部分列出分部（分项）工程名称、工程量、劳动定额、劳动量或机械台班量、每天工作班次、每班工人（台）数及工作持续时间等；右边部分是从规定的开工之日起到竣工之日止的进度指示图表，用横道表示各分部（分项）工程的起止时间和相互间的搭接配合关系，其下面汇总每天的资源需要量，绘出资

源需要量的动态曲线，其中的方格根据需要可以是一格表示一天或表示若干天。

（2）网络图：网络图表示的施工进度（图 5-7），可以通过对各类参数的计算，找出关键线路，选择最优方案，而且各工序间的逻辑关系明确，有利于进度计划的控制及调整。

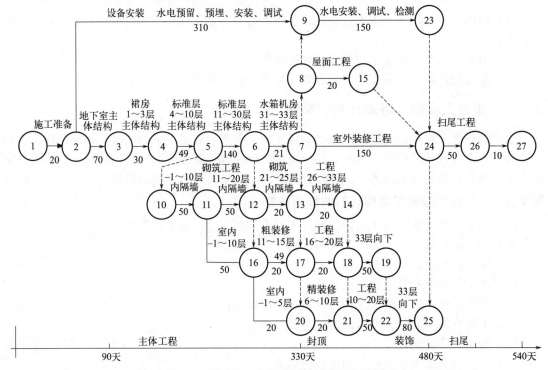

图 5-7　某单位工程总控制性网络进度计划

单位工程施工进度计划网络图的绘制：

① 根据各工序之间的逻辑关系，先绘制无时标的网络计划图，经调整修改后，绘制时标网络计划，以便于施工进度计划的检查及调整。

② 对较复杂的工程可先安排各分部工程的计划，然后再组合成单位工程的进度计划。

③ 安排分部工程进度计划时应先确定其主导施工过程，并以它为主导，尽量组织有节奏流水。

④ 施工进度计划图编制后要找出关键线路，计算出工期，并判别其是否满足工期目标要求，如不满足，应进行调整或优化。

⑤ 优化完成后再绘制出正式的单位工程施工进度计划网络图。

5.3.2.3　单位工程施工进度计划的编制步骤

单位工程施工进度计划的编制步骤如下：

（1）划分施工过程

编制施工进度计划时，首先应按照图纸和施工顺序将拟建单位工程划分为若干个施工过程，并结合施工方法、施工条件、劳动组织等因素，加以适当调整或合并。划分施工过程时，应注意以下几个问题：

① 施工过程划分的粗细程度。对于控制性施工进度计划，施工过程可以划分得粗一些，通常只列出分部工程，如基础工程、主体工程、屋面工程和装饰工程。而对实施性施工进度计划，施工过程划分就要细一些，应明确到分项工程或更具体，以满足指导施工作业的要

求。如屋面工程应划分为找平层、隔气层、保温层、防水层等分项工程。

② 施工过程的划分要结合所选择的施工方案。如结构安装工程，若采用分件吊装方法，则施工过程的名称、数量和内容及其吊装顺序应按构件来确定；若采用综合吊装方法，则施工过程应按施工单元（节间或区段）来确定。

③ 适当简化施工进度计划的内容，避免施工过程划分过细，重点不突出。因此，可考虑将某些穿插性分项工程合并到主要分项工程中去。对于在同一时间内由同一施工班组施工的过程可以合并，如工业厂房中的钢窗油漆、钢门油漆、钢支撑油漆、钢梯油漆等可合并为钢构件油漆一个施工过程。对于次要的、零星的分项工程可合并为"其他工程"项列入；有些虽然重要但工程量不大的施工过程也可与相邻的施工过程合并，如垫层可与挖土合并为一项。

④ 水、暖、电、卫和设备安装等专业工程不必细分具体内容，由各专业施工队自行编制进度计划并负责组织施工，而在单位工程施工进度计划中只要反映出这些工程与土建工程的配合关系即可。

⑤ 所有施工过程应按施工顺序列成表格，编排序号避免遗漏或重复，其名称可参考现行的施工定额手册上的项目名称。

（2）计算工程量

工程量计算应根据施工图纸据实计算，直接套用施工预算的工程量，尤其是清单工程量时，应注意清单工程量与实际工程量的区别。计算工程量应注意以下几个问题：

① 工程量单位应与采用的企业劳动定额中相应项目的单位一致，以便在计算资源需用量时可直接套用定额，不再进行换算。

② 计算工程量时应结合选定的施工方法和安全技术要求，使计算所得工程量与施工实际情况相符合。例如，挖土时是否放坡，坡度大小是否加工作面，其尺寸取多少；是否使用支撑加固；开挖方式是单独开挖、条形开挖还是整片开挖，这些都直接影响到土方工程量的计算。

③ 结合施工组织的要求，分区、分段、分层计算工程量，以便组织流水作业。若每层、每段上的工程量相等或相差不大时，可根据工程量总数分别除以层数、段数，可得每层、每段上的工程量。

④ 如已编制预算文件，应合理利用预算文件中的工程量，以免重复计算。施工进度计划中的施工项目大多可直接采用预算文件中的工程量，可按施工过程的划分情况将预算文件中有关项目的工程量汇总，如"砌筑砖墙"一项的工程量，可首先分析它包括哪些内容，然后按其所包含的内容从预算工程量中摘抄出来并加以汇总求得。施工进度计划中有些施工项目与预算文件中的项目完全不同或局部有出入时（例如土方工程，施工进度计划依据的工程量需要结合施工方案据实计算土方量，而清单工程量的土方计算平面是基础水平投影，不考虑放坡），则应根据施工中的实际情况加以修改、调整或重新计算。

（3）计算劳动量和机械台班量

确定了工程项目及其工程量之后，即可套用施工定额（当地实际采用的劳动定额及机械台班定额），以确定劳动量和机械台班量。施工定额一般分别列出时间定额和产量定额，前者表示单位合格产品所需的劳动量（工日或台班），后者表示每个劳动量的生产合格产品数量，两者互为倒数。例如，浇筑梁混凝土的产量定额为 $0.9524 \text{m}^2/\text{工日}$，其相应的时间定额为 $1/0.9524 = 1.05 \text{ 工日}/\text{m}^2$。

在套用国家或当地颁发的定额时，必须注意结合本单位工人的技术等级、实际操作水平、施工机械情况和施工现场条件等因素，确定定额的实际水平，使计算出来的劳动量和机械台班量符合实际需要。

根据工程项目的工程量和所采用的定额，可根据以下公式计算各项目所需要的劳动量或

机械台班数量，即

$$P = \frac{Q}{S} \text{ 或 } P = QH$$

式中 P——完成某工程项目所需的劳动量或机械台班数量，工日或台班；

Q——完成某工程项目的工程量，m^3、m^2、m、t 等；

S——某工程项目所采用的产量定额，$m^3/工日$、$m^2/工日$、$m/工日$、$t/工日$；

H——某工程项目所采用的时间定额，工日$/m^3$、工日$/m^2$、工日$/m$、工日$/t$ 等。

【例 5-3】 某混合结构工程的混凝土基础为 118m，产量定额为 1.73m/工日，试计算完成混凝土基础所需劳动量。

【解】

$$P = \frac{Q}{S} = \frac{118}{1.73} = 68.21（工日）$$

取 $P = 68.5$ 工日。

【例 5-4】 某工程基础挖土工程量为 3200m^3，采用 W-100 型反铲挖土机挖土，时间定额为 0.008 台班$/m^3$，试计算完成基础挖土所需机械台班量。

【解】 $P = QH = 3200 \times 0.008 = 25.6（台班）$ 取 $P = 25.5$ 台班。

若某工程项目是由两个或两个以上的同一工种，但是材料、施工做法或构造都不同的工程项目合并而成时，可用加权平均的方法来确定其综合产量定额，再求其劳动量。具体计算如下面公式。

$$\overline{S} = \frac{\sum\limits_{i=1}^{n} Q_i}{\sum\limits_{i=1}^{n} P_i} = \frac{Q_1 + Q_2 + Q_3 + \cdots + Q_n}{P_1 + P_2 + P_3 + \cdots + P_n} = \frac{Q_1 + Q_2 + Q_3 + \cdots + Q_n}{\dfrac{Q_1}{S_1} + \dfrac{Q_2}{S_2} + \dfrac{Q_3}{S_3} + \cdots + \dfrac{Q_n}{S_4}}$$

$$\overline{H} = \frac{1}{S}$$

式中 $\overline{S}$——某工程项目的综合产量定额，$m^3/工日$、$m^2/工日$、$m/工日$、$t/工日$等；

$\overline{H}$——某工程项目的综合时间定额，工日$/m^3$、工日$/m^2$、工日$/m$、工日$/t$ 等；

$\sum\limits_{i=1}^{n} Q_i$——总工程量，$m^3$、$m^2$、$m$、$t$ 等；

$\sum\limits_{i=1}^{n} P_i$——总劳动量，工日；

$Q_1, Q_2, Q_3, \cdots, Q_n$——同一工种但材料、做法或构造都不同的工程项目的工程量；

$P_1, P_2, P_3, \cdots, P_n$——与上述工程项目对应的劳动量；

$S_1, S_2, S_3, \cdots, S_n$——与上述工程项目对应的产量定额。

【例 5-5】 某工程内墙面装饰有内墙涂料、贴壁纸、贴面砖三种做法，其工程量分别是 623.6m^2、430.7m^2、286.4m^2，采用的产量定额分别是 7.56$m^2/工日$、4.35$m^2/工日$、2.53$m^2/工日$。试计算它们的综合产量定额和内墙面装饰所需的劳动量。

【解】

$$\overline{S} = \frac{Q_1 + Q_2 + Q_3}{P_1 + P_2 + P_3} = \frac{623.6 + 430.7 + 286.4}{\dfrac{623.6}{7.56} + \dfrac{430.7}{4.35} + \dfrac{286.4}{2.53}} = 4.55（m^2/工日）$$

$$P = \frac{\sum\limits_{i=1}^{3} Q_i}{\overline{S}} = \frac{623.6 + 430.7 + 286.4}{4.55} = 294.66（工日）$$

取 $P = 294.5$ 工日。

对于其他工程项目所需劳动量，可根据其内容和数量，结合施工现场的具体情况，以占总劳动量的比例（一般为 $10\% \sim 20\%$）计算。零星项目所需要的劳动量可结合实际情况，根据施工企业的经验进行估算。对于一些采用新技术、新材料、新工艺或特殊施工方法的项目，施工定额中尚未编入，则可参考类似项目的定额、经验资料与有关实验资料按实际情况确定。

（4）确定施工过程的持续时间

计算工程项目施工持续时间的方法一般有两种：

a. 根据实际投入的施工劳动力确定。该方法是根据工程项目所需要的劳动量或机械台班量以及每天安排的劳动人数或配备的机械台数来确定施工持续时间，即可按以下公式计算出各工程项目的持续时间。

$$D = \frac{Q}{RSN} = \frac{P}{RN}$$

式中　D——完成某工程项目的施工持续时间，天；

　　　Q——完成某工程项目的工程量；

　　　R——每班安排在某工程项目上的施工机械台数或劳动人数；

　　　S——某工程项目所采用的产量定额；

　　　N——每天工作班数；

　　　P——完成某工程项目所需的劳动量或机械台班量。

公式中各参数的确定方法如下：在安排施工班组人数及机械台数时，除了考虑必须能获得或能配备的施工班组人数（特别是技术工人人数）或施工机械台数之外，还必须考虑施工现场的具体条件、最小劳动组合人数、最小工作面以及机械施工的工作面大小、机械效率、机械必要的停歇维修与保养时间等因素，以便充分发挥其施工能力，保证施工安全。

在确定每天工作班数时，通常采用一班制施工，在建筑业中往往采用 1.25 班即 10 小时。当工期较紧或为了提高施工机械的使用率及加快机械的周转使用，或工艺上要求连续施工时，某些施工项目可考虑二班甚至三班制施工。但采用多班制施工，必然增加有关设施及费用，因此需慎重研究确定。

【例 5-6】　某建筑楼地面铺设花岗岩石材工程量为 538m^2，采用两班制作业，每班安排 15 人施工，采用的产量定额为 $1.58\text{m}^2/$工日，计算完成楼地面工程的施工持续时间。

【解】

$$D = \frac{Q}{RSN} = \frac{538}{15 \times 1.58 \times 2} = 11.35（天）$$

取 $D = 11.5$ 天。

b. 根据工期要求倒排进度。该方法是根据施工总工期要求，先确定各工程项目的施工持续时间，然后再按照劳动量和工作班制，确定施工班组人数或机械台数。其计算公式为

$$R = \frac{P}{DN}$$

通常计算时首先按一班制考虑，若计算出来的施工人数或机械台班，超过施工企业能供应的数量或超过工作面能容纳的数量时，则可以增加工作班次或采取其他技术组织措施，如

组织平行立体交叉流水施工、提高混凝土早期强度等，使每班投入的施工人数或机械台数减少到可能合理的范围内。

【例 5-7】　某建筑墙体砌筑工程所需劳动量为 280 工日，要求在 8 天内完成，采用两班制作业，试求每班工人数。

【解】

$$R = \frac{P}{DN} = \frac{280}{8 \times 2} = 17.5 \, (人)$$

取 $R = 18$ 人。

（5）初排施工进度

上述各项计算内容确定之后，即可编制施工进度计划的初始方案。一般步骤是：先安排主导施工过程的施工进度，然后再安排其余施工过程，且应尽可能配合主导施工过程并最大限度地搭接，形成施工进度计划的初步方案。每个施工过程的施工起止时间应根据施工工艺顺序及组织顺序确定，总的原则是应使每个施工过程尽可能早地投入施工。为了能够指导施工，一般根据工程特点需要先编制分部工程施工进度计划，然后根据分部工程施工进度计划再编制单位工程施工进度计划。建筑工程的土建分部工程施工进度计划有基础工程、主体工程、屋面工程和装饰工程。

（6）施工进度计划的调整

施工进度计划的初始方案编完之后，需进行若干次的平衡调整工作，一般方法是：将某些分部工程适当提前或后延，适当增加资源投入，调整作业时间，必要时组织多班作业，直至形成符合要求、比较合理的施工进度计划。调整施工进度计划应注意以下几方面因素：

a. 整体进度是否满足工期要求；持续时间、起止时间是否合理。

b. 技术、工艺、组织上是否合理；各施工过程之间的相互衔接穿插是否符合施工工艺和安全生产的要求；技术与组织上的停歇时间是否考虑；有立体交叉或平行搭接者在工艺、质量、安全上是否正确。

c. 各主要资源的需求关系是否与供给相协调；劳动力的安排是否均衡；有无劳动力、材料、机械使用过分集中或冲突现象。

d. 修改或调整某一项工作可能影响若干项，故其他工作也需调整。

应当指出，编制施工进度计划的步骤不是孤立的；而是相互依赖、相互联系的。土木工程施工是一个复杂的生产过程，受到周围客观条件影响的因素很多，因此在编制施工进度计划时，应尽可能地分析施工条件，对可能出现的困难要有预见性，使计划既符合客观实际，又留有适当余地，以免计划安排不合理而难以执行。总的要求是：在合理的工期下尽可能地使施工过程连续，这样便于资源的合理安排。

5.3.3　资源需要量计划的编制

单位工程施工进度计划编制确定以后，便可以编制相应的资源供应计划和施工准备工作计划（主要材料、预制构件、门窗等的需用量和加工计划；编制施工机具及周转材料的需用量和进场计划），以便按计划要求组织运输、加工、订货、调配和供应等工作，保证施工按计划顺利地进行。它们是做好劳动力与物资的供应、平衡、调度、落实的依据，也是施工单位编制施工作业计划的主要依据之一。

5.3.3.1　劳动力需要量计划

劳动力需要量计划，主要用于调配劳动力，安排生活福利设施。劳动力的需要量是根据单位工程施工进度计划中所列各施工过程每天所需人工数之和确定的。各施工过程劳动力进场时间和用量的多少，应根据计划和现场条件而定，见表5-4。

表 5-4　劳动力需要量计划

序号	工种名称	劳动量/工日	需要工人人数及时间												
			×月			×月			×月			×月			…
			上旬	中旬	下旬	上旬	中旬	下旬	上旬	中旬	下旬	上旬	中旬	下旬	…

5.3.3.2　主要材料需要量计划

材料需要量计划，主要用于组织备料，确定仓库、堆场面积，组织运输，以满足施工组织计划中各施工过程所需的材料供应量。材料需要量是将施工进度表中各施工过程的工程量，按材料名称、规格、使用时间、进场量等并考虑各种材料的贮备和消耗情况进行计算汇总，确定的每天（或月、旬）所需的材料数量，见表5-5、表5-6。

表 5-5　主要材料需要量计划表

序号	材料名称	规格	需要量		供应时间	备注
			单位	数量		

表 5-6　构、配件和半成品需要量计划表

序号	构、配件和半成品名称	规格	图号型号	需要量		使用部位	加工单位	供应日期	备注
				单位	数量				

5.3.3.3　施工机械需用量计划

根据采用的施工方案和安排的施工进度来确定施工机械的类型、数量、进场时间。施工机械需用量是根据单位工程施工进度中的每一个施工过程，每天所需的机械类型、数量和施工日期进行汇总计算所得。对于机械设备的进场时间，应该考虑设备安装和调试所需的时间，见表5-7。

表 5-7　施工机械需用量计划

序号	机械、设备名称	规格型号	需用量		货源	进场日期	使用起止时间	备注
			单位	数量				

5.3.4　施工准备

5.3.4.1　施工准备工作计划

为了落实各项施工准备工作，加强检查和监督，必须根据各项施工准备的内容、时间和人员，编制出施工准备工作计划。其格式如表 5-8 所示。

表 5-8　施工准备工作计划表

序号	施工准备项目	简要内容	负责单位	负责人	起止时间		备注
					月　日	月　日	

　　由于各准备工作之间有相互制约、相互依存的关系，为了加快施工准备工作的进度，必须加强建设单位、设计单位和施工单位之间的协调工作，使之密切配合，建立健全施工准备工作的责任制度和检查制度，使施工准备工作有领导、有组织、有计划和分期分批地进行。另外，施工准备工作计划除用上述表格外，还可采用网络计划的方法，以确保各项准备工作之间的工作关系，找出关键路线，并在网络计划图上进行施工准备期的调整，以尽量缩短准备工作的时间。

5.3.4.2　开工报告报审表

　　施工准备工作是根据施工条件、工程规模、技术复杂程度来制订的。对一般的单项工程需具备以下准备工作方能开工。

　　（1）施工许可证已获政府主管部门批准；

　　（2）征地拆迁工作能满足工程进度的需要；

　　（3）施工组织设计已获总监理工程师批准；

　　（4）现场管理人员已到位，机具、施工人员已进场，主要工程材料已落实；

　　（5）进场道路及水、电、通信等已满足开工要求；

　　（6）质量管理、技术管理和质量保证的组织机构已建立；

　　（7）质量管理、技术管理制度已制订；

　　（8）专职管理人员和特种作业人员已取得资格证、上岗证。

　　上述条件满足后，应该及时填写开工申请报告，并报总监理工程师审批。施工现场质量管理检查记录格式如表 5-9 所示；工程开工报审表如表 5-10 所示。

表 5-9　施工现场质量管理检查记录

开工日期：

工程名称			施工许可证(开工证)		
建设单位			项目负责人		
设计单位			项目负责人		
监理单位			总监理工程师		
施工单位		项目经理		技术负责人	
序号	项目		内容		
1	现场质量管理制度				
2	质量责任制				
3	主要专业工种操作上岗证书				
4	分包方资质与对分包单位的管理制度				
5	施工图审查情况				
6	地质勘察资料				

续表

序号	项目	内容
7	施工组织设计、施工方案及审批	
8	施工技术标准	
9	工程质量检验制度	
10	搅拌站及计量设置	
11	现场材料、设备存放与管理	
12		

检查结论：

总监理工程师

（建设单位项目负责人）　　年　　月　　日

表5-10　工程开工报审表

工程名称：＿＿＿＿＿＿＿＿＿　　　　　　　　　　　　　　　　　　编号：＿＿＿＿＿＿＿

致：＿＿＿＿＿＿＿（监理单位）

我方承担的＿＿＿＿＿＿＿准备工作已完成。　　　　　　　　　　　□

一、施工许可证已获政府主管部门批准；　　　　　　　　　　　　　□

二、征地拆迁工作能满足工程进度的需要；　　　　　　　　　　　　□

三、施工组织设计已获总监理工程师批准；　　　　　　　　　　　　□

四、现场管理人员已到位，机具、施工人员已进场，主要工程材料已落实；　□

五、进场道路及水、电、通信等已满足开工要求；　　　　　　　　　□

六、质量管理、技术管理和质量保证的组织机构已建立；　　　　　　□

七、质量管理、技术管理制度已制订；　　　　　　　　　　　　　　□

八、专职管理人员和特种作业人员已取得资格证、上岗证。　　　　　□

特此申请，请核查并批准开工。

承包单位（章）：＿＿＿＿＿＿＿＿＿＿＿

项目经理：＿＿＿＿＿＿＿　日期：＿＿＿＿＿＿＿

审查意见：

项目监理机构：＿＿＿＿＿＿＿＿＿＿＿

总监理工程师：＿＿＿＿＿＿＿　日期：＿＿＿＿＿＿＿

本表由承包单位填报，一式四份，送监理机构审核后，建设、承包单位各一份，监理单位两份（其中报城建档案馆一份）。

5.4　施工平面图

5.4.1　单位工程施工平面图的设计内容

单位工程施工平面图通常用 1：200～1：500 的比例绘制，一般应在图上标明下列内容：

（1）施工区域范围内一切已建和拟建的地上、地下建筑物、构筑物和各种管线及其他设施的位置和尺寸，并标注出道路、河流、湖泊等位置和尺寸以及指北针、风向玫瑰图等；

（2）测量放线标桩位置、地形等高线和取弃土方场地；

（3）自行式起重机开行路线，垂直运输机械的位置；

（4）材料、构件、半成品和机具的仓库或堆场；

（5）生产、办公和生活用临时设施的布置，如搅拌站、泵站、办公室、工人休息室以及其他需搭建的临时设施；

（6）场内施工道路的布置及其与场外交通的联系；

（7）临时给排水管线、供电线路、供气、供热管道及通信线路的布置，水源、电源、变压器位置确定，现场排水沟渠及排水方向的考虑；

（8）脚手架、封闭式安全网、围挡、安全及防火设施的位置；

（9）劳动保护、安全、防火及防洪设施布置以及其他需要布置的内容。

5.4.2　单位工程施工平面图的设计依据

布置施工平面图，首先应对现场情况进行深入细致地调查研究，对原始资料进行详细地分析，确保施工平面图的设计与现场相一致，尤其是地下设施资料要进行认真的了解。

单位工程施工平面图设计的主要依据是：

（1）施工现场的自然资料和技术经济资料

① 自然条件资料包括：气象、地形、地质、水文等。主要用于排水、易燃易爆有毒品的布置以及冬雨期施工安排；

② 技术经济条件包括：交通运输、水电源、当地材料供应、构配件的生产能力和供应能力、生产生活基地状况等。

（2）项目整体建筑规划平面图

项目整体规划平面图是设计施工平面图的主要依据。

① 项目整体建筑规划平面图中一切地上、地下拟建和已建的建筑物和构筑物，是确定临时设施位置的依据，也是修建工地内运输道路和解决排水问题的依据；

② 项目整体建筑规划平面图中的管道综合布置图中已有和拟建的管道位置，是施工准备工作的重要依据，如已有管线是否影响施工，是否需要利用或拆除，临时性建筑应避开拟建综合管道位置等；

③ 拟建工程的其他施工图资料。

（3）施工方面的资料

① 施工方案确定的垂直运输机械、起重机械和其他施工机具位置、数量、加工场的规模及场地规划；

② 施工进度计划中各施工过程的施工顺序，分阶段施工现场布置要求；

③ 资源需要量计划确定的材料堆场和仓库面积及位置；

④ 尽量利用建设单位提供的已有设施，减少现场临时设施的搭设数量。

5.4.3 单位工程施工平面图的设计原则

根据工程规模和现场条件，单位工程施工平面图的布置方案是不相同的，一般应遵循以下原则：

（1）在满足施工的条件下，场地布置要紧凑，施工占用场地要尽量小，以不占或少占农田为原则。

（2）最大限度地缩小场地内运输量，尽可能减少二次搬运，各种主要材料、构配件堆场宜布置在塔吊有效服务范围之内，大宗材料和构件应靠近使用地点布置，在满足连续施工的条件下，各种材料应按计划分批进场，充分利用场地。

（3）最大限度地减少暂设工程的费用，尽可能利用已有或拟建工程。如利用原有水、电管线，道路，原有房屋等为施工服务；利用可装拆式活动房屋，利用当地市政设施等。

（4）在保证施工顺利进行的情况下，要满足劳动保护、安全生产和防火要求。易燃、易爆、有毒设施，要注意布置在下风向，保持安全距离；电缆等的架设要有一定高度；注意布置消防设施，雨期施工应考虑防洪、排涝措施等。

5.4.4 单位工程施工平面图的设计步骤

在整个施工过程中，各种施工机械、材料、构件在工地上的实际布置情况是随时改变的，所以在布置各阶段的施工平面图时，就需要按不同施工阶段分别设计几张施工平面图，以便能把不同施工阶段的合理布置具体反映出来。但对整个施工时期使用的主要道路、水电管线和临时房屋等，不要轻易变动，以节省费用。

布置重型工业厂房的施工平面图，还应该考虑一般土建工程同其他设备安装等专业工程的配合问题，一般以土建施工单位为主会同各专业施工单位，共同编制综合施工平面图。在综合施工平面图中，尤其要根据各专业工程在各施工阶段中的要求将现场平面统筹规划，合理划分，以满足所有专业施工的要求。对于一般工程，只需要对主体结构阶段设计施工平面图，同时考虑其他施工阶段如何周转使用施工场地即可。

一般情况下，单位工程施工平面图布置步骤为：确定起重机的位置→确定搅拌站、仓库、材料和构件堆场、加工厂的位置→确定运输道路的布置→布置行政、文化、生活、福利用地等临时设施→布置水电管线。

（1）确定垂直运输机械位置

垂直运输机械的位置直接影响仓库、料堆、砂浆和混凝土搅拌站的位置及道路和水、电线路的布置等，因此要首先予以考虑。

① 塔式起重机的布置

a. 附着式塔式起重机

建筑施工中多用附着式塔式起重机，其布置要结合建筑物的平面形状、尺寸和四周的施工场地条件而定，应使拟建建筑物平面尽量处于塔吊的工作半径回转范围之内，避免出现"死角"；要使构件、成品和半成品堆放位置及搅拌站前台尽量处于塔臂的活动范围之内。布置塔式起重机时应考虑其起重量、起重高度和起重半径等参数，同时还应考虑装、拆塔吊时场地条件及施工安全等方面的要求，如塔基是否坚实，多塔工作时是否有塔臂碰撞的可能性，塔臂范围内是否有需要防护的高压电线等问题。

在高层建筑施工中，往往还需配备若干台固定式升降机（人货两用电梯）在主体结构施工阶段作为塔吊的辅助设备，在装饰工程插入施工时，作为主要垂运设备，主体结构施工完毕，塔吊可提前拆除转移到其他工程。

b. 轨道式塔式起重机

轨道式塔式起重机通常沿建筑物一侧或两侧布置，必要时还需增加转弯设备，尽量使轨道长度最短，轨道的路基要坚实，并做好路基四周的排水处理。此种起重机由于稳定性差，很少使用。

② 固定式垂运机械的布置

固定式垂运机械（如井架、龙门架、桅杆、施工电梯等）的布置，主要根据其机械性能、建（构）筑物的平面形状和大小、施工段的划分情况、起重高度、材料和构件的重量及垂直运输量、运输道路等情况而定。其目的是充分发挥起重机械的能力，做到使用安全、方便，便于组织流水施工，并使地面与楼面上的水平运输距离最短。布置时应考虑以下几个方面：

a. 当建筑物各部位高度相同时，应布置在施工段的分界线附近；当建筑物各部位高度不同时，应布置在高低分界线较高部位一侧，以使楼面上各施工段的水平运输互不干扰。

b. 若有可能，应尽量布置在窗口处，以避免砌墙留槎，减少井架拆除后的修补工作。

c. 垂直运输设备的数量要根据施工进度、垂直提升构件和材料的数量、台班工作效率等因素确定，其服务范围一般为30～40m。井架应立在外脚手架之外，并有一定安全距离，一般为3m以上，同时做好井架周围的排水工作。

d. 卷扬机的位置不应距起重机械过近，以便司机的视线能看到整个升降过程，一般要求卷扬机距起重机械距离大于建筑物的高度。

（2）确定搅拌站、加工厂、仓库及各种材料、构件堆场的位置

考虑到运输和装卸料的方便，搅拌站、加工厂、仓库和材料、构件堆场的位置应尽量靠近使用地点或在起重机服务范围以内，以缩短运距，避免二次搬运。根据施工阶段、施工部位和起重机械的类型不同，材料、构件等堆场位置一般应遵循以下几点要求：

① 建筑物基础和第一层施工所用的材料，应该布置在建筑物的四周。其堆放位置应根据基坑（槽）的深度、宽度及其坡度或支护形式确定，并与基坑边缘保持一定安全距离（至少1m），以免造成基坑土壁坍方。第二层以上的施工材料，布置在起重机附近，砂、石等大宗材料，尽量布置在搅拌站附近。

② 当采用固定式垂运机械时，其材料堆场、仓库以及搅拌站位置应尽可能靠近垂直运输设备布置，减少二次搬运；当采用塔式起重机进行垂直运输时，应布置在塔式起重机有效起重范围内。

③ 多种材料同时布置时，大宗的、重量大的和先期使用的材料尽可能靠近使用地点或起重机附近布置；而少量的、轻的、后期使用的材料则可布置得稍远一些。搅拌站出料口一般设在起重机半径内，砂、石、水泥等大宗材料的布置，可尽量布置在搅拌站附近，使搅拌材料运至搅拌机的运距尽量短。石灰仓库和淋灰池的位置要接近砂浆搅拌站并在下风处。沥青堆场及熬制锅的位置要离开易燃仓库或堆场，也应布置在下风处。

④ 要考虑不同施工阶段、施工部位和使用时间，材料、构件堆场的位置要分区域设置或分阶段设置。按不同施工阶段、不同材料的特点，在同一位置上可先后布置几种不同的材料，让材料分批进场，在不影响施工进度的前提下，尽量少占工地面积。

⑤ 模板、脚手架等周转性材料，应选择在装卸、取用、整理方便和靠近拟建工程的地方布置。

（3）现场运输道路的布置

现场运输道路的布置必须满足材料、构件等物品的运输及消防的要求，一般沿着仓库和堆场进行布置。现场的主要道路应尽可能利用拟建工程的永久性道路，可先做好永久性道路

的路基，在交工之前再铺路面，以减少投资。现场道路布置时，单行道路宽不小于 3.5m，双行道路宽不小于 6m。为使运输工具有回转的可能性，主要道路宜围绕单位工程环型布置，转弯半径要满足最长车辆拐弯的要求，单行道不小于 9~12m，双行道不小于 7~12m。路基要坚实，做到雨期不泥泞不翻浆，路面材料要选择透水性好的材料，保证雨后 2h 车辆能够通行。道路两侧要设有排水沟，以利雨期排水，排水沟深度不小于 0.4m，底宽不小于 0.3m。

（4）临时设施的布置

临时设施分为生产性临时设施（如钢筋加工棚、水泵房、木工加工房）和非生产性临时设施（如办公室、工人休息室、警卫室、食堂、厕所等）。主要考虑以下几方面：

① 木工和钢筋加工车间的位置可考虑布置在建筑物四周较远的地方，但应有一定的场地堆放木材、钢筋和成品。

② 易燃易爆品仓库应远离锅炉房等。

③ 现场的非生产性临时设施，应尽量少设，尽量利用原有房屋，必须修建时要经过计算，合理确定面积，努力节约临时设施费用。必须设置的临时设施应考虑使用方便，但又不妨碍施工，并要符合安全、卫生、防火的规定。通常，办公室的布置应靠近施工现场，宜设在工地出入口处工人临时休息室应设在工人作业区，宿舍、生活区与生产区分开设置，且应布置在安全的上风向；门卫、收发室宜布置在工地出入口处。

（5）水、电管网的布置

① 临时用水管网的布置

施工现场用水包括生产、生活、消防用水三大类。在可能的条件下，单位工程施工用水及消防用水要尽量利用工程永久性供水系统，以便节约临时供水设施费用。

施工用的临时给水管，一般由建设单位的干管或施工单位自行布置的干管接到用水地点，有枝状、环状和混合状等布置方式。布置时应力求管网长度最短，管径大小、取水点的位置与数量视工程规模大小通过计算确定。管道应埋入地下，尤其是寒冷地区，给水管要埋置在冰冻层以下，避免冬期施工时水管冻裂，也防止汽车及其他机械在上面行走压坏水管。临时管线不要布置在二期将要修建的建（构）筑物或室外管沟处，以免这些项目开工时，切断了水源影响施工用水。

同时应按防火要求，设置室外消防栓。高层建筑施工一般要设置高压水泵和楼层临时消防栓，消防栓作用半径为 50m，其位置在楼梯通道处或外架子、垂直运输井架附近，冬期施工还要采取防冻保温措施。条件允许时，可利用城市或建筑单位的永久消防设施。为防止供水的意外中断，可在建筑物附近设置简易蓄水池。

为便于排除地面水和地下水，要及时修通永久性下水道，并结合现场地形，在建筑物四周设置排泄地面水和地下水的沟渠，如排入城市下水系统，还应设置沉淀池。

② 临时用电管网的布置

单位工程施工用电应在全工地施工总平面图中一并考虑。一般施工中的临时供电应根据计算出的各个施工阶段所需最大用电量，选择变压器和配电设备。根据用电设备的位置及容量，确定动力和照明供电线路。变压器（站）的位置应布置在现场边缘高压线接入处，四周用铁丝网围住，不宜布置在交通要道口。临时变压器设置，应距地面不小于 30cm，并应在 2m 以外处设置高度大于 1.7m 的保护栏杆。

架空线路应尽量设在道路一侧，不得妨碍交通和施工机械运转，塔吊工作区和交通频繁的道路的电缆应埋在地下，架空线路距在建建（构）筑物的水平距离应大于 1.5m，架空线路应尽量保持线路水平，以免电杆受力不均。低压线路的架空线与施工建（构）筑物水平距

第 5 章

离不小于 1.0m，与地面距离不小于 6m；架空线跨越建（构）筑物或临时设施时，垂直距离不小于 2.5m。

各用电点必须配备与用电设备功率相匹配的、由闸刀开关、熔断保险、漏电保护器和插座等组成的配电箱，其高度与安装位置应以操作方便、安全为准；每台用电机械或设备均应分设闸刀开关和熔断器，实行单机单闸，严禁一闸多机。设置在室外的配电箱应有防雨措施，严禁漏电、短路及触电事故的发生。

（6）单位工程施工平面图绘制

现场布置内容确定后，即可着手绘制单位工程施工平面图，其绘图步骤如下：

① 首先根据区域平面图或总平面布置图，选定应绘制的图幅和比例。图幅的大小应将拟建工程周围可供利用的空地和已有建筑物、场外道路、围墙等均纳入其内，还应留出一定的空白图面绘制指北针、图例、说明等，一般为一号图或二号图，比例一般采用 1：200～1：500。

② 绘图时应先将拟建房屋轮廓线绘在中心位置，再按选定的起重机类型，根据其布置原则和要求，画出起重机及其配套设施的轮廓线。

③ 根据其他临时设施的布置要求和计算面积，逐一绘制其轮廓线。

④ 按布置要求绘制水、电管网及相应设施，形成单位工程施工平面图。

单位工程施工平面图的绘制应严格按照《建筑制图标准》绘制，图例规范，线条粗细分明，字体端正，图面整洁美观。

施工组织设计案例（详见二维码）。

施工组织设计案例

本章小结

① 施工组织设计的概述。施工组织设计的任务是根据编制施工祖师设计的基本原则、建设单位的要求和施工的全局出发，使得单位工程建设在一定的时间和空间内实现有组织、有计划、有秩序的施工，以期达到工程施工的相对最优效果，即时间上耗工最少、工期短、质量优、成本低、安全环保。

② 施工方案设计主要解决的问题。确定合理的施工程序、施工起点流向以及施工顺序；选择主导施工过程的施工方法及施工机械；制订各项施工组织措施。施工方案的选择与制订需多方案比较，在比较中得到最佳方案。

③ 单位工程施工进度计划的基本内容。主要从单位工程施工进度计划的作用、编制以及资源需要量计划的编制和施工准备方面进行介绍；是在拟订的施工方案的基础上，根据规定的工期和各种资源供应条件，遵循各施工过程合理的施工顺序及组织施工的原则，在时间上和空间上对单位工程的各项施工活动所做的统筹安排。它不仅要合理安排各分部分项工程的项目、数量、施工顺序、施工起止时间及搭接关系，还应列出劳动力、材料、机具、预制配件、半成品等需用计划，力求在合理使用资源和不提高施工费用的前提下，做到工期最短。

④ 单位工程施工平面图设计。主要介绍了单位工程施工平面图设计的设计内容、设计依据、设计原则和设计步骤等信息。

复习思考题

在线题库

1. 简述施工组织设计的概念、作用及分类。

2. 施工组织设计编制依据有哪些?

3. 单位工程施工进度计划的编制步骤有哪些?

4. 单位工程施工平面图的设计原则有哪些?

5. 工程施工组织设计的编制程序是什么?

6. 简述工程施工组织的内容。

7. 由某公路工程公司承担基坑土方施工,基坑深为 4.0m,土方量为 15000m³,运土距离按平均 5km 计算,计算工期为 10 天,公司现有斗容量 0.5m³、0.75m³、1.00m³ 液压挖掘机各两台及 5t、8t、15t 自卸汽车各 10 台,挖掘机及自卸汽车主要参数如表 5-11 所示。

表 5-11　主要参数

	型号	WY50	WY75	WY100
挖掘机	斗容量/m³	0.5	0.75	1.00
	台班产量/m³	420	558	690
	台班价格/(元/台班)	475	530	705
自卸汽车	载重能力/t	5	8	15
	运距 5km 台班产量/m³	40	62	103
	台班价格/(元/台班)	296	411	719

(1) 挖掘机与自卸汽车按表中型号只能各取一种,如何组合最经济? 其每立方米土方挖、运、卸的直接费为多少元?

(2) 若按两班制组织施工,需要配备几台挖掘机和几台自卸汽车?

(3) 按照确定的机械配备,完成基坑土方开挖任务需要多长时间?

8. 某住宅小区,其占地东西长 400m,南北宽 200m。其中,有一栋高层宿舍,是结构为 25 层的大模板全现浇钢筋混凝土塔楼结构,使用两台塔式起重机。设环行道路,沿路布置临时用水和临时用电,不设生活区,不设搅拌站,不熬制沥青。

(1) 施工平面图的设计原则是什么?

(2) 进行塔楼施工平面图设计时,以上设施布置的先后顺序是什么?

(3) 如果布置供水,需要考虑哪些用水? 如果按消防用水的低限 (10L/s) 作为总用水量,流速为 1.5m/s,管径选多大的?

(4) 布置道路的宽度应如何决策?

(5) 最少要设置几个消防栓? 消防栓与路边距离应是多少?

(6) 按现场的环境保护要求,提出对噪声施工的限制,停水、停电、封路的办理,垃圾渣土处理办法。

(7) 电线、电缆穿路的要求有哪些?

第6章
建设工程合同管理

 学习目标

熟悉建设工程合同管理基本概念、特点；掌握合同策划的程序；熟悉建设工程合同的实施与控制。

 本章重点

建设工程合同策划；建设工程合同的实施与控制；建设工程合同的争议与索赔。

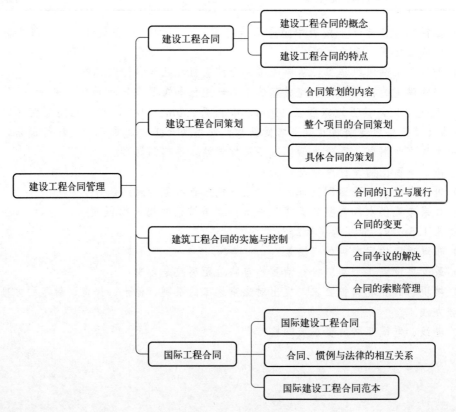

随着市场竞争日益激烈，总会有些企业为了谋取非法利益，在工程招投标过程中做出假招标、假投标和假评标的"三假"行为，严重扰乱了招投标行业秩序。本章将通过相关知识点的讲解，要求同学们树立起"和谐招标，公正为先；效益招标，诚信为本"的职业操守，重点引导同学们传递家国情怀，坚定"四个自信"，积极践行社会主义核心价值观，树立专技人才的榜样力量，为社会提供更优质的工程。

6.1　建设工程合同

6.1.1　建设工程合同的概念

建设工程合同是发包人与承包人就完成具体工程项目的建筑施工、设备安装、设备调试、工程保修等工作内容，确定双方权利和义务的协议。"承包人"是指在建设工程合同中负责工程的勘察、设计、施工等任务的一方当事人；"发包人"是指在建设工程合同中委托承包人进行工程的勘察、设计、施工任务的建设单位（或业主、项目法人）。

6.1.2　建设工程合同的特点

建设工程合同在性质上属于完成工作的合同。完成工作的合同是在传统民法承揽合同的基础上发展起来的一大类合同，一般包括承揽合同、技术服务和技术开发合同。传统的承揽合同一般包括承揽和建设工程合同，一些国家的民法典中都专章规定了承揽，并把建设工程也纳入规范。建设工程合同除了具有与一般承揽合同相同的特征，如均为诺成合同、双务合同、有偿合同外，更具有与一般承揽合同所不同的特点。

（1）承包人只能是具有相应资质的法人

这是建设工程合同在主体上不同于承揽合同的特点。承揽合同的主体没有限制，可以是自然人，也可以是法人，而建设工程合同的主体是有限制的。建设工程合同的标的是建设工程，具有投资大、周期长、质量要求高、技术指标多、影响国计民生等特点，作为自然人无论能力还是承担责任的能力，都很难满足建设工程的要求，所以，法律禁止企业无资质或超越本企业资质等级许可的范围承揽工程。

（2）建设工程合同标的的特殊性

建设工程合同的标的是建设工程，在属性上具有不可移动、长期存在的特点。这里所说的建设工程，是指土木工程、建筑工程、线路管道和设备安装工程及装修工程，包括房屋、港口、矿井、水库、电站、桥梁涵洞、水利工程、铁路、机场、道路工程等，作业要求高，且价值大。对于一些结构简单，价值较小的工程项目，如居民建造自住的住宅、企业建造的临时设施等，并不作为建设工程，不适用建设工程合同的有关规定。

6.2　建设工程合同策划

在项目建设过程中，业主的行为表现为投资行为，即在建设项目购置、建造、安装和调试等建设全过程中，业主处于主导的和买方的地位。建设一个项目单靠业主自身的行为显然是不够的，还必须有勘察、设计、施工、监理及材料设备供应等单位的参与。这些建设任务的组织，是通过业主的采购行为来实现的。在市场经济条件下，合同成为业主配置建设项目所需各种资源的主要手段。

合同策划是业主方项目策划的重要内容之一，通过合同策划形成整个项目合同结构的总体构想和基本框架，合同策划的结果表现为项目的合同结构。合同策划的目标是通过合同安排保证项目总目标的实现。

在合同策划过程中，应注重项目管理的系统化思想，注重合同主线和合同界面的系统分析和全面协调，并随着项目的进展，逐渐调整，使整个项目的合同结构系统化和合理化，以保证项目的顺利实施。

6.2.1　合同策划的内容

在项目建设前期，合同策划主要确定对整个项目建设具有根本性和方向性影响的问题，这对每个合同的订立和履行都有重大影响，它们对整个项目的计划、组织、控制有着决定性的作用。合同策划的内容主要包括以下两方面。

（1）涉及整个项目实施的战略性问题，例如，按勘察、设计、施工、监理及材料设备采购等建设任务将整个项目分解成多少个不同种类的合同，每种合同又可分解成多少个独立的合同，每个合同的工程内容和范围是什么，包括各个合同之间在内容上、时间上、组织上和技术上的协调。

（2）作为确定的具体的合同，合同策划的内容主要包括：采用什么样的发包方式，采用什么样的合同文本，合同中一些重要条款的确定，合同订立和实施过程中一些重大问题的决策等。

6.2.2　整个项目的合同策划

业主在进行整个项目的合同策划时，需要考虑如下三方面条件：

（1）项目的特点和内容。如项目性质、建设规模、功能要求和特点、技术复杂程度、项目质量目标、投资目标和工期目标的要求、项目面临的各种可能的风险等。

（2）业主自身的条件。资金供应能力、管理力量和管理能力，期望对工程管理的介入深度等。

（3）环境条件。建筑市场上项目资源的供应条件，包括勘察、设计、施工、监理等承包单位的状况和竞争情况，它们的能力、资信、管理水平、过去同类工程经验等，材料、设备等的供应及限制条件，地质、气候、自然、现场条件，项目所处的法律政策环境，物价的稳定性等。

项目合同策划的方法如下。

（1）按项目建设程序进行纵向策划

项目策划是一个从无到有，从建设内容和目标的不明确和不确定到逐渐明确和确定的渐进的过程。作为项目策划重要内容之一的合同策划必然要伴随着项目的进展而逐渐展开。项目的进展则必须要按照项目的建设程序来进行，所以，合同的策划也应按项目的建设程序分层展开。例如，一个项目的建设首先是从规划设计开始的，规划方案的形成、设计方案的产生和确定主要是通过设计招标或者设计方案竞赛的方式，在设计招标文件的制订中就要考虑将来要与谁签订设计合同，是方案中标者还是买断方案另外再找设计单位，或是将方案设计和初步设计发包给一家单位，施工图设计另外发包给一家或多家设计单位，甚至是实行设计施工总承包方式，如果面向国际进行设计招标，如何签订设计合同，等等。

如果还没有设计方案，显然，尚不能确定施工的承发包模式。随着设计工作的进展，项目的目标渐渐清晰，这时就需要提前考虑施工合同的策划，是只签订一个施工总承包合同，还是采用平行承发包模式，还是介于二者之间，哪些部分的施工要考虑采用业主指定分包方式等。监理、材料设备的采购合同也是如此。也就是说，整个项目的各个合同是随着项目建设的程序分层展开的，项目合同的策划工作是一个渐进的过程。

（2）按工作分解结构进行横向策划

所谓按工作分解结构进行横向策划是指在项目进展的每个阶段，按照工程内容和范围，如何划分合同包的问题，该项工作主要是按照项目分解结构（WBS），对要发包的工程内容进行打包或分标，最终与纵向合同策划共同形成整个项目的合同结构。

（3）动态调整

通过以上分析，合同策划是分层展开的，因此，所形成的合同结构也不是一成不变的，要随着已实施合同的执行情况、工程环境的变化，随着项目的进展进行动态调整、滚动实施。只有当整个项目结束时，才能最终形成一个完整的合同结构，这个最终的合同结构不仅是该工程的经验总结，同时也可为其他工程的实施提供借鉴。

按照以上合同策划的原则和方法，进行合同策划时需注意以下几个方面的问题：

（1）抓住合同主线

对于大型项目可能有众多的合同，合同策划工作和合同管理工作必须区分轻重缓急，抓住主要矛盾，才能起到事半功倍的效果。所谓合同主线，是指项目所有合同中对实现项目目标起主要乃至决定性作用的合同。对合同主线的分析，可以首先从投资、进度、质量三大目标分别进行分析，找出各目标的合同主线；然后，将三大目标两两结合，找出每两个目标的合同主线；最后，将三大目标综合起来，找出对三大目标起共同作用的合同主线，显然，这条合同主线应是重中之重。

（2）与合同管理体系相协调

任何合同都要落实到具体的职能部门和具体的工作人员对其进行管理，因此，合同策划要考虑与项目合同管理组织和合同管理办法相联系，与合同的主管部门、主办部门和协办部门，即合同管理体系相联系。例如，勘察合同、设计合同可由规划设计部门分管，材料设备采购合同由材料设备部门分管，施工、监理合同由工程管理部门分管，等等。按这种方式确定合同结构的优点在于，合同管理的分工明确，专业性强，效率较高，且较少出现交叉重复和相互推诿的现象。

（3）考虑合同界面的协调

在进行合同策划时，还要统筹考虑各种合同的界面和协调问题，如果合同界面出现问题，不仅会增加业主协调的工作量，而且也会增加业主的风险，甚至会影响整个项目的顺利进行。

一般来说，合同界面越多，业主的协调工作量就越多。例如，从我国目前建筑市场的现状来看，许多业主喜欢利用自己的有利地位，将整个项目肢解成一个个较小的合同，以便能较大幅度地压低合同价。但是，这样做无疑使项目的合同结构复杂化，增加了合同管理工作的难度，结果往往事与愿违，适得其反。

业主在进行合同策划时，应尽量考虑减少合同的界面，相应地，也就意味着合同数量的减少和合同包的增大。例如，对于设备合同，可以考虑凡是同一制造商可能做的内容，尽可能作为一个合同项目进行招标；对于施工合同，可以按专业内容分别招标，如土建、装修、安装等。这样，合同的界面较为清楚，而且数量较少。当然，因为合同包的增大，例如，施工总承包合同，因其管理的内容和范围的增加，要考虑总包管理费，可能会导致合同额的增加。因此，合同界面的多少，也需要业主在自身条件，特别是业主的管理力量、管理能力和风险的承受能力等多方面进行综合平衡。

无论合同界面是多还是少，都存在合同界面的协调问题。为使合同界面清晰，在合同策划时，应协调处理好以下几个方面的问题。

① 内容上的协调。业主的所有合同确定的工程或工作范围应能涵盖项目的所有工作，即只要完成各个合同，就可实现项目总目标。这方面的界面出现问题往往会带来设计的修改、新增工程、计划的修改、施工现场的停工、双方的争议等。为了防止合同之间在内容上的缺陷和遗漏，应做好如下工作：

a. 认真进行项目的范围定义和系统分析；

　　b. 在项目结构分解的基础上列出各个合同的工程范围，通过项目结构分解，将整个项目任务分解成若干独立的合同，每个合同中又有一个完整的工程范围；

　　c. 进行项目任务（各个合同或各个承包单位）之间的界面分析，确定各个界面上的工作责任、价格、工期、质量和范围定义等。

　　② 技术上的协调。各合同只有在技术上相协调，才能协同完成项目的目标。主要包括：

　　a. 相关合同之间，如基础、主体结构、安装等之间应有很好的协调；

　　b. 采购合同的技术要求必须符合施工合同中的技术规范；

　　c. 各合同所定义的工程之间应有明确的界面和合理的搭接，例如，供应合同与运输合同，土建承包合同和安装合同，安装合同和设备供应合同之间应有明确的界面和搭接。

　　③ 时间上的协调。由各个合同所确定的工程活动不仅要与项目计划的时间要求一致，而且它们之间在时间上也要协调，即各种工程活动形成一个有序的、有计划的实施过程。例如，设计图纸供应与施工，设备、材料供应与运输，土建和安装施工等之间应合理搭接。

6.2.3　具体合同的策划

　　当项目有了一个总体的合同方案后，需要对每个合同分别付诸实施，这就需要在每个合同订立（招标）前分别对具体的合同进行策划。具体合同的策划主要包括合同文本的起草或选择，以及合同中一些重要条款的确定。

　　(1) 合同文本的起草或选择

　　合同文本（包括协议书、合同条件及其附件）是合同文件中最直接、最重要的部分。它规定着双方的责权利关系、价格、工期、合同违约责任和争议的解决等一系列重大问题，是合同管理的核心文件。

　　业主可以按照需要自己（或委托咨询机构）起草合同文本，也可以选择标准的合同文本，在具体应用时，可以按照自己的需要通过专用条款对通用条款的内容进行补充和修改。

　　这里需要指出的是，从工程实际出发，国内外目前比较普遍的做法是，直接采用标准的合同文本，标准合同文本可以使双方避免因起草而增加交易费用，且因标准合同条件中的一些内容已形成惯例，在合同履行中因双方有一致的理解可减少争议的发生，即使有争议发生也因有权威的解释而使多数争议能顺利得到解决。

　　(2) 重要合同条款的确定

　　合同是业主按市场经济要求配置项目资源的主要手段，是项目顺利进行的有力保证，合同又是双方责、权、利关系的根本体现和法律约束。由于业主起草招标文件，业主居于合同的主导地位，所以，业主要确定一些重要的合同条款。所谓合同的重要条款，从《中华人民共和国民法典》（下简称《民法典》）的角度就是一般合同中所说的实质性条款，即合同中有关标的，数量，质量，价款或者报酬，履约的期限、地点和方式，违约责任，解决争议的办法等内容。

　　目前，在国际、国内普遍采用标准合同的条件下，合同重要条款是指"专用条件"中需双方进行协商的有关条款。例如，施工合同中，有关合同价格的条款，包括付款方式，如预付款、进度款、竣工结算、保修金等的支付时间、金额和方法等；合同价格调整的条件、范围和方法等，由于法律法规变化、费用变化、汇率和税率变化等对合同价格调整的规定等。

　　值得指出的是，尽管业主具有主导地位和买方市场的优势，对具体合同内容的策划，是从业主的角度考虑的，甚至可以将有些不尽合理和欠公平的条款写到招标文件中。但合同是双方自愿达成的协议，有些非招标文件中的规定或者可以在合同谈判阶段进行谈判的内容应最终通过合同谈判来确定。因此业主在合同内容的策划中，对一些内容的确定应符合现实的法律法规的规定。

6.3　建筑工程合同的实施与控制

6.3.1　合同的订立与履行

（1）合同的订立

以建筑工程施工合同的订立为例，工程合同的订立程序如下：

① 要约邀请

即发包人采用招标通知或公告的方式，向不特定人发出的，以吸引或邀请相对人发出要约为目的的意思表示。

② 要约

即投标，指投标人按照招标人要求，在规定的期间内向招标人发出的，以订立合同为目的的，包括合同的主要条款的意思表示。

③ 承诺

即中标通知，指由招标人通过评标后，在规定期间内发出的，表示愿意按照投标人所提出的条件与投标人订立合同的意思表示。中标通知产生法律效果后，工程合同就成立了。

④ 签约

由于工程建设的特殊性，招标人和中标人在中标通知产生法律效力后，还需要按照中标通知书、招标文件和中标人的投标书等内容经过合同谈判，订立书面合同，此时工程合同才成立并生效。

工程建设项目招标、投标是市场经济条件下进行工程建设项目的发包与承包中所采用的主要的交易方式。建设工程合同主要通过招标、投标的方式来订立。

（2）合同履行的原则

当事人订立合同，是为了实现预期目的。这个目的只有通过全面履行合同所确定的权利、义务来实现。对于经济活动，合同的订立是前提，合同的履行是关键。合同订立后能否很好得到履行，关系到合同目的能否实现。履行合同应当遵守以下原则：

① 全面、适当履行原则。当事人应当按照约定全面履行自己的义务，包括按约定的主体、标的、数量、质量、价款或报酬、方式、地点、期限等全面履行义务。

② 遵守诚实信用原则。《民法典》规定，当事人应当遵循诚实信用原则，根据合同的性质，目的和交易习惯履行通知、协助、保密等义务。

③ 公平合理，促使合同履行。为了合同得到很好履行，在订立合同时要尽量想得周到，订得具体，如果订立合同时对有些问题没有约定，或约定得不太明确，应当加以补救，不要因此而妨碍合同的履行。

④ 不得擅自变更。在履行过程中，为了保障合同的严肃性，一方当事人不得擅自变更或者擅自将权利义务转让。如果发生需要变更，或需要转让的情况时，应根据自愿的原则，取得对方当事人同意，并且不得违背法律、行政法规强制性的规定。

⑤ 合同生效后，当事人不得因姓名、名称的变更，或法定代表人、负责人、承办人的变动而不承担合同义务。

（3）合同履行的方式

合同履行的方式是指债务人履行债务的方法。合同采取何种方式履行，与当事人有着直接的利害关系。因而，在法律有规定或者双方有约定的情况下，应严格按照法定的或约定的方式履行。没有法律规定或约定的，或约定不明确的，应当根据合同的性质和内容，按照有利于实现合同目的的方式履行。

① 分期履行

分期履行是指当事人一方或双方不在同一时间和地点以整体的方式履行完毕全部约定义务的行为。它是相对于一次性履行而言的，如分期交货合同、分期付款买卖合同、按工程进度付款的工程建设合同等。如果一方不按约定履行某一期次的义务，则对方有权请求违约方承担该期次的违约责任；如果对方也是分期履行的，且没有履行先后次序，一方不履行某一期次义务，对方可作为抗辩理由，也不履行相应的义务。分期履行的义务，某一方不履行其中某一期次的义务时，对方是否可以解除合同，需要根据该一期次的义务对整个合同履行的地位和影响来区别对待。一般情况下，不履行某一期次的义务，对方不能因此解除全部合同，如发包方未按约定支付某一期工程款的违约金，承包方只可主张延期交付工程项目，却不能解除合同。但是，不履行的期次具备了法定解除条件，则允许解除合同。

② 部分履行

部分履行是就合同义务在履行期届满后的履行范围及满足程度而言的。履行期届满，全部义务得以履行为全部履行，但是其中一部分义务得以履行的，为部分履行。部分履行同时意味着部分不履行，在时间上适用的是到期履行。履行期限表明义务履行的时间界限，是适当履行的基本标志。作为一个规则，债权人在履行期届满后有权要求其权利得到全部满足，对于到期合同，债权人有权拒绝部分履行。

③ 提前履行

提前履行是债务人在合同约定的履行期限届满之前就向债权人履行给付义务的行为。在多数情况下，提前履行债务对债权人是有利的。但在特定情况下，提前履行也可能造成对债权人的不利，如可能使债权人的仓储费用增加，对鲜活产品的提前履行，可能增加债权人的风险等。因此，债权人可能拒绝受领债务人的提前履行，但若合同的提前履行对债权人有利，债权人则应当接受提前履行。提前履行可视为对合同履行期限的变更。

（4）合同履行中的顺序

合同履行的顺序，表面上看是一个谁先谁后的时间顺序排列问题，但由于市场经济中各种机会的存在，它实质上是一种风险的分担与化解机制。履行时间的设定、履行行为的启动，往往都是通过双方反复博弈、精心设计的。作为一般规则，履行顺序可概括如下：

① 合同的履行顺序一般由当事人自行约定，严格按照约定进行。

② 当事人的义务有先后履行顺序的，按先后顺序履行；先履行一方未履行之前，后履行一方有权拒绝其履行请求；先履行一方履行债务不符合约定的，后履行一方有权拒绝其相应的履行。这又称为"后履行抗辩权"或"异时履行抗辩权"。

③ 当事人的义务没有约定先后履行顺序的，往往要适用法律的补充条款或惯例。

6.3.2　合同的变更

（1）合同变更的概念

广义的合同变更，是指合同依法成立后，在尚未履行或尚未完全履行时，当事人依法经过协商，对合同的内容进行修订或调整所达成的协议，包括合同内容的变更和合同主体的变更；狭义的合同变更，是指合同内容的变更。

建设工程合同变更是指建设工程合同依法成立后，当事人对已经发生法律效力，但尚未履行或者尚未完全履行的建设工程合同，进行修改或补充所达成的协议。建设工程合同的变更是指建设工程合同内容的变更。

（2）合同变更的条件

合同变更必须针对有效的合同，协商一致是合同变更的必要条件，任何一方都不得擅自变更合同。建设工程合同变更需要符合以下条件：

① 合同关系已依法成立。建设工程合同的变更基于已经成立的原合同关系，由当事人对其部分内容加以修改，作为履行的依据。如果原合同无效，自成立时起就不具有法律约束力，不存在合同变更的问题。

② 合同内容发生变化。建设工程合同的变更包括建设规模的扩大、工期的变化、质量标准的改变等。建设工程合同变更会改变当事人之间权利和义务的内容，直接关系到当事人的利益。变更后的合同取代原合同的法律效力，作为发包人、承包人履行合同的依据。

③ 合同变更符合法定程序。建设工程合同是发包人和承包人协商一致的结果，合同内容的变更，也应当经发包人和承包人协商一致。国家重大建设工程合同涉及内容的重大变化，须经审批后变更。发包方和承包方协商一致变更建设工程合同，应当采用书面形式。

（3）合同变更的范围

合同变更是合同实施调整措施的综合体现。

① 合同条款的变更。合同条款及合同协议书所定义的双方责权利关系，或一些重大问题的变更，是狭义的合同变更。

② 工程变更。工程变更是指在工程施工过程中，工程师或业主代表在合同约定范围内对工程范围、质量、数量、性质、施工次序和实施方案等作出变更，是最常见和最多的合同变更。

③ 合同主体的变更。如由于特殊原因造成合同责任和权益的转让，或合同主体的变化。

（4）合同变更的处理要求

① 尽可能快地作出变更。

a. 施工停止，承包商等待变更指令或变更会谈决议。等待变更为业主责任，通常可提出索赔。

b. 变更指令不能迅速作出，而现场继续施工，会造成更大的返工损失。

② 迅速、全面、系统地落实变更指令。变更指令作出后，承包商应迅速、全面、系统地落实变更指令；全面修改相关的各种文件，如图纸、规范、施工计划、采购计划等，使它们一直反映和包容最新的变更；在相关工程小组和分包商的工作中落实变更指令，并提出相应的措施，同时，又要协调好各方面工作。

③ 保存原始设计图纸、设计变更资料、业主书面指令，变更后发生的采购合同、发票及实物或现场照片等。

④ 进一步分析合同变更的影响。合同变更是索赔机会，应在合同规定的索赔有效期内完成索赔处理。在合同变更过程中，应记录、收集、整理所涉及的各种文件，如图纸、各种计划、技术说明、规范和业主的变更指令，以作为进一步分析的依据和索赔的证据。在实际工作中，合同变更必须与提出索赔同步进行，对于重大的变更，应先进行索赔谈判，待达成一致后，再实施变更。赔偿协议是关于合同变更的处理结果，也作为合同的一部分。

⑤ 合同变更的评审。在分析合同变更的相关因素和条件后，应及时进行变更内容的评审，评审包括合理性、合法性、可能出现的问题及措施等。

由于合同变更对工程施工过程的影响大，会造成工期的拖延和费用的增加，容易引起双方的争执，所以，合同双方都应十分慎重地对待合同变更问题。按照国际工程统计，工程变更是索赔的主要起因。

（5）合同变更的程序和申请

合同变更应有一个正规的程序，有一整套申请、审查、批准手续，如图6-1所示。

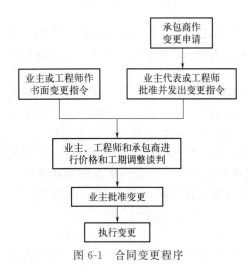

图6-1　合同变更程序

① 对重大的合同变更，由合同双方签署变更协议确定。合同双方经过会谈，对变更所涉及的问题，如变更措施、变更的工作安排、变更所涉及的工期和费用索赔的处理等达成一致，然后双方签署备忘录、修正案等变更协议。

在合同实施过程中，工程参加者各方定期开会（一般每周一次），商讨研究新出现的问题，讨论对新问题的解决办法。例如，业主希望工程提前竣工，要求承包商采取加速措施，则可以对加速所采取的措施和费用补偿等进行具体的评审、协商和安排，在合同双方达成一致后签署赶工协议。

对于重大问题，需要经过多次会议协商，通常在最后一次会议上签署变更协议。双方签署的合同变更协议与合同一样具有法律约束力，而且法律效力优先于合同文本。

② 业主或工程师行使合同赋予的权力，发出工程变更指令。在实际工程中，这种变更数量极多，具体表现在以下几点：

a. 与变更相关的分项工程尚未开始，只需要对工程设计作修改或补充，如事前发现图纸错误、业主对工程有新的要求等。在这种情况下，工程变更时间比较充裕，价格谈判和变更的落实可有条不紊地进行。

b. 变更所涉及的工程正在施工，如在施工中发现设计错误或业主突然有新的要求。这种变更通常时间很紧迫，甚至可能发生现场停工、等待变更指令等问题。

c. 对已经完工的工程进行变更，必须作返工处理。

（6）合同变更的原因

合同的变更实质上是对合同的修改，这种修改虽然不能免除或改变承包商的合同责任，但对合同实施影响很大，如合同变更会影响材料采购计划、劳动力安排、机械使用计划的实施，必须对原合同内容作相应的调整。在施工合同履行过程中，合同内容频繁变更是很常见的情况。一个较为复杂的施工合同，实施中的变更可能有几百项。施工合同变更的原因一般有以下几种：

① 业主对建筑有了新的要求，因此发布新的变更指令，如业主决定削减预算，承包商在履行合同时就应作出相应调整。

② 设计变更。设计变更可能是原设计人员在设计时未能很好地理解业主的意图，或设计人员疏忽造成设计错误；也可能是由于在施工时产生了新的技术，业主认为有必要对原设计进行修改等原因造成的。这是施工合同实施过程中最常见的一种变更原因。

③ 工程环境的变化、预定的工程条件不准确，要求实施方案或实施计划变更。

④ 由于新技术、新知识的产生，有必要改变原计划、原实施方案的。

⑤ 政府部门依法对工程提出新要求，如城市规划变更导致工程不能继续施工等。

⑥ 由于合同实施过程中出现问题，必须调整合同目标，或修改合同条款。

6.3.3　合同争议的解决

合同争议也称合同纠纷，是指合同当事人对合同规定的权利和义务产生了不同的理解。合同争议的解决方式有协商、调解、仲裁和诉讼四种。

（1）协商

协商是指由合同当事人双方在自愿互谅的基础上，按照法律法规的规定，通过摆事实讲道理解决纠纷的一种办法。

当事人以协商的方式解决合同纠纷时，应当遵循下列原则：坚持依法协商；尊重客观事实；主动争取，抓住时机；采用书面和解协议书。

总之，合同当事人之间发生争议时，首先应当采取友好协商的方式解决纠纷，这种方式可以最大限度地减少由于纠纷而造成的损失，从而达到使合同所涉及的权利得到实现的目的。另外，还可以节省人力、时间和财力，有利于双方以后往来，提高社会信誉。

（2）调解

调解是指合同当事人对合同所约定的权利、义务发生争议，不能达成和解协议时，在经济合同管理机关或有关机关、团体等的主持下，通过对当事人进行说服教育，促使双方互相作出适当的让步，平息争端，自愿达成协议，以求解决经济合同纠纷的方法。

调解的原则是自愿、平等、合法。在实践中，依据调解人的不同，合同调解可分为民间调解、行政调解、仲裁机关调解和法庭调解。

（3）仲裁

① 仲裁的概念

仲裁又称为公断，是指当发生合同纠纷而协商不成时，仲裁机构根据当事人的申请，对其相互之间的合同争议，按照仲裁法律规范的要求进行仲裁并作出裁决，从而解决合同纠纷的法律制度。

② 仲裁的原则

a. 自愿原则。当事人采用仲裁方式解决纠纷，应当贯彻双方自愿原则，达成仲裁协议。如有一方不同意进行仲裁，仲裁机构即无权受理合同纠纷。

b. 公平、合理原则。仲裁员应依法公平、合理地进行裁决。

c. 依法独立进行原则。仲裁机构是独立的组织，相互之间也无隶属关系。仲裁依法独立进行，不受行政机关、社会团体和个人的干涉。

d. 一裁终局原则。裁决作出后，当事人就同一纠纷再申请仲裁或者向人民法院起诉的，仲裁委员会或者人民法院不予受理（依据《中华人民共和国仲裁法》规定撤销裁决的除外）。

③ 仲裁委员会

仲裁委员会是我国的仲裁机构。仲裁委员会可以在直辖市和省、自治区人民政府所在地的市设立，也可以根据需要在其他设区的市设立，不按行政区划层层设立。仲裁委员会由主任1人、副主任2~4人和委员7~11人组成。仲裁委员会应当从公道、正派的人员中聘任仲裁员。

仲裁委员会应当具备下列条件：

a. 有自己的名称、住所和章程。

b. 有必要的财产。

c. 有该委员会的组成人员。

d. 有聘任的仲裁员。

仲裁委员会独立于行政机关，与行政机关没有隶属关系，仲裁委员会之间也无隶属关系。

④ 仲裁协议

仲裁协议是指纠纷当事人愿意将纠纷提交仲裁机构仲裁的协议。仲裁协议包括合同中订立的仲裁条款和以其他书面方式在纠纷发生前或者纠纷发生后达成的请求仲裁的协议。

仲裁协议应具有下列内容：请求仲裁的意思表示，仲裁事项，选定仲裁委员会。

仲裁协议是合同的组成部分，是合同的内容之一。有下列情形之一的，仲裁协议无效：

a. 约定的事项超出法律规定的仲裁范围的。

b. 无民事行为能力人或者限制民事行为能力人订立的仲裁协议。

c. 一方采取胁迫手段，迫使对方订立仲裁协议的。

仲裁协议是仲裁机构对纠纷进行仲裁的先决条件，合同双方当事人均受仲裁协议的约束，仲裁协议排除了法院对纠纷的管辖权，仲裁机构应按照仲裁协议进行仲裁。

⑤ 仲裁程序

a. 仲裁申请和受理。

b. 仲裁庭的组成。

c. 开庭和裁决。

d. 执行。

仲裁程序扫二维码查看。

仲裁程序

（4）诉讼

诉讼是指合同当事人依法请求人民法院行使审判权，审理双方之间发生的合同争议，作出有国家强制保证的判决以实现其合法权益，从而解决纠纷的审判活动。合同双方当事人如果未约定仲裁协议，则只能以诉讼作为解决争议的最终方式。

如果当事人没有在合同中约定通过仲裁解决争议，则只能通过诉讼作为解决争议的最终方式。人民法院审理民事案件，依照法律规定实行合议、回避、公开审判和两审终审制度。

① 诉讼管辖

a. 级别管辖。级别管辖是不同级别的人民法院受理第一审合同纠纷案件的权限分工。在全国有重大影响的，由最高人民法院受理；在本辖区内有重大影响的，由各省、自治区、直辖市高级人民法院受理；各省辖市、地区、自治州中级人民法院则受理在本辖区内有重大影响以及重大涉外的合同纠纷；除此之外的第一审合同纠纷案件，都由基层人民法院受理。

b. 地域管辖。地域管辖是指同级人民法院在受理第一审合同纠纷案件时的权限分工。因合同纠纷提起的诉讼，由被告住所地或者合同履行地人民法院管辖。合同的双方当事人可以在书面合同中协议选择被告住所地、合同履行地、合同签订地、原告住所地、标的物所在地人民法院管辖。

② 起诉应具备的条件

根据我国《民事诉讼法》规定，因为合同纠纷向人民法院起诉的，必须符合以下条件：

a. 原告是与本案有直接利害关系的公民、法人和其他组织。

b. 有明确的被告、具体的诉讼请求和事实、理由。

c. 属于人民法院受理民事诉讼的范围和受诉人民法院管辖。

人民法院接到原告起诉状后，要审查是否符合起诉条件。符合起诉条件的，应于 7 天内立案并通知原告；不符合起诉条件的，应于 7 天内通知原告不予受理并说明理由。

③ 诉讼中的证据

诉讼中的证据包括书证、物证、视听资料、证人证言、当事人的陈述、鉴定结论、勘验笔录等。

④ 审判程序

a. 起诉与受理。

b. 诉讼保全。

c. 调查研究搜集证据。

d. 调解与审判。

e. 执行。

审判程序扫二维码查看。

审判程序

6.3.4 合同的索赔管理

（1）索赔的概念和分类

工程索赔是指在工程合同履行过程中，合同一方当事人因对方不履行或未能正确履行合同义务或者由于其他非自身原因而遭受经济损失或权利损害，通过合同约定的程序向对方提出经济和（或）时间补偿要求的行为。

① 按索赔的当事人分类。根据索赔的合同当事人的不同，可以将工程索赔分为：

承包人与发包人之间的索赔

a. 承包人与发包人之间的索赔。该类索赔发生在建设工程施工合同的双方当事人之间，既包括承包人向发包人的索赔，也包括发包人向承包人的索赔。但是在工程实践中，索赔事件大都是承包人向发包人提出的。

b. 总承包人和分包人之间的索赔。在建设工程分包合同履行过程中，索赔事件发生后，无论是发包人的原因还是总承包人的原因，分包人都只能向总承包人提出索赔要求，而不能直接向发包人提出。

c. 承包商与供货商之间的索赔。其内容多是商贸方面的争议，如货品质量不符合技术要求、数量短缺、交货拖延运输损坏等。

② 按索赔的目的和要求分类。根据索赔的目的和要求不同，可以将工程索赔分为工期索赔和费用索赔。

a. 工期索赔。工期索赔一般是指承包人依据合同约定，对于非因自身原因导致的工期延误向发包人提出工期顺延的要求。工期顺延的要求获得批准后，不仅可以免除承包人承担拖期违约赔偿金的责任，而且承包人还有可能因工期提前获得赶工补偿（或奖励）。

b. 费用索赔。费用索赔的目的是要求补偿承包人（或发包人）的经济损失，费用索赔的要求如果获得批准，必然会引起合同价款的调整。

③ 按索赔事件的性质分类。根据索赔事件的性质不同，可以将工程索赔分为：

a. 工程延误索赔。因发包人未按合同要求提供施工条件，或因发包人指令工程暂停或不可抗力事件等原因造成工期拖延的，承包人可以向发包人提出索赔；如果由于承包人原因导致工期拖延，发包人可以向承包人提出索赔。

b. 加速施工索赔。由于发包人指令承包人加快施工速度，缩短工期，引起承包人的人力、物力、财力的额外开支，承包人提出的索赔。

c. 工程变更索赔。由于发包人指令增加或减少工程量或增加附加工程、修改设计、变更工程顺序等，造成工期延长和（或）费用增加，承包人可以提出索赔。

d. 合同终止的索赔。由于发包人违约或发生不可抗力事件等原因造成合同非正常终止，承包人因其遭受经济损失而提出索赔。如果由于承包人的原因导致合同非正常终止，或者合同无法继续履行，发包人可以就此提出索赔。

第6章

e. 不可预见的不利条件索赔。承包人在工程施工期间，施工现场遇到一个有经验的承包人通常不能合理预见的不利施工条件或外界障碍，例如，地质条件与发包人提供的资料不符，出现不可预见的地下水、地质断层、溶洞、地下障碍物等，承包人可以就此遭受的损失提出索赔。

f. 不可抗力事件的索赔。工程施工期间，因不可抗力事件的发生而遭受损失的一方，可以根据合同中对不可抗力风险分担的约定，向对方当事人提出索赔。

g. 其他索赔。如因货币贬值、汇率变化、物价上涨、政策法令变化等原因引起的索赔。

（2）索赔的依据和前提条件

① 索赔的依据

a. 工程施工合同文件。工程施工合同是工程索赔中最关键和最主要的依据，工程施工期间，发承包双方关于工程的洽商、变更等书面协议或文件，也是索赔的重要依据。

b. 国家法律法规。国家制定的相关法律、行政法规，是工程索赔的法律依据。工程项目所在地的地方性法规或地方政府规章，也可以作为工程索赔的依据，但应当在施工合同专用条款中约定为工程合同的适用法律。国家、部门和地方有关的标准、规范和定额。对于工程建设的强制性标准，是合同双方必须严格执行的；对于非强制性标准，必须在合同中有明确规定的情况下，才能作为索赔的依据。

c. 工程施工合同履行过程中与索赔事件有关的各种凭证。这是承包人（或发包人）因索赔事件所遭受费用或工期损失的事实依据，它反映了工程的计划情况和实际情况。

② 索赔成立的条件

a. 索赔事件已造成了一方直接经济损失或工期延误；

b. 造成费用增加或工期延误的索赔事件因一方的原因发生；

c. 一方已经按照工程施工合同规定的期限和程序提交了索赔意向通知、索赔报告及相关证明材料。

（3）索赔的处理程序及规定

① 承包人的索赔。

根据合同约定，承包人认为有权得到追加付款和（或）延长工期的，应按以下程序向发包人提出索赔：

a. 承包人应在知道或应当知道索赔事件发生后 28 天内，向监理人递交索赔意向通知书，并说明发生索赔事件的事由；承包人未在前述 28 天内发出索赔意向通知书的，丧失要求追加付款和（或）延长工期的权利；

b. 承包人应在发出索赔意向通知书 28 天内，向监理人正式递交索赔报告；索赔报告应详细说明索赔的理由以及要求追加的付款金额和（或）延长的工期，并附必要的记录和证明材料；

c. 索赔事件具有持续影响的，承包人应按合理时间间隔继续递交延续索赔通知，说明持续影响的实际情况和记录，列出累计的追加付款金额和（或）工期延长天数；

d. 在索赔事件影响结束后 28 天内，承包人应向监理人递交最终索赔报告，说明最终要求索赔的追加付款金额和（或）延长的工期，并附必要的记录和证明材料。

② 对承包人索赔的处理。

a. 监理人应在收到索赔报告后 14 天内完成审查并报送发包人。监理人对索赔报告存在异议的，有权要求承包人提交全部的原始记录副本。

b. 发包人应在监理人收到索赔报告或有关索赔的进一步证明材料后的 28 天内，由监理人向承包人出具经发包人签认的索赔处理结果。发包人逾期答复的，则视为认可承包人的索赔要求。

c. 承包人接受索赔处理结果的，索赔款项在当期进度款中进行支付；承包人不接受索赔处理结果的，按照争议解决约定处理。

③ 发包人的索赔。

根据合同约定，发包人认为有权得到赔付金额和（或）延长缺陷责任期的，由监理人向承包人发出通知并附有详细的证明。发包人应在知道或应当知道索赔事件发生后 28 天内通过监理人向承包人提出索赔意向通知书，发包人未在前述 28 天内发出索赔意向通知书的，丧失要求赔付金额和（或）延长缺陷责任期的权利。发包人应在发出索赔意向通知书后 28 天内，通过监理人向承包人正式递交索赔报告。对发包人索赔的处理如下：

a. 承包人收到发包人提交的索赔报告后，应及时审查索赔报告的内容、查验发包人证明材料。

b. 承包人应在收到索赔报告或有关索赔的进一步证明材料后 28 天内，将索赔处理结果答复发包人。如果承包人未在上述期限内作出答复的，则视为对发包人索赔要求的认可。

c. 承包人接受索赔处理结果的，发包人可从支付给承包人的合同价款中扣除赔付的金额或延长缺陷责任期；发包人不接受索赔处理结果的，按争议解决约定处理。

（4）提出索赔的期限

① 承包人按竣工结算审核的约定接受竣工付款证书后，应被视为已无权再提出在工程接收证书颁发前所发生的任何索赔。

② 承包人提交的最终结清申请单中，只限于提出工程接收证书颁发后发生的索赔。提出索赔的期限自接受最终结清证书时终止。

（5）费用索赔的计算

① 索赔费用的组成。对于不同原因引起的索赔，承包人可索赔的具体费用内容是不完全一样的。但归纳起来，索赔费用的要素与工程造价的构成基本类似，一般可归结为人工费、材料费、施工机具使用费、分包费、施工管理费、利息、利润、保险费等。

② 费用索赔的计算方法。索赔费用的计算应以赔偿实际损失为原则，包括直接损失和间接损失。索赔费用的计算方法通常有三种，即实际费用法、总费用法和修正的总费用法。

a. 实际费用法。又称为分项法，即根据索赔事件所造成的损失或成本增加，按费用项目逐项进行分析、计算索赔金额的方法。这种方法比较复杂，但能客观地反映施工单位的实际损失，比较合理，易于被当事人接受，被广泛采用。由于实际费用法所依据的是实际发生的成本记录或单据，所以，在施工过程中，系统而准确地积累记录资料是非常重要的。

b. 总费用法。又称为总成本法，当发生多次索赔事件后，重新计算工程的实际总费用，再从该实际总费用中减去投标报价时的估算总费用，即为索赔金额。总费用法计算索赔金额的公式如下：

$$索赔金额＝实际总费用－投标报价估算总费用$$

但在总费用法中，没有考虑实际总费用中可能包括由于承包商的原因（如施工组织不善）而增加的费用，投标报价估算总费用也可能由于承包人为谋取中标而过低。因此，在难以准确确定由某些索赔事件导致的各项费用增加额时，总费用法才适用。

③ 修正的总费用法。修正的总费用法是对总费用法的改进，即在总费用计算的原则上，去掉一些不合理的因素，使其更为合理。修正的内容如下：将计算索赔款的时段局限于受到索赔事件影响的时间，而不是整个施工期；只计算受到索赔事件影响时段内的某项工作的损失，而不是计算该时段内所有施工工作的损失；与该项工作无关的费用不列入总费用中；对

投标报价费用重新进行核算，即按受影响时段内该项工作的实际单价进行核算，乘以实际完成的该项工作的工程量，得出调整后的报价费用。

按修正后的总费用计算索赔金额的公式如下：

$$索赔金额＝某项工作调整后的实际总费用－该项工作的报价费$$

修正的总费用法与总费用法相比，有了实质性的改进，它的准确程度已接近于实际费用法。

【例6-1】 某施工合同约定，施工现场主导施工机械一台，由施工企业租赁，台班单价为300元/台班，租赁费为100元/台班，人工工资为40元/工日，窝工补贴为10元/工日，以人工费为基数的综合费率为35%，在施工过程中，发生了如下事件：

① 出现异常恶劣天气导致工程停工2天，人员窝工30个工日；

② 因恶劣天气导致场外道路中断，抢修道路用工20工日；

③ 场外大面积停电，停工2天，人员窝工10工日。为此，施工企业可向业主索赔的费用为多少。

【解】 各事件处理结果如下：

（1）异常恶劣天气导致的停工通常不能进行费用索赔。

（2）抢修道路用工的索赔额＝20×40×（1＋35%）＝1080（元）

（3）停电导致的索赔额＝2×100＋10×10＝300（元）

总索赔费用＝1080＋300＝1380（元）

（6）工期索赔的计算

工期索赔，一般是指承包人依据合同对由于非因自身原因导致的工期延误向发包人提出工期顺延的要求。

① 工期索赔中应当注意的问题。

a. 划清施工进度拖延的责任。因承包人的原因造成施工进度滞后，属于不可原谅的延期；只有承包人不应承担任何责任的延误，才是可原谅的延期。有时工程延期的原因中可能包含多方责任，此时监理人应进行详细分析，分清责任比例，只有可原谅延期部分才能批准顺延合同工期。可原谅延期，又可细分为可原谅并给予补偿费用的延期和可原谅但不给予补偿费用的延期；后者是指非承包人责任的影响，但并未导致施工成本的额外支出，大多属于发包人应承担风险责任事件的影响，如异常恶劣的气候条件影响的停工等。

b. 被延误的工作应是处于施工进度计划关键线路上的施工内容。只有位于关键线路上工作内容的滞后，才会影响到竣工日期。但有时也应注意，既要看被延误的工作是否在批准进度计划的关键线路上，又要详细分析这一延误对后续工作的可能影响。因为若对非关键线路工作的影响时间较长，超过了该工作可用于自由支配的时间（总时差），也会导致进度计划中非关键线路转化为关键线路，其滞后将导致总工期的拖延。此时，应充分考虑该工作的总时差，给予相应的工期顺延，并要求承包人修改施工进度计划。

② 工期索赔的具体依据。

a. 合同约定或双方认可的施工总进度计划；

b. 合同双方认可的详细进度计划；

c. 合同双方认可的对工期的修改文件；

d. 施工日志、气象资料；

e. 业主或工程师的变更指令；

f. 影响工期的干扰事件；

g. 受干扰后的实际工程进度等。

③ 工期索赔的计算方法。

a. 直接法。如果某干扰事件直接发生在关键线路上，造成总工期的延误，可以直接将该干扰事件的实际干扰时间（延误时间）作为工期索赔值。

b. 比例计算法。如果某干扰事件仅仅影响某单位工程或分部（分项）工程的工期，要分析其对总工期的影响，可采用比例计算法。比例计算法虽然简单方便，但有时不符合实际情况，而且比例计算法不适用于变更施工顺序、加速施工、删减工程量等事件的索赔。

c. 网络图分析法。网络图分析法是利用进度计划的网络图，分析其关键线路。如果延误的工作为关键工作，则延误的时间为索赔的工期；如果延误的工作为非关键工作，当该工作由于延误超过总时差而成为关键工作时，可以索赔延误时间与总时差的差值；若该工作延误后仍为非关键工作，则不存在工期索赔问题。

④ 共同延误的处理。

在实际施工过程中，工期延误很少是只由一方造成的，往往是两、三种原因同时发生（或相互作用）而形成的，故称为"共同延误"。在这种情况下，要具体分析哪一种情况导致的延误是有效的，应依据以下原则：

a. 首先判断造成延误的哪一种原因是最先发生的，即确定"初始延误"者，它应对工程延误负责。在初始延误发生作用期间，其他并发的延误者不承担拖期责任。

b. 如果初始延误者是发包人原因，则在发包人原因造成的延误期内，承包人既可得到工期延长，又可得到经济补偿。

c. 如果初始延误者是客观原因，则在客观因素发生影响的延误期内，承包人可以得到工期延长，但很难得到费用补偿。

d. 如果初始延误者是承包人原因，则在承包人原因造成的延误期内，承包人既不能得到工期补偿，也不能得到费用补偿。

6.4　国际工程合同

6.4.1　国际建设工程合同

国际建设工程合同是指国际工程的参与主体之间为了实现特定的目的而签订的明确彼此权利义务关系的协议。与国内工程合同相比，国际建设工程合同具有以下特点：

（1）国际建设工程合同参与主体参与合同订立的法律行为。合同关系必须是双方（或多方）当事人的法律行为，而不能是单方面的法律行为。当事人之间具备"合意"，合同才能成立。在国际工程参与主体订立合同的过程中，国际建设工程合同为合同双方规定了权利与义务。这种权利与义务的相互关系并不是一种道义上的关系，而是一种法律关系。双方签订的合同要受到有关缔约方国家的法律或国际惯例的制约、保护与监督。合同一经签订，双方必须履行合同规定的条款。违约一方要承担由此而造成的损失。

（2）国际建设工程合同是一种具有法律效力的文件。国际工程咨询和承包在国际上都有上百年历史，经过不断总结经验，在国际上已经有了一批比较完善的合同范本，如 FIDIC 合同条件、ICE 合同条件、NEC 合同条件、AIA 合同条件等。这些国际工程承包合同示范文本内容全面，多包括合同协议书、投标书、中标函、合同条件、技术规范、图纸、工程量表等多个文件。这些范本至今还在不断地修订和完善，可供我们学习和借鉴。

（3）国际工程承包合同管理是工程项目管理的核心。国际工程承包合同从前期准备、招标投标、谈判、修改、签订到实施，都是国际工程中十分重要的环节。合同有关任何一方都不能粗心大意，只有订立好一个完善的合同才能保证项目的顺利实施。

综上所述，合同的制订和管理是搞好国际工程承包项目的关键，工程承包项目管理包括进度管理、质量管理和成本管理，而这些管理均是以合同要求和规定为依据的。项目任何一方都应配备专人负责认真研究合同，做好合同管理工作，以满足国际工程项目管理的需要。

6.4.2　合同、惯例与法律的相互关系

（1）法律是合同签订的必要依据。当事人的合同行为必须遵照国家法律法规和政策规定。合同内容必须合法。只有这样，合同才能受到国家法律的承认和保护；否则，合同行为将按无效合同认定和处理。如果合同行为是违法的，不仅不能达到预期的合同效益，过错者还要承担法律后果，情节严重的要被追究法律责任。因此，法律的强制力、约束力是合同签订过程中必须加以考虑的因素。

（2）国际惯例与合同条款之间存在解释与被解释、补充与被补充之间的关系。国际惯例可明示或默示地约束合同当事人，可以解释或补充合同条款之不足。合同条款可以明示地接受、修改、排除一项国际惯例，两者发生矛盾时，以合同条款为准。

（3）国际惯例在一定条件下具有法律效力。当国家法律以明示或默示方式承认惯例可以产生法律效应，或国际惯例与法律不相抵触（即法律或国家参与或缔结的条约对某一事项无具体规定时），以及不违背一国的社会公众利益，且不与合同明示条款相冲突时，惯例可以填补法律空缺，才可获得法律效力。国际惯例不是法律的组成部分，国际惯例部分或全部内容在被吸收制定为法律或国际条约之后，对于该法律的制定国或参与国际条约的国家而言，该国际惯例不复存在。

6.4.3　国际建设工程合同范本

（1）FIDIC系列合同文件。FIDIC是指国际咨询工程师联合会，是国际上最权威的咨询工程师组织之一。与其他类似的国际组织一样，它推动了高质量的工程咨询服务业的发展。为了适应国际工程市场的需要，FIDIC于1999年出版了一套新型的合同条件，旨在逐步取代以前的合同条件，这套新版合同条件共四本，它们是《施工合同条件》《永久设备和设计——建造合同条件》《EPC/交钥匙项目合同条件》和《简明合同格式》。

①《施工合同条件》。该合同条件主要适用于由发包人设计的或由咨询工程师设计的房屋建筑工程和土木工程的施工项目。合同计价方式虽然属于单价合同，但也有某些子项目采用包干价格。工程款按实际完成工程量乘以单价进行结算。一般情况下，单价可随各类物价的波动而调整。业主委派工程师管理合同，监督工程进度、质量、签发支付证书、接收证书和履约证书、处理合同管理中的有关事项。

②《永久设备和设计——建造合同条件》。该合同条件适用于由承包商做绝大部分设计的工程项目。承包商要按照业主的要求进行设计、提供设备，以及建造其他工程（可能包括土木、机械、电力等工程的组合）。合同计价采用总价合同方式，如果发生法规规定的变化或物价波动，合同价格可随之调整。

③《EPC/交钥匙项目合同条件》。该合同条件适用于在交钥匙的基础上进行的工程项目的设计和施工。承包商要负责所有的设计、采购和建造工作，在交钥匙时，要提供一个设施配备完整、可以投产运行的项目。合同计价采用固定总价方式，只有在某些特定风险出现时才调整价格。在该合同条件下，没有业主委托的工程师这一角色，由业主或业主代表管理合同和工程的具体实施。与前两种合同条件相比，承包商要承担较大的风险。

④《简明合同格式》。该合同条件主要适用于投资额较低的一般不需要分包的建筑工程或设施，或尽管投资额较高，但工作内容简单、重复或建设周期短。合同计价可以采用单价合同、总价合同或者其他方式。

（2）英国 JCT 系列合同文件。英国合同审定联合会（JCT）是一个关于审议合同的组织，在 ICE 合同基础上制订了建设工程合同的标准格式。JCT 的建设工程合同条件（JCT98）用于业主和承包商之间的施工总承包合同，主要适用于传统的施工总承包，属于总价合同。另外，还有适用于 DB 模式、MC 模式的合同条件。

JCT98 的适用条件如下：

① 传统的房屋建筑工程，发包前的准备工作完善。

② 项目复杂程度由低到高都可以适用，尤其适用于项目比较复杂，有较复杂的设备安装或专业工作。

③ 设计与项目管理之间的配合紧密程度高，业主主导项目管理的全过程，对业主项目管理人员的经验要求高。

④ 大型项目，合同总金额高，工期较长，在 1 年以上。

⑤ 从设计到施工的执行速度较慢。

⑥ 对变更的控制能力强，成本确定性较高。

⑦ 索赔事件较清晰。

⑧ 违约和质量缺陷的风险主要由承包商承担，但工期延误风险由业主和承包商共同承担。

（3）美国 AIA 系列合同文件。美国建筑师学会（AIA）编制了系列标准合同文本，适用于不同的项目管理类型和管理模式，包括传统模式、CM 模式、设计-建造模式和集成化管理模式。

AIA 文件可分为 A、B、C、D、F、G 系列。其中，A 系列是用于业主与承包商的标准合同文件，不仅包括合同文件，还包括承包商资格申报表，保证标准格式；A 系列文件包括发包人-承包人合约、该合约的通用条款和附加条款、发包人-设计-建筑商合约、总承包人-分包商合约、投标程序说明、其他文件（如投标和洽商文件、承包人资格预审文件等）。其中，工程承包合同通用条款包括一般条款、发包人、承包人、合同的管理、分包商、发包人或独立承包人负责的施工、工程变更、期限、付款与完工、人员与财产的保护、保险与保函、剥露工程及其返修、混合条款、合同终止或停止。B 系列是用于业主与建筑师之间的标准合同文件，其中包括专门用于建筑设计、室内装修工程等特定情况的标准合同文件。C 系列是用于建筑师与专业咨询机构之间的标准合同文件。D 系列是建筑师行业内部使用的文件。F 系列是财务管理表格。G 系列是建筑师企业及项目管理中使用的文件。

AIA 系列合同的特点如下：

① AIA 系列合同条件主要用于私营的房屋建筑工程，并专门编制用于小型项目的合同条件。

② 美国建筑师学会作为建筑师的专业社团已经有 160 多年的历史，成员遍布美国及全世界。AIA 出版的系列合同文件在美国建筑业界及国际工程承包界，特别在美洲地区具有较高的权威性，应用广泛。

③ AIA 系列合同条件的核心是"通用条件"。采用不同的工程项目管理，不同的计价方式时，只需要选用不同的"协议书格式"与"通用条件"结合即可。AIA 合同文件的计价方式主要有总价、成本补偿合同及最高限定价格法。

本章小结

　　本章主要阐述了建设工程合同管理基本概念、特点，重点介绍了合同策划的程序，建设工程合同的订立与履行、合同的变更、合同争议的解决以及合同的索赔管理，最后介绍了国际工程合同相关内容。

 复习思考题

在线题库

　　1. 工程合同策划对整个项目的实施和管理有何重大影响？

　　2. 简述索赔的概念及程序。

　　3. 简述合同策划的依据。

　　4. 简述建筑工程施工合同的订立程序。

　　5. 简述施工合同变更的原因。

　　6. 简述索赔成立的条件。

　　7. 简述合同履行的原则。

第7章
工程项目成本控制

学习目标

了解工程项目成本的概念、工程项目成本管理的概念与原则；熟悉工程项目成本的构成、工程项目成本管理的内容、工程项目成本核算的原则和要求；掌握工程项目成本计划的编制原则和方法、工程项目成本控制的方法和降低成本的措施、工程项目成本分析的方法。

本章重点

工程项目成本管理的相关概念、特征、原则、影响因素；根据不同分类方式对工程项目成本进行结构分解；工程项目成本管理的主要内容；成本管理方法。

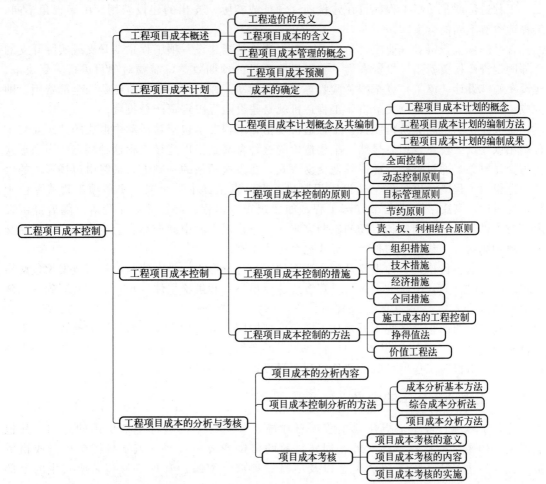

某住宅小区建筑面积为 4566m^2，由 3 栋框剪小高层（12 层）和 3 栋砖混楼（5 层）、1 栋框架商业楼组成（5 层）。中标价格为 4910 万元，平均价格为 1145.89 元/m^2。合同形式为固定总价合同，工期 12 个月，质量标准为合格。合同要求：工程款根据确定的工程计量结果，发包人按照每月验收的计价金额的 80％支付工程进度款，当工程款支付达到合同金额的 85％时，停止支付，待工程全部竣工验收合格，且工程结算完成后，付工程结算款的 95％，余下的 5％待工程保修期满后支付。对于费用的增加或减少，按照设计变更单项 5000 元（含 5000 元）以上调整，5000 元以下不调整。另外，业主指定了部分项目和材料的价格。例如：预应力管桩直径 300mm 为 40 元/m，直径 400mm 为 50 元/m；60mm 厚屋面挤塑聚苯板为 30 元/m；成套外墙保温技术（50mm 厚挤塑聚苯板）全价为 50 元/m；花岗岩石材为 40 元/m；入户三防门为 800 元/扇；玻璃幕墙为 500 元/m；塑钢门窗为 300 元/m、地板采暖为 30 元/m。指定项目由业主和施工方共同商定确认分包商，价格超出部分由业主承担。

对于这样一个项目该如何实现成本管理？如何用最少的钱完成项目？

7.1 工程项目成本概述

7.1.1 工程造价的基本概念

工程造价通常是指工程项目在建设期（预计或实际）支出的建设费用。由于视角不同，工程造价有不同的含义。

含义一：从投资者（业主）角度看，工程造价是指建设一项工程预期开支或实际开支的全部固定资产投资费用。投资者为了获得投资项目的预期效益，需要对项目进行策划决策、建设实施（设计、施工）直至竣工验收等一系列活动。在上述活动中所花费的全部费用，即构成工程造价。从这个意义上讲，工程造价就是建设工程固定资产总投资。

含义二：从市场交易角度看，工程造价是指在工程发承包交易活动中形成的建筑安装工程费用或建设工程总费用。显然，工程造价的这种含义是指以建设工程这种特定的商品形式作为交易对象，通过招标投标或其他交易方式，在多次预估的基础上，最终由市场形成的价格。这里的工程既可以是整个建设工程项目，也可以是其中一个或几个单项工程或单位工程，还可以是其中一个或几个分部工程，如建筑安装工程、装饰装修工程等。随着经济发展、技术进步、分工细化和市场的不断完善，工程建设中的中间产品也会越来越多，商品交换会更加频繁，工程价格的种类和形式也会更为丰富。

工程发承包价格是一种重要且较为典型的工程造价形式，是在建筑市场通过发承包交易（多数为招标投标），由需求主体（投资者或建设单位）和供给主体（承包商）共同确认或确定的价格。

工程造价的两种含义实质上是从不同角度把握同一事物的本质。对投资者而言，工程造价就是项目投资，是"购买"工程项目需支付的费用；同时，工程造价也是投资者作为市场供给主体"出售"工程项目时确定价格和衡量投资效益的尺度。

7.1.2 工程项目成本的含义

建筑工程项目成本是指建筑工程项目在施工中所发生的全部生产费用的总和。其包括所消耗的主、辅材料，构配件、周转材料的摊销费或租赁费，施工机械台班费或租赁费，支付给生产工人的工资、奖金以及项目经理部为组织、管理工程施工所发生的全部费用支出。施工项目成本与建筑产品价格不同，其不包括工程造价组成中的利润和税金，也不包括非施工项目价值的一切非生产性支出。施工项目成本由直接成本和间接成本两部分构成。

（1）直接成本

直接成本是指施工过程中耗费的构成工程实体或有助于工程形成的各项费用。其具体内容包括人工费、材料费和施工机械使用费。

① 人工费：指直接向从事建筑安装工程施工的生产工人开支的基本工资、工资性补贴、辅助工资、职工福利费、劳动保护费等各项费用。

② 材料费：指施工过程中耗费的构成工程实体的原材料、辅助材料、构配件、零件、半成品的费用。材料费由材料原价（或供应价格）、材料运杂费、运输损耗费、采购及保管费、检验试验费构成。

③ 施工机械使用费：建筑安装工程费中的施工机械使用费是指施工机械作业所发生的机械使用费以及机械安拆费和场外运费。

（2）间接成本

施工项目间接成本就是人员的管理费用，而管理费用又包含施工现场管理人员的人工费、教育费、办公费、差旅费、固定资产使用费、管理工具用具使用费、保险费、工程保修费、劳动保护费、施工队伍调遣费、流动资金贷款利息以及其他费用等。

7.1.3　工程项目成本管理的概念

工程项目成本管理是工程项目管理活动中为实现经济利益最大化的一项科学的管理活动，其管理水平的高低体现了整个工程项目管理水平以及企业管理水平。工程项目成本管理强调在确保工程项目建设质量、建设工期满足合同管理的前提下，通过经济、组织、技术、合同等相关措施及其他方法手段，有组织、系统地进行预测、计划、控制、核算、分析等一系列科学管理工作。工程项目成本管理是一个动态的管理过程，贯穿于建设项目全寿命周期，所有的管理措施需要根据不同的实施阶段进行适当的调整。成本管理的最终目的在于尽最大的努力降低工程项目的费用成本，进而达到计划的目标利润甚至超过目标利润。

参与工程项目各方主体不同，成本的具体名称和内容也不同。对于业主来说，是对整个工程项目负责，以尽可能少的投资保质保量地按期完成工程项目，称为投资计划与控制；而承包商则是针对合同任务对象根据合同价来进行管理，以最低成本获取最大利润，称作成本计划与控制；监理、设计等单位主要是协助业主进行投资控制，其自身的成本管理相对简单。

7.2　工程项目成本计划

7.2.1　工程项目成本预测

成本预测是指根据相关工程项目成本资料，采用经验总结、统计分析及数学模型等方法，对一定时期内工程项目的成本变动趋势和成本目标做出判断和推测。它为建筑施工企业经营决策和项目管理部编制成本计划等提供数据，有利于及时发现问题，找出工程项目成本管理中的薄弱环节，并采取针对性措施降低成本。例如建筑施工企业在过程投标时或中标施工中往往根据过去的经验对工程成本进行估计，就是一种成本预测。科学准确的成本预测必须遵循合理的预测过程，流程如图 7-1 所示。

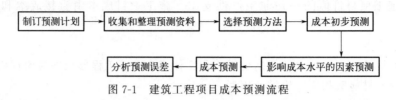

图 7-1　建筑工程项目成本预测流程

（1）制订预测计划

预测计划的内容主要包括：组织领导及工作布置、配合的部门、时间进度、收集材料范围等。

（2）收集和整理预测资料

预测资料一般有纵向和横向两个方面的数据。纵向资料是施工单位各类材料的消耗及价格的历史数据，据以分析其发展趋势；横向资料是指同类工程项目的成本资料，据以分析所预测项目与同类项目的差异，并做出估计。

（3）选择预测方法

预测方法主要有定性预测法和定量预测法两种。

① 定性预测法

根据已经掌握的信息资料和直观材料，依靠具有丰富经验和分析能力的专家，运用主观经验，对施工项目的成本作出推断和估计，然后将各方意见进行综合。

② 定量预测法

定量预测法也称为统计预测，是根据已掌握的比较完备的历史统计数据，运用一定的数学方法进行科学的加工整理，用以预测和推测未来发展变化情况的预测方法。常用方法有平均法、时间序列法、回归分析法（包括一元线性、多元线性、非线性回归法）、量本利分析法和因素分析法等。选择预测方法，建立预测模型，应根据预测期限、数据资料及预测精度等加以选定。

（4）成本初步预测

成本初步预测主要是根据定性预测的方法及一些横向成本资料的定量预测，对工程项目成本进行初步的估计。这一步的结果往往比较粗糙，需要结合现在的成本水平进行修正，才能保证预测成本结果的质量。

（5）影响成本水平的因素预测

影响工程成本水平的因素主要有物价变化、劳动生产率、物料消耗指标、项目管理办公费用开支等。可根据近期内其他工程实施情况、本企业职工及当地分包企业情况、市场行情等，推测未来哪些因素会对本工程项目的成本水平产生影响，其结果如何。

（6）成本预测

根据初步的成本预测以及对成本水平变化因素的预测结果，确定该工程项目的成本情况，包括人工费、材料费、机械使用费和其他直接费等。

（7）分析预测误差

成本预测是对工程项目实施之前的成本的预计和推断，这往往与实施过程中的实际成本有出入，而存在预测误差。预测误差的大小，反映了预测的准确程度。如果误差较大，就应分析产生误差的原因，并积累经验。

7.2.2　目标成本的确定

目标成本的确定需要考虑项目的经济效益和风险管理。在确定目标成本时，需要对项目的投资回报率、财务收益和风险进行评估和分析，确保项目的经济效益能够达到预期目标。同时，还需要对项目的风险进行评估和管理，采取相应的措施和策略，降低项目的风险和不确定性，确保项目的顺利进行和成功完成。

目标成本的确定还需要考虑项目的可行性和可持续发展。在确定目标成本时，需要综合考虑项目的可行性和持续性，确保项目的实施和运营能够长期稳定发展。同时，还需要考虑项目的社会效益和环境影响，采取相应的措施和策略，保护环境、节约资源，实现可持续发展的目标。

目标成本的实现需要进行有效的成本控制和管理。在项目实施过程中，需要对项目的成本进行有效的控制和管理，确保项目的成本在预算范围内，并按照项目计划和进度进行合理分配和使用。同时，还需要对项目的成本进行监控和评估，及时发现和解决成本问题，确保项目的顺利进行和成功完成。

工程目标成本是工程项目管理中非常重要的一个概念。通过合理确定目标成本，进行有效的成本估算和预算编制，综合考虑项目的经济效益和风险管理，保证项目的可行性和可持续发展，进行有效的成本控制和管理，可以实现工程项目的顺利进行和成功完成。工程目标成本的实现不仅关系到项目的经济效益和财务可行性，还关系到项目的社会效益和环境影响，对于提高工程项目管理的水平和能力起着重要的作用。

7.2.3　工程项目成本计划概念及其编制

（1）工程项目成本计划概念

成本计划是成本管理和成本会计的一项重要内容，是企业生产经营计划的重要组成部分。工程项目成本计划是指在满足合同规定的条件下制订的项目的成本计划，能够对施工过程中所发生的各种费用支出进行指导、监督、调节，及时控制和纠正即将发生和已经发生的偏差，保证项目计划成本目标的实现。成本计划是建立项目成本管理责任制、开展成本控制和核算的基础，是项目控制成本的指导性文件和设立目标成本的依据。成本计划在成本预测的基础上进行，主要由项目经理负责。

（2）工程项目成本计划的编制方法

施工成本计划的编制以成本预测为基础，关键是确定目标成本。计划的制订需结合施工组织设计的编制过程，通过不断地优化施工技术方案和合理配置生产要素进行工、料、机消耗的分析，制订一系列节约成本的措施，确定施工成本计划。一般情况下，施工成本计划总额应控制在目标成本的范围内，并建立在切实可行的基础上。施工总成本目标确定之后，还需通过编制详细的实施性施工成本计划把目标成本层层分解，落实到施工过程的每个环节，有效地进行成本控制。施工成本计划的编制方式有以下几种。

① 按项目成本构成编制项目成本计划

施工成本可以按成本构成分解为人工费、材料费、施工机具使用费、企业管理费和利润等，如图 7-2 所示。

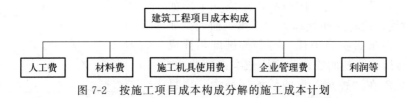

图 7-2　按施工项目成本构成分解的施工成本计划

② 按施工项目组成编制施工成本计划

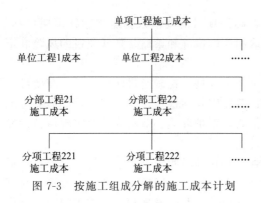

图 7-3　按施工组成分解的施工成本计划

大中型工程项目通常是由若干单项工程构成的，而每个单项工程包括多个单位工程，每个单位工程又是由若干个分部（分项）工程所构成的。因此，首先要把项目总施工成本分解到单项工程和单位工程中，再进一步分解到分部工程和分项工程中，如图 7-3 所示。

在完成施工项目成本目标分解之后，接下来就要具体地分配成本，编制分项工程的成本支出计划，从而得到详细的分项工程成本计划表，如表 7-1 所示。

表 7-1　分项工程成本计划表

分项工程编码	工程内容	计量单位	工程数量	计划成本	本分项总计

在编制成本计划时，要在项目方面考虑总的预备费，也要在主要的分项工程中安排适当的不可预见费，避免在具体编制成本计划时，可能发现个别单位工程或工程量表中某项内容的工程量计算有较大出入，使原来的成本预算失实，并在项目实施过程中对其尽可能地采取一些措施。

③ 按工程进度编制施工成本计划

按工程进度的费用计划，通常可利用控制项目进度的网络图进一步扩充而得。利用网络图控制投资，即要求在拟订工程项目的执行计划时，一方面确定完成各项工作所需花费的时间，另一方面同时确定完成这一工作的合适的成本支出计划。在实践中，将工程项目分解得既能方便地表示时间，又能方便地表示施工成本支出计划是不容易的，通常如果项目分解程度对时间控制合适的话，则对施工成本支出计划可能分解过细，以至于不可能对每项工作确定其施工成本支出计划；反之亦然。

通过对项目成本目标按时间进行分解，在网络计划基础上，可获得项目进度计划的横道图，并在此基础上编制费用计划。其表示方式有两种：一种是在总体控制时标网络图上表示；另一种是利用时间-成本累计曲线（S 形曲线）表示。下面主要介绍时间-成本累计曲线。

a. 时间-成本累计曲线（S 形曲线）。从整个工程项目进展全过程的特征看，一般在开始和结尾时，单位时间投入的资源、成本较少，中间阶段单位时间投入的资源量较多，与其相关单位时间投入的成本或完成任务量也呈同样变化，因而随时间进展的累计成本呈 S 形曲线。一般来说，它是按工程任务的最早开始时间绘制，称 ES 曲线；也可以是按各项工作的最迟开始时间安排进度而绘制的 S 形曲线，称为 LS 曲线。两条曲线都是从计划开始时刻开始，完成时刻结束，因此，两条曲线是闭合的，形成一个形如"香蕉"的曲线，故将此曲线称为"香蕉"曲线，如图 7-4 所示。在项目实施中任一时刻按进度累计成本描述出的点所连成的曲线称为实际成本进度曲线，其理想状况是落在"香蕉"形曲线的区域内。项目经理可根据编制的成本支出计划来合理安排资金，同时项目经理也可以根据筹措的资金来调整 S 形曲

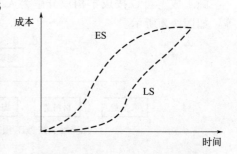

图 7-4　成本计划值的香蕉曲线

线，即通过调整非关键路线上的工序项目的最早或最迟开工时间，力争将实际的成本支出控制在计划的范围内。

b. 时间-成本累计曲线的绘制。时间-成本累计曲线的绘制步骤如下。

（a）确定施工项目进度计划，编制项目进度计划横道图。

（b）根据每单位时间内完成的实物工程量或投入的人力、物力和财力计算单位时间的成本，如表 7-2 所示，在时标网络图上按时间编制成本支出计划，如图 7-5 所示。

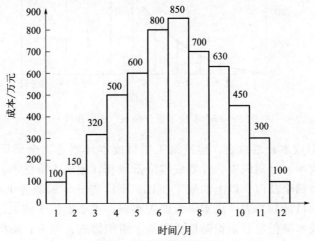

图 7-5 时标网络图上按月编制的成本支出计划

表 7-2 某月按月编制的资金使用计划表

时间/月	1	2	3	4	5	6	7	8	9	10	11	12
成本/万元	100	150	320	500	600	800	850	700	630	450	300	100

（c）计算规定时间 t 内累计支出的成本额。其计算方法为将各单位时间计划支出的成本额 q_n 累加求和，按下式计算：

$$Q_t = \sum_{n=1}^{t} q_n$$

式中　Q_t——某时间内计划累计支出成本额；

　　　q_n——单位时间计划支出成本额；

　　　t——某规定计划时刻。

（d）按各规定时间 Q_t 值绘制 S 形曲线，如图 7-6 所示。

一般而言，所有工作都按最迟开始时间开始，对节约资金贷款利息是有利的。但同时也降低了项目按期竣工的保证率，因此，项目经理必须合理地确定成本支出计划，达到既节约成本支出，又能控制项目工期的目的。以上三种编制施工成本计划的方式并不是相互独立的，在实践中，往往是将这几种方式结合起来使用，从而可以取得扬长避短的效果。

（3）工程项目成本计划的编制成果

成本计划的编制成果主要有成本计划表、成本模型及相关的其他计划。

① 成本计划表

成本计划可以通过各种成本计划表的形式，将成本降低任务落实到整个项目的施工过程中，并在项目实施过程中实现对建筑施工项目成本的控制。常用的成本计划表有建筑施工项目成本计划总表、降低成本技术组织措施计划表、降低项目成本计划表。

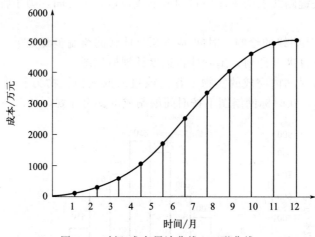

图 7-6　时间-成本累计曲线（S 形曲线）

　　a. 建筑施工项目成本计划总表。建筑施工项目成本计划总表全面反映项目在计划工期内工程施工的预算成本、计划成本、计划成本降低额和计划成本降低率。如果施工项目经理在同一地区同时具有两个及两个以上的施工项目，则应先分别编制各个项目的成本计划表，然后加以汇总成为项目计划总表。成本降低能否实现，主要取决于施工过程中所采取的技术措施。因此，计划成本降低额要根据降低成本技术组织措施计划表、降低项目成本计划表和间接费用计划表来填写。实际成本与目标成本计划比较表见表 7-3，项目成本计划总表见表 7-4。

表 7-3　实际成本与目标成本计划比较表

工程类别	各类费用成本降低率/%					综合成本降低率/%
	人工费	材料费	机械使用费	其他直接费用	管理费用	
一、基础工程						
二、墙体砌筑						
三、粉刷						
…						
综合						

表 7-4　项目成本计划总表

工程名称：
项目经理：　　　　　年度：　　　　　　　　单位：

项目	预算成本	计划成本	计划成本降低额	计划成本降低率
一、建筑工程 1. 直接费用 （1）材料费 其中：1）技术措施 　　　2）管理措施 　　　3）科研措施 　　　4）其他节约				

续表

项目	预算成本	计划成本	计划成本降低额	计划成本降低率
（2）人工费 （3）机械使用费 （4）其他直接费 2. 间接费用 　施工管理费 　工程总成本 二、工业生产构件 …				

　　b. 降低成本技术组织措施计划表。降低成本技术组织措施计划是降低成本的依据，它是反映各项节约措施及经济效益的文件。降低成本技术组织计划，一般由项目经理部有关人员参照计划年度前预计的施工任务和降低成本任务，结合本单位技术组织措施，预测经济效益来编制。编制降低成本技术组织措施计划的目的，是在不断采用新工艺、新技术的基础上，提高施工技术水平和管理水平，保证施工项目降低成本任务的完成。技术组织措施计划表主要包括三个内容：

　　（a）计划其采取的技术组织措施的项目和内容。

　　（b）该项措施涉及的对象。

　　（c）经济效益的计算及对各项费用的成本降低额。

　　降低成本技术组织措施计划表见表 7-5。

表 7-5　降低成本技术组织措施计划表

工程名称：

项目经理：　　　　　　　　　年度：　　　　　　　　　单位：

措施 项目	措施 内容	涉及对象			降低成本来源		降低成本额				
		实物名称	单价	数量	预算收入	计划开支	合计	人工费	材料费	机械费	其他直接费

　　c. 降低项目成本计划表。降低项目成本计划是根据企业下达的项目降低成本任务和项目经理部自己确定的降低成本指标而编制的。此计划一般由项目经理部有关人员编制，编制的依据是项目总包和分包的分工，项目中的各有关部门提供的降低成本资料及技术组织措施计划。编制时，要注意参照企业内、外以往有关同类计划的实际执行情况。降低成本计划表见表 7-6。

表 7-6　降低成本计划表

工程名称：

项目经理：　　　　　　　　　日期：　　　　　　　　　单位：

分析工程名称	成本降低额					
	总计	直接费				间接费
		人工费	材料费	机械费	其他直接费	

② 成本模型

在网络进度计划分析的基础上，将计划成本分解落实到网络上的各项工程活动，并将计划成本在相应的工程活动的持续时间上平均分配，就可以获得"成本-时间"计划成本，把这种成本计划称为项目成本模型，一般有"成本-时间曲线"，即成本的强度计划曲线和"累计成本-时间曲线"，即 S 曲线或香蕉曲线。

a. 成本-时间曲线。表示各时间段上工程成本的计划完成情况。其作图方法：首先，做出分部工程的横道图，确定各工作的计划成本，见表 7-7。做成本-工期直方图，计算各期期末的计划成本累计值，并绘制曲线，如图 7-7 所示。

表 7-7   各工作的计划成本

工程活动	A	B	C	D	E	F	G	H	I	J	合计
持续时间/周	4	10	6	10	4	2	10	6	2	2	32
计划成本/万元	8	40	60	60	24	18	40	18	10	6	284
单位时间计划成本/(万元/周)	2	4	10	6	6	9	4	3	5	3	52

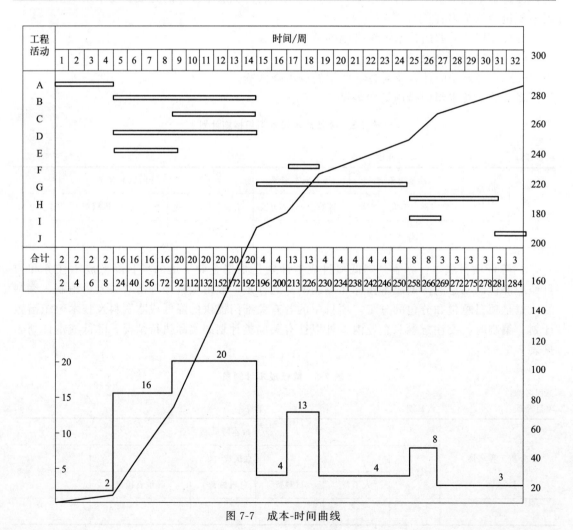

图 7-7   成本-时间曲线

b. 累计成本-时间曲线，即 S 曲线或香蕉曲线。对建筑工程项目成本目标按时间进行分析，在网络计划的基础上可编制成本计划。把时间和成本的关系用 S 曲线表示出来。项目实施过程中，可根据该曲线图形进行资金筹措和利用。曲线图形如图 7-8 和图 7-9 所示。

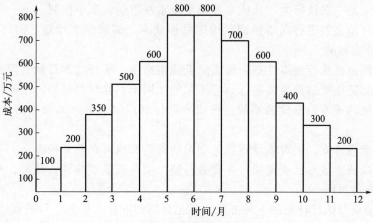

图 7-8　时标网络图上按月编制的成本计划

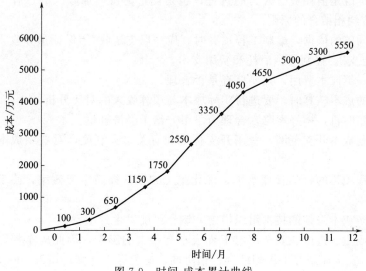

图 7-9　时间-成本累计曲线

7.3　工程项目成本控制

7.3.1　工程项目成本控制的原则

（1）全面控制原则

① 项目成本的全员控制

项目成本的全员控制，并不是抽象的概念，而应该有一个系统的实质性内容，其中包括各部门、各单位的责任网络和班组经济核算等，防止成本控制人人有责又人人都不管。

② 项目成本的全过程控制

工程项目成本的全过程控制，是指在工程项目确定以后，自施工准备开始，经过工程施工，到竣工交付使用后的保修期结束，其中每一项经济业务，都要纳入成本控制的轨道。

（2）动态控制原则

① 项目施工是一次性行为，其成本控制更应重视事前、事中控制。

② 在施工开始之前进行成本预测，确定目标成本，编制成本计划，制订或修订各种消耗定额和费用开支标准。

③ 施工阶段重在执行成本计划，落实降低成本措施，实行成本目标管理。

④ 成本控制随施工过程连续进行，与施工进度同步不能时紧时松，不能拖延。

⑤ 建立灵敏的成本信息反馈系统，使成本责任部门（人员）能及时获得信息、纠正不利成本偏差。

⑥ 制止不合理开支，把可能导致损失和浪费的苗头消灭在萌芽状态。

⑦ 竣工阶段成本盈亏已成定局，主要进行整个项目的成本核算、分析、考评。

（3）目标管理原则

目标管理是贯彻执行计划的一种方法，它把计划的方针、任务、目的和措施等逐一加以分解，提出进一步的具体要求，并分别落实到执行计划的部门、单位甚至个人。

（4）节约原则

① 施工生产既是消耗资财人力的过程，也是创造财富增加收入的过程，其成本控制也应坚持增收与节约相结合的原则。

② 作为合同签约依据，编制工程预算时，应"以支定收"，保证预算收入；在施工过程中，要"以收定支"，控制资源消耗和费用支出。

③ 每发生一笔成本费用，都要核查是否合理。

④ 经常性的成本核算时，要进行实际成本与预算收入的对比分析。

⑤ 抓住索赔时机，搞好索赔，合理力争甲方给予经济补偿。

⑥ 严格控制成本开支范围，费用开支标准和有关财务制度，对各项成本费用的支出进行限制和监督。

⑦ 提高工程项目的科学管理水平，优化施工方案，提高生产效率，降低人、财、物的消耗。

⑧ 采取预防成本失控的技术组织措施，制止可能发生的浪费。

⑨ 施工的质量、进度、安全都对工程成本有很大的影响，因此成本控制必须与质量控制、进度控制、安全控制等工作相结合、相协调，避免返工（修）损失、降低质量成本，减少并杜绝工程延期违约罚款、安全事故损失等费用支出发生。

⑩ 坚持现场管理标准化，堵塞浪费的漏洞。

（5）责、权、利相结合原则

要使成本控制真正发挥及时有效的作用，必须严格按照经济责任制的要求，贯彻责、权利相结合原则。实践证明，只有责、权、利相结合的成本控制，才是名实相符的项目成本控制。

① 监督工程收支、实现计划利润。在投标阶段分析的利润仅仅是理论计算而已，只有在实施过程中采取各种措施监督工程的收支，才能保证利润变为现实的利润。

② 做好盈亏预测，指导工程实施。根据单位成本增高和降低的情况，对各分部项目的成本增降情况进行计算，不断对工程的最终盈亏作出预测，指导工程实施。

③ 分析收支情况，调整资金流动。根据工程实施中情况和成本增降的预测，对于流动

资金需要的数量和时间进行调整，使流动资金更符合实际，从而可供筹集资金和偿还借贷资金参考。

④ 积累资料，指导今后投标。为实施过程中的成本统计资料进行积累并分析单项工程的实际成本，用来验证原来投标计算的正确性。所有这些资料都是十分宝贵的，特别是对该地区继续投标承包新的工程，有着十分重要的参考价值。

7.3.2　工程项目成本控制的措施

为了取得施工成本控制的理想成效，应当从多方面采取措施实施管理，通常可以将这些措施归纳为组织措施、技术措施、经济措施、合同措施。

（1）组织措施

① 落实组织机构和人员。落实组织机构和人员是指施工成本管理组织机构和人员的落实，各级施工成本管理人员的任务和职能分工、权利和责任的明确。施工成本管理不仅是专业成本管理人员的工作，各级项目管理人员都负有成本控制的责任。

② 确定工作流程。编制施工成本控制工作计划，确定合理详细的工作流程。

③ 做好施工采购规划。通过生产要素的优化配置、合理使用、动态管理，有效控制实际成本；加强施工定额管理和施工任务单管理，控制劳动消耗。

④ 加强施工调度。避免因施工计划不周和盲目调度造成窝工损失、机械利用率低、物料积压等；从而使施工成本增加。

⑤ 完善管理体制、规章制度。成本控制工作只有建立在科学管理的基础之上，具备合理的管理体制、完善的规章制度、稳定的作业秩序以及完整准确的信息传递，才能取得成效。

（2）技术措施

① 进行技术经济分析，确定最佳的施工方案，在进行技术方面的成本控制时，要进行技术经济分析，确定最佳施工方案。

② 结合施工方法，进行材料使用的选择，在满足功能要求的前提下，通过代用、改变配合比、使用添加剂等方法降低材料消耗的费用；确定最适合的施工机械、设备使用方案；结合项目的施工组织设计及自然地理条件，降低材料的库存成本和运输成本。

③ 先进施工技术的应用、新材料的运用、新开发机械设备的使用等在实践中，也要避免仅从技术角度选定方案而忽视了对其经济效果的分析论证。

④ 运用技术纠偏措施：一是要能提出多个不同的技术方案，二是要对不同的技术方案进行技术经济分析。

（3）经济措施

① 编制资金使用计划，确定、分解施工成本管理目标。

② 进行风险分析，制订防范性对策。

③ 及时准确地记录、收集、整理、核算实际发生的成本。

④ 对各种变更，及时做好增减账，及时落实业主签证，及时结算工程款。通过偏差分析和未完成工程预测，可发现一些将引起未完工程施工成本增加的潜在的问题，对这些问题应该主动控制，及时采取预防措施。由此可见，经济措施的运用绝不仅仅是财务人员的事。

（4）合同措施

① 对各种合同结构模式进行分析、比较。在合同谈判时，要争取选用适合于工程规模、性质和特点的合同结构模式。

② 注意合同的细节管控。在合同的条款中应仔细考虑影响成本和效益的因素，特别是

第 7 章

潜在的风险因素。通过对引起成本变动的风险因素的识别和分析，采取必要的风险对策，如通过合理的方式，增加承担风险的个体数量，降低损失发生的必然性，并最终使这些策略反映在合同的具体条款中。

③ 合理注意合同的执行情况。在合同执行期间，合同管理的措施既要密切注意对方合同执行的情况，以寻求合同索赔的机会；同时也要密切关注自己履行合同的情况，以防止被对方索赔。

7.3.3　工程项目成本控制方法

（1）施工成本的工程控制

施工阶段是成本发生的主要阶段，该阶段的成本控制主要是通过确定成本目标并按计划成本组织施工，合理配置资源，对施工现场发生的各项成本费用进行有效的控制，其具体的控制方法如下。

① 人工费的控制。人工费的控制实行"量价分离"的方法，将作业用工及零星用工按定额劳动量（工日）的一定比例综合确定用工数量与单价，通过劳务合同管理进行控制。

② 材料费的控制。材料费的控制同样按照"量价分离"原则，控制材料价格和材料用量。

a. 材料价格的控制。施工项目的材料物资，包括构成工程实体的主要材料和结构件，以及有助于工程实体形成的周转使用材料和低值易耗品。从价值角度看，材料物资的价值约占建筑安装工程造价的60%甚至70%以上。因此，对材料价格的控制非常重要。

材料价格主要由材料采购部门控制。由于材料价格由买价、运杂费、运输中的合理损耗等组成，因此，控制材料价格主要通过掌握市场信息，应用招标和询价等方式控制材料、设备的采购价格。

对于买价的控制应事先对供应商进行考察，建立合格供应商名册。采购材料时，在合格供应商名册中选定供应商，在保证质量的前提下，争取最低价；对运费的控制应就近购买材料、选用最经济的运输方式，要求供应商在指定的地点按规定的包装条件交货；对于损耗的控制，为防止将损耗或短缺计入项目成本，要求项目现场材料验收人员及时办理验收手续，准确计量材料数量。

b. 材料用量的控制。在保证符合设计要求和质量标准的前提下，合理使用材料，通过定额控制、指标控制、计量控制、包干控制等手段有效控制物资材料的消耗，具体方法如下。

（a）定额控制。对于有消耗定额的材料，以消耗定额为依据，实行限额领料制度。在规定限额内分期分批领用，超过限额领用的材料应先查明原因，经过一定审批手续方可领料。

（b）指标控制。对于没有消耗定额的材料则实行计划管理和指标控制的方法。根据以往项目的实际耗用情况，结合具体施工项目的内容和要求，确定领用材料指标，以控制发料。超过指标的材料必须经过一定的审批手续方可领用。

（c）计量控制。为准确核算项目实际材料成本，保证材料消耗准确，在发料过程中，要严格计量，并建立材料账，做好材料收发和投料的计量检查。

（d）包干控制。在材料使用过程中，对部分小型及零星材料（如钢钉、钢丝等）根据工程量计算出所需材料量，将其折算成费用，由作业者包干使用。

③ 施工机械使用费的控制。合理选择和使用施工机械设备对成本控制具有十分重要的意义，尤其是高层建筑施工。据某些工程实例统计，高层建筑地面以上部分的总费用中，垂直运输机械费用占6%～10%。由于不同的起重运输机械各有不同的特点，因此，在选择起

重运输机械时，首先应根据工程特点和施工条件确定采取的起重运输机械的组合方式。

施工机械使用费主要由台班数量和台班单价两方面决定，因此，为有效控制施工机械使用费支出，应主要从以下几个方面进行控制。

a. 合理安排施工生产，加强设备租赁计划管理，减少因安排不当引起的设备闲置。

b. 加强机械设备的调度工作，尽量避免窝工，提高现场设备利用率。

c. 加强现场设备的维修保养，避免因不正当使用造成机械设备的停置。

d. 做好机上人员与辅助生产人员的协调与配合，提高施工机械台班产量。

④ 施工分包费用的控制。分包工程价格的高低，必然对项目经理部的施工项目成本产生一定的影响。因此，施工项目成本控制的重要工作之一是对分包价格的控制。决定分包范围的因素主要是施工项目的专业性和项目规模。对分包费用的控制主要是要做好分包工程的询价、订立互利平等的分包合同、建立稳定的分包关系网络、加强施工验收和分包结算等工作。

（2）挣得值法

挣得值法 EVM（earned value management）作为一项先进的项目管理技术，是 20 世纪 70 年代美国开发研究的，首先在国防工业中应用并获得成功。目前，国际上先进的工程公司已普遍采用挣得值法进行工程项目的费用、进度综合分析控制。用挣得值法进行费用、进度综合分析控制，基本参数有三项，即已完工作预算费用、计划工作预算费用和已完工作实际费用。

① 挣得值法的三个基本参数

a. 已完工作预算费用 BCWP（budgeted cost for work performed）是指在某一时间已经完成的工作（或部分工作），以批准认可的预算为标准所需要的资金总额，由于发包人正是根据这个值为承包人完成的工作量支付相应的费用，也就是承包人获得（挣得）的金额，故称为挣得值或赢得值。

$$已完工作预算费用（BCWP）=已完成工作量×预算单价$$

b. 计划工作预算费用 BCWS（budgeted cost for work scheduled），即根据进度计划，在某一时刻应当完成的工作（或部分工作），以预算为标准所需要的资金总额。一般来说，除非合同有变更，BCWS 在工程实施过程中应保持不变。

$$计划工作预算费用（BCWS）=计划工作量×预算单价$$

c. 已完工作实际费用 ACWP（actual cost for work performed），即到某一时刻为止，已完成的工作（或部分工作）所实际花费的总金额。

$$已完工作实际费用（ACWP）=已完成工作量×实际单价$$

② 挣得值法的四个评价指标

在这三个基本参数的基础上，可以确定挣得值法的四个评价指标，它们都是时间的函数。

a. 费用偏差 CV（cost variance）是指检查期间已完工作预算费用与已完工作实际费用之间的差异，计算公式为：

$$费用偏差（CV）=已完工作预算费用（BCWP）-已完工作实际费用（ACWP）$$

当费用偏差（CV）<0 时，表示项目运行超出预算费用，执行效果不佳；当费用偏差（CV）>0 时，表示实际消耗费用低于预算费用，项目运行有结余或效率高。

b. 进度偏差 SV（schedule variance）是指检查期间已完工作预算费用与计划工作预算费用的差异，计算公式为：

$$进度偏差（SV）=已完工作预算费用（BCWP）-计划工作预算费用（BCWS）$$

当进度偏差(SV)＜0 时，表示进度延误，即实际进度落后于计划进度；当进度偏差(SV)＞0 时，表示进度提前，即实际进度快于计划进度。

c. 费用绩效指数 CPI（cost performed index）是指已完工作费用实际值对预算值的偏离程度，是挣得值与实际费用值之比，计算公式为：

费用绩效指数(CPI)＝已完工作预算费用(BCWP)/已完工作实际费用(ACWP)

当费用绩效指数(CPI)＜1 时，表示超支，即实际费用高于预算费用；当费用绩效指数(CPI)＞1 时，表示节支，即实际费用低于预算费用。

d. 进度绩效指数 SPI（schedule performed index）将偏差程度与进度结合起来，SPI 是指项目挣得值与计划值之比，计算公式为：

进度绩效指数(SPI)＝已完工作预算费用(BCWP)/计划工作预算费用(BCWS)

当进度绩效指数(SPI)＜1 时，表示进度延误，即实际进度比计划进度慢；当进度绩效指数(SPI)＞1 时，表示进度提前，即实际进度比计划进度快。

费用偏差和进度偏差反映的是绝对偏差，结果很直观，有助于成本管理人员了解项目费用出现偏差的绝对数额，并依此采取一定的措施，制订或调整费用支出计划和资金筹措计划，但是，绝对偏差有其不容忽视的局限性。如同样是 10 万元的费用偏差，对于总费用 1000 万元的项目和总费用 1 亿元的项目而言，其严重性显然是不同的。因此，费用（进度）偏差仅适合于对同一项目做偏差分析。

费用绩效指数和进度绩效指数反映的是相对偏差，它不受项目层次的限制，也不受项目时间的限制，因而在同一项目和不同项目比较中均可采用。在项目的费用、进度综合控制中引入挣得值法，可以克服过去进度和费用分开控制的缺点，即当发现费用超支时，很难立即知道是由于费用超出预算，还是由于进度提前。相反，当发现费用低于预算时，也很难立即知道是由于费用节省，还是由于进度拖延，而引入挣得值法即可定量地判断进度、费用的执行效果。

利用挣得值法进行分析，当费用发生偏差时，可以采用相应对策进行费用控制，如表 7-8 所示。

表 7-8　挣得值法参数分析与对应措施表

序号	图形	参数间关系	分析	措施
1		ACWP＞BCWS＞BCWP SV＜0；CV＜0	速度较慢、投入延后、效率较低	用工作效率高的人员更换效率低的人员
2		BCWP＞BCWS＞ACWP SV＞0；CV＞0	速度较快、投入超前、效率高	若偏离不大，维持现状

续表

序号	图形	参数间关系	分析	措施
3		BCWP＞ACWP＞BCWS SV＞0；CV＞0	速度快、投入超前、效率较高	抽出部分人员和资金，放慢速度
4		ACWP＞BCWP＞BCWS SV＞0；CV＜0	速度较快、投入超前、效率低	抽出部分人员，增加少量骨干人员
5		BCWS＞ACWP＞BCWP SV＜0；CV＜0	速度慢、投入延后、效率较低	增加高效人员和资金的投入
6		BCWS＞BCWP＞ACWP SV＜0；CV＞0	速度较慢、投入延后、效率较高	迅速增加人员和投入

【例 7-1】　某施工单位承接了一项住宅建造工程，合同总价 1500 万元，总工期 6 个月。前 5 个月各月完成费用情况如表 7-9 所示。

表 7-9　检查记录表

月份	计划完成工作预算费用 BCWS/万元	已经完成工作量 /%	实际发生费用 ACWP/万元	已完工作预算费用 BCWP/万元
1	180	95	185	
2	220	100	205	
3	240	110	250	
4	300	105	310	
5	280	100	270	

问题：（1）计算各月的已完工作预算费用 BCWP 及 5 个月的 BCWP。

（2）计算各月累计计划完成预算费用 BCWS、实际完成预算费用 ACWP。

（3）计算 5 个月的费用偏差 CV，进度偏差 SV，并分析成本和进度状况。

（4）计算 5 个月的费用绩效指数 CPI，进度绩效指数 SPI，并分析成本和进度状况。

【解】　（1）各月的 BCWP 计算结果如表 7-10 所示，5 个月已完工作预算费用 BCWP 合计为 1250 万元。

表 7-10　计算结果

月份	计划完成工作预算费用 BCWS/万元	已经完成工作量 /%	实际发生费用 ACWP/万元	已完工作预算费用 BCWP/万元
1	180	95	185	171
2	220	100	205	220
3	240	110	250	264
4	300	105	310	315
5	280	100	270	280
合计	1220		1225	1250

（2）从表 7-10 中可见，5 个月累计的计划完成预算费用 BCWS 为 1220 万元，实际完成预算费用 ACWP 为 1225 万元。

（3）5 个月的费用偏差 CV：

CV＝BCWP－ACWP＝1250－1225＝25（万元），由于 CV 为正，说明费用节约。

5 个月的进度偏差 SV：SV＝BCWP－BCWS＝1250－1220＝30（万元），由于 SV 为正，说明进度提前。

（4）费用绩效指数 CPI＝BCWP/ACWP＝1250/1225＝1.0204，由于 CPI＞1，说明费用节约。

进度绩效指数 SPI＝BCWP/BCWS＝1250/1220＝1.0246，由于 SPI＞1，说明进度提前。

（3）价值工程法

价值工程（value engineering，VE）是以提高产品或作业价值为目的，通过有组织的创造性工作，寻求用最低的寿命周期成本，可靠地实现使用者所需功能的一种管理技术。价值工程中所述的"价值"是指作为某种产品（或作业）所具有的功能与获得该功能的全部费用的比值。它不是对象的使用价值，也不是对象的经济价值和交换价值，而是对象的比较价值，是作为评价事物有效程度的一种尺度提出来的。这种对比关系可用一个数学式表示为：

$$V = \frac{F}{C}$$

式中　V——研究对象的价值；

　　　F——研究对象的功能；

　　　C——研究对象的成本，即寿命周期成本。

由此可见，价值工程涉及价值、功能和寿命周期成本三个基本要素。价值工程具有以下特点：

① 价值工程的目标是以最低的寿命周期成本，使产品具备其所必须具备的功能。简而言之，就是以提高对象的价值为目标。产品的寿命周期成本由生产成本和使用及维护成本组

成。产品生产成本是指用户购买产品的费用，包括产品的科研、实验、设计、试制、生产，销售等费用及税收和利润等；而产品使用及维护成本是指用户在使用过程中支付的各种费用的总和，包括使用过程中的能耗费用、维修费用、人工费用、管理费用等，有时还包括报废拆除所需费用（扣除残值）。

在一定范围内，产品的生产成本和使用成本存在此消彼长的关系。随着产品功能水平提高，产品的生产成本 C_1 增加，使用及维护成本 C_2 降低；反之，产品功能水平降低，其生产成本降低，但使用及维护成本会增加。因此，当功能水平逐步提高时，寿命周期成本 $C = C_1 + C_2$，呈现马鞍形变化，如图 7-10 所示。寿命周期成本为最小值 C_{min} 时，所对应的功能水平是从成本考虑的最适宜功能水平。

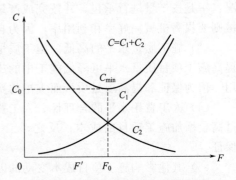

图 7-10　产品功能与成本的曲线图

② 价值工程的核心是对产品进行功能分析。价值工程中的功能是指对象能够满足某种要求的一种属性，具体讲，功能就是效用。如住宅的功能是提供居住空间，建筑物基础的功能是承受荷载，等等。用户向生产企业购买产品，是要求生产企业提供这种产品的功能，而不是产品的具体结构（或零部件）。企业生产的目的，也是通过生产获得用户所期望的功能，而结构、材质等是实现这些功能的手段。目的是主要的，手段可以广泛地选择。因此，价值工程分析产品，首先不是分析其结构，而是分析其功能。在分析功能的基础之上，再去研究结构、材质等问题。

③ 价值工程将产品价值、功能和成本作为一个整体同时来考虑。也就是说，价值工程中对价值、功能、成本的考虑，不是片面和孤立的，而是在确保产品功能的基础上综合考虑生产成本和使用成本，兼顾生产者和用户的利益，从而创造出总体价值最高的产品。

④ 价值工程强调不断改革和创新，开拓新构思和新途径，获得新方案，创造新功能载体，从而简化产品结构，节约原材料，节约能源，绿色环保，提高产品的技术经济效益。

⑤ 价值工程要求将功能定量化，即将功能转化为能够与成本直接相比的量化值。

⑥ 价值工程是以集体的智慧开展的有计划、有组织的管理活动。开展价值工程，要组织科研、设计、制造、管理、采购、供销、财务等各方面有经验的人员参加，组成一个智力结构合理的集体。发挥各方面、各环节人员的知识、经验和积极性，博采众长地进行产品设计，以达到提高产品价值的目的。

7.4　工程项目成本的分析与考核

7.4.1　项目成本分析的内容

施工项目的成本分析，一方面，根据统计核算、业务核算和会计核算提供的资料，对项目成本的形成过程和影响成本升降的因素进行分析，以寻求进一步降低成本的途径（包括项目成本中的有利偏差的挖潜和不利偏差的纠正）；另一方面，通过成本分析，可从账簿、报表反映的成本现象看清成本的实质，从而增强项目成本的透明度和可控性，为加强成本控制、实现项目成本目标创造条件。

影响施工项目成本变动的因素有两个方面，一是外部的属于市场经济的因素；二是内部的属于企业经营管理的因素。施工项目成本分析的重点是内部因素，包括以下几方面内容。

（1）材料、能源利用的效果。在其他条件不变的情况下，材料、能源消耗定额的高低直接影响材料、燃料成本的升降，其价格变动直接影响产品成本升降。

（2）机械设备的利用效果。施工企业的机械设备有自有和租用两种。租用又存在两种情况：一是按产量进行承包，并按完成产量计算费用；二是按使用时间计算机械费用。自有机械则要提高机械完好率和利用率，因为自有机械停用仍要负担固定费用。

（3）施工质量水平的高低。施工质量水平的高低是影响施工项目成本的主要因素之一，提高施工项目质量水平可降低施工中的故障成本，减少未达到质量标准而发生的一切损失费用。但为保证和提高项目质量而支出的费用也会相应增加。

（4）人工费用水平的合理性。人工费用合理性是指人工费既不过高，也不过低。人工费过高会增加施工项目的成本；反之，工人的积极性就不高，施工项目的质量就可能得不到保证。

（5）其他影响施工项目成本变动的因素。指除上述四项以外的其他直接费用以及为施工准备、组织施工和管理所需要的费用。

7.4.2　项目成本分析的方法

由于施工项目成本涉及的范围很广，需要分析的内容也很多，应该在不同的情况下采取不同的分析方法。

（1）成本分析基本方法

① 比较法。比较法又称"指标对比分析法"。比较法就是通过技术经济指标的对比，检查计划的完成情况，分析产生差异的原因，进而挖掘内部潜力的方法。这种方法通俗易懂、简单易行、便于掌握，因而得到了广泛的应用，但在应用时必须注意各技术经济指标的可比性。比较法的应用，通常有下列几种形式：

a. 将实际指标与计划指标对比，以检查计划的完成情况，分析完成计划的积极因素和影响计划完成的消极因素，以便及时采取措施，保证成本目标的实现。在进行实际指标与计划指标对比时，还应注意计划本身的质量。如果计划本身出现质量问题，则应调整计划，重新正确评价实际工作的成绩，以免挫伤人的积极性。

b. 本期实际指标与上期实际指标对比。通过这种对比，可以看出各项技术经济指标的动态情况，反映施工项目管理水平的提高程度。在一般情况下，一个技术经济指标只能代表施工项目管理的一个侧面，只有成本指标才是施工项目管理水平的综合反映。因此，成本指标的对比分析尤为重要，一定要真实可靠，而且要有深度。

c. 与本行业平均水平、先进水平对比。通过这种对比，可以反映本项目的技术管理和经济管理与其他项目的平均水平和先进水平的差距，进而采取措施赶超先进水平。

【例 7-2】　某项目本年计划节约"三材"100000 元，实际节约 110000 元，上年节约95000 元，本行业先进水平节约 125000 元。根据上述资料编制分析表，见表 7-11。

表 7-11　实际指标与目标指标、上年指标、先进水平对比表

指标	本年目标数	上年实际数	行业先进水平	本年实际数	差异数		
					与目标比	与上年比	预先进比
"三材"节约额	100000	95000	125000	110000	＋10000	＋15000	－15000

② 因素分析法。因素分析法又称连锁置换法或连环替代法。这种方法可用来分析各种因素对成本形成的影响程度。在进行分析时，首先要假定众多因素中的一个因素发生了变

化，而其他因素则不变，然后逐个替换，并分别比较其计算结果，以确定各个因素的变化对成本的影响程度。

因素分析法的计算步骤如下：

a. 确定分析对象，即所分析的技术经济指标，并计算出实际数与计划数的差异。

b. 确定该指标是由哪几个因素组成的，并按其相互关系进行排序。替代顺序原则：一般是先替代数量指标，后替代质量指标；先替代实物量指标，后替代货币量指标；先替代主要指标，后替代次要指标。

c. 以计划预算数为基础，将各因素的计划预算数相乘，作为分析替代的基数。

d. 将各个因素的实际数按照上面的排列顺序进行替换计算，并将替换后的实际数保留下来。将每次替换计算所得的结果，与前一次的计算结果相比较，两者的差异即为该因素对成本的影响程度。各个因素的影响程度之和，应与分析对象的总差异相等。

【例 7-3】　某工程浇筑一层结构商品混凝土，目标成本为 364000 元，实际成本为 383760 元，比目标成本增加 19760 元，资料见表 7-12。用"因素分析法"分析产量、单价、损耗率等因素的变动对实际成本的影响程度。

表 7-12　商品混凝土目标成本与实际成本对比表

项目	单位	目标	实际	差额
产量	m³	500	520	+20
单价	元	700	720	+20
损耗率	%	4	2.5	-1.5
成本	元	364000	383760	+19760

【解】　分析成本增加的原因：

分析对象是浇筑一层结构商品混凝土的成本，实际成本与目标成本的差额为 19760 元，该指标是由产量、单价、损耗率三个因素组成的，其排序见表 7-12。

以目标数 364000（500×700×1.04）元为分析替代的基础。

第一次替代产量因素：以 520 替代 500，520×700×1.04＝378560（元）；

第二次替代单价因素：以 720 替代 700，并保留上次替代后的值 520×720×1.04＝389376（元）；

第三次替代损耗率因素：以 1.025 替代 1.04，并保留上两次替代后的值，520×720×1.025＝383760（元）。

计算差额：

第一次替代与目标数的差额＝378560－364000＝14560（元）

第二次替代与第一次替代的差额＝389376－378560＝10816（元）

第三次替代与第二次替代的差额＝383760－389376＝－5616（元）

产量增加使成本增加了 14560 元，单价提高使成本增加了 10816 元，而损耗率下降使成本减少了 5616 元。

各因素的影响程度之和＝14560＋10816－5616＝19760（元）。与实际成本和目标成本的总差额相等。

为了使用方便，企业也可以运用因素分析表来求出某个因素变动对实际成本的影响程度，其具体形式见表 7-13。

第 7 章

表 7-13   商品混凝土成本变动因素分析表

顺序	连环替代计算	差额/元	因素分析
目标数	$500 \times 700 \times 1.04$		
第一次替代	$520 \times 700 \times 1.04$	14560	由于产量增加 20m³,成本增加 14560 元
第二次替代	$520 \times 720 \times 1.04$	10816	由于产量增加 20m³,单价提高 20 元,成本增加 10816 元
第三次替代	$520 \times 720 \times 1.025$	-5616	由于产量增加 20m³,单价提高 20 元,损坏下降 1.5%,成本减少 5616 元
合计		19760	

必须说明,在应用"因素分析法"时,各个因素的排列顺序应该固定不变。否则,就会得出不同的计算结果,也会产生不同的结论。

③ 差额计算法。差额计算法是因素分析法的一种简化形式,它利用各个因素的计划与实际的差额来计算其对成本的影响程度。

【例 7-4】   某施工项目某月的实际成本降低额比目标数提高了 2.40 万元,见表 7-14。用差额计算法进行分析,找出成本降低的主要原因。

表 7-14   目标成本与实际成本对比表

项目	单位	目标	实际	差额
预算成本	万元	300	320	$+20$
成本降低率	%	4	4.5	$+0.5$
成本降低额	万元	12	14.40	$+2.40$

【解】   预算成本增加对成本降低额的影响程度:$(320-300) \times 4\% = 0.80$(万元)

成本降低率提高对成本降低额的影响程度:$(4.5\% - 4\%) \times 320 = 1.60$(万元)

以上两项合计:$0.80 + 1.60 = 2.40$(万元)。

其中成本降低率提高是主要原因,应进一步寻找成本降低率提高的原因。

④ 比率法。比率法是指用两个以上的指标的比例进行分析的方法。它的基本特点是:先把对比分析的数值变成相对数,再观察其相互之间的关系。常用的比率法有以下几种:

a. 相关比率法。由于项目经济活动的各个方面是互相联系、互相依存又互相影响的,因而将两个性质不同而又相关的指标加以对比,求出比率,并以此来考察经营成果的好坏。

例如,产值和工资是两个不同的概念,但它们的关系又是投入与产出的关系。一般情况下,都希望以最少的人工费支出完成最大的产值。因此,用产值工资率指标来考核人工费的支出水平,就能说明问题。

b. 构成比率法。构成比率法又称比重分析法或结构对比分析法。通过构成比率法,可以考察成本总量的构成情况以及各成本项目占成本总量的比重,同时也可看出量、本、利的比例关系,即预算成本、实际成本和降低成本的比例关系,从而为寻求降低成本的途径指明方向。

c. 动态比率法。动态比率法就是将同类指标不同时期的数值进行对比,求出比率,以分析该项指标的发展方向和发展速度。动态比率的计算,通常采用基期指数(或稳定比指数)和环比指数两种方法。

(2)综合成本分析法

综合成本是指涉及多种生产要素,并受多种因素影响的成本费用,如分部(分项)工程成本、月（季）度成本、年度成本等。

① 分部（分项）工程成本分析。分部（分项）工程成本分析是施工项目成本分析的基础。分析对象是已完分部（分项）工程；分析方法是进行预算成本、目标成本和实际成本的"三算"对比，分别计算实际偏差和目标偏差，分析产生偏差的原因，为今后寻求节约途径。分部（分项）工程成本分析的资料来源是：预算成本来自施工图预算，计划成本来自施工预算，实际成本来自施工任务单的实际工程量、实耗人工和限额领料单的实耗材料。由于施工项目包括很多分部（分项）工程，不可能也没有必要对每一个分部（分项）工程都进行成本分析。特别是一些工程量小、成本费用微不足道的零星工程。但是，对于那些主要分部（分项）工程，则必须进行成本分析，而且要做到从开工到竣工进行系统的成本分析。这是一项很有意义的工作，因为通过主要分部（分项）工程成本的系统分析，可以基本上了解项目成本形成的全过程，为竣工成本分析和今后的项目成本管理提供一份宝贵的参考资料。

② 月（季）度成本分析。月（季）度成本分析是施工项目定期的、经常性的中间成本分析。对于有一次性特点的施工项目来说，有着特别重要的意义。因为，通过月（季）度成本分析，可以及时发现问题，以便按照成本目标指示的方向进行监督和控制，保证项目成本目标的实现。月（季）度成本分析的依据是当月（季）的成本报表。分析的方法通常有以下几种：

a. 通过实际成本与预算成本的对比，分析当月（季）度的成本降低水平；通过累计实际成本与累计预算成本的对比，分析累计的成本降低水平，预测实现项目成本目标的前景。

b. 通过实际成本与计划成本的对比，分析计划成本的落实情况，以及目标管理中的问题和不足，进而采取措施，加强成本管理，保证成本计划的落实。

c. 通过对各成本项目的成本分析，可以了解成本总量的构成比例和成本管理的薄弱环节。例如，在成本分析中，发现人工费、机械费和间接费等项目大幅度超支，就应该对这些费用的收支配比关系认真研究，并采取对应的增收节支措施，以防止今后再超支。如果是属于预算定额规定的"政策性"亏损，则应从控制支出着手，把超支额压缩到最低限度。

d. 通过主要技术经济指标的实际与计划的对比，分析产量、工期、质量、"三材"节约率、机械利用率等对成本的影响。

e. 通过对技术组织措施执行效果的分析，寻求更加有效的节约途径。分析其他有利条件和不利条件对成本的影响。

③ 年度成本分析。企业成本要求一年结算一次，不得将本年成本转入下一年度。企业成本要求一年一结算，而项目是以寿命周期为结算期，然后算出成本总量及其盈亏。由于项目周期一般较长，除月（季）度成本核算和分析外，还要进行年度成本核算和分析，这不仅是为了满足企业汇编年度成本报表的需要，同时，也是项目成本管理的需要。因为通过年度成本的综合分析，可以总结一年来成本管理的成绩和不足，为今后的成本管理提供经验和教训，从而可对项目成本进行更有效的管理。

年度成本分析的依据是年度成本报表。年度成本分析的内容，除了月（季）度成本分析的六个方面以外，重点是针对下一年度的施工进展情况规划切实可行的成本管理措施，以保证施工项目成本目标的实现。

④ 竣工成本的综合分析。凡是有几个单位工程而且是单独进行成本核算（成本核算对象）的施工项目，其竣工成本分析应以各单位工程竣工成本分析资料为基础，再加上项目经理部的经营效益（如资金调度、对外分包等所产生的效益）进行综合分析。如果施工项目只有一个成本核算对象（单位工程），就以该成本核算对象的竣工成本分析资料作为成本分析的依据。

单位工程竣工成本分析，应包括以下三方面内容：竣工成本分析；主要资源节超对比分析；主要技术节约措施及经济效果分析。

通过以上分析，可以全面了解单位工程的成本构成和降低成本的来源，对今后同类工程的成本管理很有参考价值。

（3）项目成本的分析方法

① 人工费分析。在实行管理层和作业层两层分离的情况下，项目施工需要的人工和人工费，由项目经理部与施工队签订劳务承包合同，明确承包范围、承包金额和双方的权利、义务。对项目经理部来说，除了按合同规定支付劳务费以外，还可能发生一些其他人工费支出，主要有以下几项：

a. 因实物工程量增减而调整的人工和人工费、定额人工以外的估点工工资（已按定额人工的一定比例由施工队包干，并已列入承包合同的，不再另行支付）。

b. 对在进度、质量、节约、文明施工等方面作出贡献的班组和个人进行奖励的费用。

项目经理部应根据上述人工费的增减，结合劳务合同的管理进行分析。

② 材料费分析。材料费分析包括主要材料、结构件和周转材料使用费的分析以及材料保管费、材料储备资金的分析。主要材料和结构件费用的分析。主要材料和结构件费用的高低，主要受材料价格和消耗数量的影响。而材料价格的变动，又要受采购价格、运输费用、途中损耗、来料不足等因素的影响；材料消耗数量的变动，也要受操作损耗、管理损耗和返工损失等因素的影响，可在价格变动较大和数量超用异常的时候再进行深入分析。为了分析材料价格和消耗数量的变化对材料和结构件费用的影响程度，可按下列公式计算：

因材料价格变动对材料费的影响＝（预算单价－实际单价）×消耗数量

因消耗数量变动对材料费的影响＝（预算用量－实际用量）×预算价格

周转材料使用费分析。在实行周转材料内部租赁制的情况下，项目周转材料费的节约或超支，取决于周转材料的周转利用率和损耗率。因为周转一慢，周转材料的使用时间就长，同时，也会增加租赁费支出；而超过规定的损耗，更要照原价赔偿。周转利用率和损耗率的计算公式如下：

周转利用率＝实际使用数×租用期内的周转次数/（进场数×租用期）×100％

损耗率＝退场数/进场数×100％

【例 7-5】 某施工项目需要定型钢模，考虑周转利用率 85％，租用钢模 4500m，月租金为 5 元/m；由于加快施工进度，实际周转利用率达到 90％。可用"差额计算法"计算周转利用率的提高对节约周转材料使用费的影响程度。具体计算如下：

【解】　　　　　（90％－85％）×4500×5＝1125（元）

采购保管费分析。材料采购保管费属于材料的采购成本，其主要包括：材料采购保管人员的工资、工资附加费、劳动保护费、办公费、差旅费，以及材料采购保管过程中发生的固定资产使用费、工具用具使用费、检验试验费、材料整理费、零星运费和材料物资的盘亏与毁损等。材料采购保管费一般应与材料采购数量同步，即材料采购多，采购保管费也会相应增加。因此，应该根据每月实际采购的材料数量（金额）和实际发生的材料采购保管费，计算"材料采购保管费支用率"，作为前后期材料采购保管费的对比分析之用。

材料储备资金分析。材料的储备资金，是根据日平均用量、材料单价和储备天数（从采购到进场所需要的时间）计算的。上述任何两个因素的变动，都会影响储备资金的占用量。材料储备资金的分析，可以应用"因素分析法"。从以上分析内容来看，储备天数的长短是影响储备资金的关键因素。因此，材料采购人员应该选择运距短的供应单位，尽可能减少材料采购的中转环节，缩短储备天数。

③ 机械使用费分析。由于项目施工具有一次性，项目经理部不可能拥有自己的机械设备，而是随着施工的需要，向企业动力部门或外单位租用。在机械设备的租用过程中，存在着两种情况：一种是按产量进行承包，并按完成产量计算费用，如土方工程，项目经理部只要按实际挖掘的土方工程量结算挖土费用，而不必考虑挖土机械的完好程度和利用程度；另一种是按使用时间（台班）计算机械费用，如塔式起重机、搅拌机、砂浆机等，如果机械完好率差或在使用中调度不当，必然会影响机械的利用率，从而延长使用时间，增加使用费用。因此，项目经理部应该给予一定的重视。

由于建筑施工的特点，在流水作业和工序搭接上往往会出现某些必然或偶然的施工间隙，影响机械的连续作业；有时又因为加快施工进度和工种配合，需要机械日夜不停地运转。这样，难免会有一些机械利用率很高，也会有一些机械利用不足，甚至租而不用的现象出现。若利用不足，则台班费需要照付；若租而不用，则要支付停班费。总之，它们都将增加机械使用费的支出。因此，在机械设备的使用过程中，必须以满足施工需要为前提，加强机械设备的平衡调度，充分发挥机械的效用；同时，还要加强平时机械设备的维修保养工作，提高机械的完好率，保证机械的正常运转。

完好台班数是指机械处于完好状态下的台班数，它包括修理不满一天的机械，但不包括待修、在修、送修在途的机械。在计算完好台班数时，只考虑是否完好，不考虑是否在工作。

制度台班数是指本期内全部机械台班数与制度工作天数的乘积，不考虑机械的技术状态和是否在工作。

④ 措施费分析。措施费分析主要应通过预算数与实际数的比较来进行。如果没有预算数，可以用计划数代替预算数。

⑤ 间接成本分析。间接成本是指施工准备、组织施工生产和管理所需要的费用，主要包括现场管理人员的工资和进行现场管理所需要的费用。间接成本的分析，也应通过预算（或计划）数与实际数的比较来进行。

7.4.3 项目成本考核

（1）项目成本考核的含义

项目成本考核应该包括两方面的考核，即项目成本目标（降低成本目标）完成情况的考核和成本管理工作业绩的考核。这两方面的考核都属于企业对施工项目经理部成本监督的范畴。应该说成本降低水平与成本管理工作有着必然的联系，又同受偶然因素的影响，但都是对项目成本评价的一个方面，都是企业对项目成本进行考核和奖惩的依据。施工项目成本考核的目的，在于贯彻落实责、权、利相结合的原则，促进工程项目成本管理工作的健康发展，更好地完成工程项目的成本目标。

（2）项目成本考核的内容

① 企业对项目经理考核的内容。

a. 项目成本目标和阶段成本目标的完成情况。

b. 建立以项目经理为核心的成本管理责任制的落实情况。

c. 成本计划的编制和落实情况。

d. 对各部门、各施工队和班组责任成本的检查和考核情况。

e. 在成本管理中对贯彻责、权、利相结合原则的执行情况。

② 项目经理对所属各部门、各施工队和生产班组考核的内容。

a. 部门的考核内容：本部门、本岗位责任成本的完成情况；本部门、本岗位成本管理责任的执行情况。

b. 施工队的考核内容：对劳务合同规定的承包范围和承包内容的执行情况；劳务合同以外的补充收费情况；对班组施工任务单的管理情况以及班组完成施工任务后的考核情况。

c. 生产班组的考核内容（平时由施工队考核）：以分部（分项）工程成本作为班组的责任成本，以施工任务单和限额领料单的结算资料为依据，与施工预算进行对比，考核班组责任成本的完成情况。

（3）项目成本考核的实施

① 项目成本的考核采取评分制。具体方法先按考核内容评分，然后可按 7∶3 的比例加权平均，即责任成本完成情况的评分占七成，成本管理工作业绩的评分占三成，这是一个经验比例，施工项目可以根据自身情况进行调整。

② 施工项目成本的考核要与相关指标的完成情况相结合。成本考核的评分是奖惩的依据，相关指标的完成情况是奖惩的条件，也就是在根据评分计奖的同时，还要参考相关指标的完成情况加奖或扣罚。与成本考核相结合的相关指标，一般有工期、质量、安全和现场标准化管理。

③ 强调项目成本的中间考核。

a. 月度成本考核。在进行月度成本考核的时候，将报表数据、成本分析资料和施工生产、成本管理的实际情况相结合做出正确的评价。

b. 阶段成本考核。一般可分为基础、结构、装饰、总体四个阶段进行成本考核。

④ 正确考核施工项目的竣工成本。施工项目的竣工成本是在工程竣工和工程款结算的基础上编制的，是竣工成本考核的依据。

⑤ 施工项目成本奖罚。施工项目成本奖罚的标准应通过经济合同的形式明确规定，这样不仅使奖罚标准具有法律效力，而且为职工群众创建了争取的目标。企业领导和项目经理还可对完成项目成本目标有突出贡献的部门、施工队、班组和个人进行随机奖励。这种奖励形式往往能够在短期内大大提高员工的积极性。

 本章小结

习近平总书记在主持召开中央全面深化改革委员会第二十七次会议时强调，要完整、准确、全面贯彻新发展理念，坚持把节约资源贯穿于经济社会发展全过程、各领域，推进资源总量管理、科学配置、全面节约、循环利用，提高能源、水、粮食、土地、矿产、原材料等资源利用效率，加快资源利用方式根本转变。而本章重点从经济手段出发，由成本的概念入手，介绍成本计划的制订、成本的控制以及成本的分析与考核，完整地体现了成本控制全过程。

① 成本的概念。建筑工程项目成本是指建筑工程项目在施工中所发生的全部生产费用的总和。其中施工成本包含直接成本和间接成本。

② 成本计划的制订。一个项目要想完成对成本的控制就离不开成本计划，先对成本进行预测，然后就能根据预测结果进行成本计划的编制。

③ 成本的控制。包括控制的原则、措施以及方法。

④ 成本的分析与考核。判断一个施工项目是否完成了成本计划离不开成本的分析与考核，分析的方法包括基本分析方法、综合分析方法以及项目成本分析方法。

复习思考题

在线题库

1. 工程项目成本的概念及分类。

2. 工程项目成本控制的重点应放在哪个阶段？在该阶段里应怎样进行有效控制？

3. 成本偏差分析常用哪些方法？各有何特点？

4. 工程项目的投资计划与成本计划有何异同？

5. 投资控制和成本控制措施有何区别？

6. 常用的成本控制方法有哪些？

7. 什么是质量成本？它包括哪两个方面？

第7章

第 8 章
工程项目质量管理

 学习目标

理解工程项目工程质量与质量管理的基本概念，了解工程项目质量计划的制订原则和方法，了解建筑工程项目质量控制的原则和方法。

 本章重点

分层法、排列图法、控制图法、因果分析图法、频数分布直方图、控制图、相关图和统计调查表的计算和绘制。

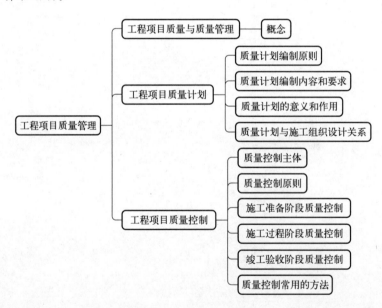

2016 年 11 月 24 日，江西丰城发电厂三期扩建工程发生冷却塔施工平台坍塌特大事故，造成 73 人死亡、2 人受伤，直接经济损失 10197.2 万元。经查明，该事故是由冷却塔施工单位河北亿能烟塔公司管理混乱所致。这场事故警示项目管理团队要严格按照相关规定进行施工和管理，应把工程项目质量的管理放在首位。

建设质量强国是满足人民对美好生活需要的关键要求。质量体现着人们对美好生活的向往，产品和服务质量水平直接影响着群众生命健康、财产安全和生活品质。要把更好满足人民群众的需要，作为质量强国建设的出发点和落脚点，提高供给质量，不断释放和扩大内需潜力，让人民群众买得放心、吃得安心、用得舒心，增强人民群众的质量获得感、满足感、幸福感。

8.1　工程项目质量与质量管理

"百年大计、质量第一"一直是我国强调贯彻执行的方针。工程建设项目投资大，需要耗费大量的人力、物力和财力，并且建筑物是一种较特殊的产品，建筑产品的质量不仅影响建筑物的使用寿命和维修费用，工程建设项目质量的好坏也直接影响人们的生产和生活，关系到人民生命财产的安全。另外，工程质量的优劣直接关系到企业的利益、行业的兴衰、国家的命运、民族的未来，影响国民经济的顺利进行。产品质量的好坏是由生产过程决定的，建筑产品的生产过程就是项目施工阶段，项目施工阶段要控制项目的成本、进度、质量。成本和进度的控制必须在满足质量要求的前提下进行。因此，在整个施工阶段必须严格控制质量。

（1）工程项目质量

根据《建设工程项目管理规范》（GB/T 50326—2017）的规定，项目质量控制应按《质量管理体系　基础和术语》（GB/T 19000—2016）和企业质量管理体系的要求进行。《质量管理体系　基础和术语》（GB/T 19000—2016）规定，质量的定义为："组织的产品和服务质量取决于满足顾客的能力，以及对有关相关方的有意和无意影响。产品和服务的质量不仅包括其预期的功能和性能，而且还涉及顾客对其价值和受益的感知。"该定义中，"产品、过程和服务"是质量的主体。

在合同环境或法律环境中，工程项目质量是指由顾客用户明确提出并通过合同、标准、规范、图纸、技术文件作出明文规定，由生产企业保证实现的各种要求或需要。

在非合同环境或市场环境中，工程项目质量是指用户未提出或未明确提出要求，而由生产企业通过市场调研进行识别与探明的种种隐含性要求或需要。这种隐含性的要求包含两层含义：一是指用户或社会对产品、服务的"期望"；二是指人们所公认的，不言而喻的、不必作出规定的需要。例如，住宅实体能满足人们最起码的居住功能就属于"隐含需要"。

工程项目质量的概念有广义和狭义之分。狭义的工程项目质量是指产品质量；广义的工程项目质量，除了产品质量之外，还包括工程项目建设全过程的工序质量和工作质量。

① 工程项目产品质量

工程项目产品质量，是指工程项目具有的满足相应设计和规范要求的属性。工程项目产品质量可以通过下面六个方面来说明。

a. 适用性，即功能，是指工程满足使用目的的各种性能，包括理化性能、结构性能、使用性能、外观性能。

b. 可靠性，是指工程在规定的时间和规定的条件下完成规定功能的能力，即工程项目具有的坚实稳固，以承担它负载的人和物的质量，以及满足抗风和抗震要求的属性等。

c. 耐久性，即寿命，是指工程在规定的条件下，满足规定功能要求使用的年限，也就是工程竣工后的合理使用寿命周期。例如工程项目具有的在材料和构造上满足防水、防腐，从而满足使用寿命要求的属性。

d. 安全性，是指工程建成后在使用过程中保证结构安全、保证人身和环境免受危害的程度。

e. 经济性，是指工程从规划、勘察、设计、施工到整个产品使用寿命周期内的成本和消耗的费用，即工程项目在形成中和交付使用后的全寿命周期经济节约的属性，如工程项目建设成本低、使用中节省能源和维护修理费用低等。工程经济性具体表现为设计成本、施工成本、使用成本三者之和。

f. 与环境的协调性，即工程与其周围生态环境协调，与所在地区经济环境协调以及与周围已建工程相协调，以适应可持续发展的要求。

② 工程项目工序质量

工序就是人、机器、材料、方法和环境对工程项目质量综合起作用的过程，这个过程所体现的产品质量叫工序质量。在"项目法"施工中，每一分部（分项）工程都有其形成的步骤，称为施工程序。不同工种的作业程序尽管不同，但都要由一道道工序加工制作出来。每一道工序的质量，就是它所具有的满足下一道工序相应要求的属性。

③ 工程项目工作质量

工程项目工作质量，是指工程项目建设中所必须进行的组织管理、技术运用、思想政治工作、后勤服务等对提高工程项目质量需要的属性，它虽然不像工序质量和产品质量那样直观，但体现在整个工程项目建设过程中。一般来说，工作质量决定工序质量，而工序质量又决定产品质量。因此，必须通过保证和提高工作质量来保证和提高工序质量，再在此基础上达到工程项目质量的最终目标，即保证达到设计要求的产品质量。

（2）工程项目质量管理

质量管理就是关于质量的管理，是在质量方面指挥和控制组织的协调活动，包括建立和确定质量方针与质量目标，并在质量管理体系中通过质量策划、质量保证、质量控制和质量改进等手段来实施全部质量管理职能，从而实现质量目标的所有活动。

工程项目质量管理是指在工程项目实施过程中，指挥和控制项目参与各方关于质量的相互协调的活动，是围绕着使工程项目满足质量要求而开展的策划、组织、计划、实施、检查、监督和审核等所有管理活动的总和。工程项目管理是工程项目建设、勘察、设计、施工、监理等单位的共同职责。它是工程项目管理的重要内容之一。可以从以下几个方面来理解。

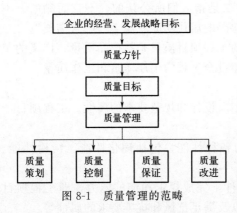

图 8-1　质量管理的范畴

① 质量管理的基本活动

质量管理的基本活动，通常包括制订质量方针和质量目标以及质量策划（包括质量计划）、质量控制、质量保证和质量改进等活动。质量管理的范畴如图 8-1 所示。

② 质量管理的核心

质量管理的核心是建立健全质量管理体系。组织的最高管理者应正式发布组织的质量方针，根据质量方针确立质量目标，并在此基础上按照质量管理的基本原则和 ISO9000 族标准，运用管理的系统方法建立健全质量管理体系，配备必要的人力和物质资源，充分调动全体员工的积极性，开展各项质量活动，不断提高顾客的满意度。

ISO 是一个组织的英语简称，其全称是 international Organization for Standardization，翻译成中文就是"国际标准化组织"。ISO 是世界上最大的国际标准化组织。它成立于 1947 年 2 月 23 日，它的前身是 1928 年成立的"国际标准化协会国际联合会"（简称 ISA），其他如 IEC 也比较大。IEC 即"国际电工委员会"，1906 年在英国伦敦成立，是世界上最早的国际标准化组织。IEC 主要负责电工、电子领域的标准化活动。而 ISO 负责除电工、电子领域之外的所有其他领域的标准化活动。

ISO9000 族标准是指"由国际标准化组织质量管理和质量保证技术委员会（ISO/TC176）制定的所有国际标准"。ISO9000 族标准是国际标准化组织于 1987 年制定，后经不断修改完善而成的系列标准，现已有 90 多个国家和地区将此标准等同转化为国家标准，该标准族可帮组织实施并有效运行质量管理体系，是质量管理体系通用的要求或指南。它不受具体的行业或经济部门限制，可广泛适用于各种类型和规模的组织，在国内和国际贸易中促进相互理解。

8.2　工程项目质量计划

8.2.1　项目质量计划编制的依据和原则

由于建筑安装企业的产品具有单件性、生产周期长、空间固定性、露天作业及人为影响因素多等特点，必然使得工程实施过程繁杂、涉及面广且协作要求多。因此编制项目质量计划时要针对项目的具体特点，有所侧重。一般的项目质量计划的编制依据和原则可归纳为以下几个方面：

（1）项目质量计划应符合国家及地区现行有关法律法规和标准规范的要求。

（2）项目质量计划应以合同的要求为编制前提。

（3）项目质量计划应体现出企业质量目标在项目上的分解。

（4）项目质量计划对质量手册、程序文件中已明确规定的内容仅作引用和说明如何使用即可，而不需要整篇搬移。

（5）如果已有文件的规定不适合或没有涉及的内容，在质量计划中作出规定或补充。

（6）按工程大小、结构特点、技术难易程度、具体质量要求来确定项目质量计划的详略程度。

8.2.2　项目质量计划的内容和基本要求

项目质量计划的内容和基本要求概括起来主要有以下几个方面：

（1）以施工组织设计为主，项目质量计划是对施工组织设计在质量管理方面的补充和完善。

（2）项目质量计划应明确本项目所使用的标准、规范、记录表格等，并以文件目录形式列出。

（3）项目质量计划应侧重检验、试验、计划的内容，对质量检验试验的时间、地点、人员、依据、手段、放行资格等作出详细规定。

（4）项目质量计划应详细规定工程施工中所需质量记录的要求，如在什么时间，对于哪些活动，进行什么记录，由什么人认可等。

（5）项目质量计划应对项目管理及操作层的质量职责进行详细描述。

（6）项目质量计划的要求应高于质量管理体系文件的要求，即以一个个项目质量目标的完成来确保公司总的质量目标的实现。

（7）项目质量计划应满足现行有效法律法规的要求。

（8）项目质量计划应与企业的质量管理体系文件相协调。

（9）当工程项目或相应法律法规发生变化时，项目质量计划也应相应地修改，以保证其适宜性。

（10）项目质量计划是建筑业企业质量体系文件的组成部分，其管理要求也应按企业质量体系文件管理要求执行。

总之，项目质量计划强调的是针对性强，便于操作，因此要求其内容尽可能简单直观，一目了然。一旦决定编制项目质量计划，首先应分析本项目特点，针对工程特点、新技术、新工艺、新材料等应用情况，以及施工过程中可能出现的技术难点、薄弱环节确定管理重点，明确相应的措施要求、监控方法。

8.2.3　编制项目质量计划的意义及作用

GB/T 19001—2016 标准对编制质量计划没有作出明确的规定，而且企业根据 GB/T 19000 标准建立的质量管理体系已为其生产、经营活动提供了科学严密的质量管理方法和手段。然而，对于建筑业企业，特别是其具体的项目而言，由于其产品的特殊性，仅有一个总的质量管理体系是远远不够的，还需要制订一个针对性极强的控制和保证质量的文件——项目质量计划。项目质量计划既是项目实施现场质量管理的依据，又是向顾客保证工程质量承诺的输出，因此编制项目质量计划是非常重要的。

项目质量计划的作用可归纳为以下三个方面：

为操作者提供了活动指导文件，指导具体操作人员如何工作，完成哪些活动。

为检查者提供检查项目，是一种活动控制文件。指导跟踪具体施工，检查具体结果。

提供活动结果证据。所有活动的时间、地点、人员、活动项目等均如实记录，得到控制并验证。

8.2.4　项目质量计划与施工组织设计的关系

（1）项目质量计划

项目质量计划侧重于对施工现场的管理控制，对某个过程、某个工序、由什么人、如何去操作等作出了明确规定；对项目施工过程影响工程质量的环节进行控制，以合理的组织结构、培训合格的在岗人员和必要的控制手段，保证工程质量达到合同要求。但在经济技术指标方面很少涉及。

（2）施工组织设计

施工组织设计是针对某一特定工程项目，指导工程施工全局、统筹施工过程，在建筑安装施工管理中起中轴作用的重要的技术经济文件。它对项目施工中劳动力、机械设备、原材料和技术资源以及工程进度等方面均科学合理地进行统筹，着重解决施工过程中可能遇到的技术难题，其内容包括工程进度、工程质量、工程成本和施工安全等，在施工技术和必要的经济指标方面比较具体，而在实施施工管理方面描述得较为粗浅，不便于指导施工过程。

（3）项目质量计划与施工组织设计的关系

二者既有区别又有联系。项目的施工组织设计和项目质量计划都是以具体的工程项目为对象并以文件的形式提出的；编制的依据都是政府的法律法规文件、项目的设计文件、现行的规范和操作规程、工程的施工合同以及有关的技术经济资料、企业的资源配置情况和施工现场的环境条件；编制的目的都是为了强化项目施工管理和对工程施工的控制。但是二者的作用、编制原则、内容等方面有较大的区别。

在 94 版 GB/T 19000 标准实施工程中，部分建筑安装企业尝试性地将施工组织设计与项目质量计划融合编制，仍以施工组织设计的名称出现，但效果并不好。其主要原因是施工组织设计是建筑安装企业多年来长期使用、行之有效的方法，融入项目质量计划的内容后，与传统习惯不相宜，建设单位也不接受。但从施工组织设计和项目质量计划均以独立形式编制的企业的情况来看，二者存在着相当的交叉重复现象，不但增加了编写的工作量，使用起来也不方便。为此，在处理二者关系时，应以施工组织设计为主，项目质量计划作为施工组织设计的补充，对施工组织设计中已明确的内容，在项目质量计划中不再赘述，对施工组织设计中没有或未作详细说明的，在项目质量计划中则应作出详细规定。

总之，项目质量计划是项目实施过程中的法规性文件，是进行施工管理，保证工程质量的管理性文件。认真编制、严格执行项目质量计划对确保建筑业企业的质量方针、质量目标的实现有着重要的意义。

【例 8-1】　某工程施工合同规定：设备由业主供应，其他建筑材料由承包方采购。其中，对主要装饰石料，业主经与设计单位商定，由业主指定了材质、颜色和样品，并向承包方推荐厂家，承包方与生产厂家签订了购货合同。厂家将石料按合同采购数量送达现场，进场时经检查，该批材料颜色有部分不符合要求，监理工程师通知承包方该批材料不得使用。承包方要求厂家将不符合要求的石料退换，厂家要求承包方支付退货运费，承包方不同意支付，厂家要求业主在应付给承包方的工程款中扣除上述费用。

问题：

(1) 业主指定石材材质、颜色和样品是否合理？

(2) 承包商要求退换不符合要求的石料是否合理？为什么？

(3) 简述材料质量控制的要点。

(4) 材料质量控制的内容有哪些？

【解】　(1) 业主指定材质、颜色和样品是合理的。

(2) 要求厂家退货是合理的，因厂家供货不符合合同质量要求。

(3) 进场材料质量控制要点：

①掌握材料信息，优选供货厂家。②合理组织材料供应，确保施工正常进行。③合理组织材料使用，减少材料损失。④加强材料检查验收，严把材料质量关。⑤要重视材料的使用认证，以防错用或使用不合格的材料。⑥加强现场材料管理。

(4) 材料质量控制的内容主要有材料的质量标准，材料的性能，材料取样、试验方法，材料的适用范围和施工要求等。

8.3　建筑工程项目质量控制

8.3.1　工程项目质量控制的主体

工程项目质量控制，是指为达到工程项目质量要求所采取的作业技术和活动。工程质量要求主要表现为工程合同、设计文件、技术规范标准规定的质量标准。

工程项目质量控制按其实施主体不同，分为自控主体和监控主体。前者是指直接从事质量职能的活动者，后者是指对他人质量管理能力和管理效果的监控者，主要包括以下四个方面。

(1) 政府主管部门的质量控制

政府主管部门属于监控主体，以法律法规为依据，通过抓工程报建、施工图设计文件审查、施工许可、材料和设备准用、工程质量监督、重大工程竣工验收备案等主要环节进行质量控制。

(2) 工程监理单位的质量控制

工程监理单位属于监控主体，它主要受建设单位的委托，代表建设单位对工程实施全过程进行质量监督和控制，包括勘察设计阶段质量控制、施工阶段质量控制，以满足建设单位对工程质量的要求。

（3）勘察设计单位的质量控制

勘察设计单位属于自控主体，它是以法律法规及合同为依据，对勘察设计的整个过程进行控制，包括工作程序、工作进度、费用及成果文件所包含的功能和使用价值，以满足建设单位对勘察设计质量的要求。

（4）施工单位的质量控制

施工单位属于自控主体，它是以工程合同、设计图纸和技术规范为依据，对施工准备阶段、施工阶段、竣工验收交付阶段等施工全过程的工作质量和工程项目质量进行控制，以达到合同文件规定的质量要求。

8.3.2　工程项目质量控制原则

（1）坚持质量第一、用户至上的原则。建筑工程产品是一种特殊产品，使用年限较长，而且关系到人民生命财产安全和社会安定，一旦出现质量问题就会产生严重的后果。因此，应始终牢记将"质量第一、用户至上"作为建筑工程质量管理的一条重要的基本原则。

（2）以人为控制核心的原则。人是质量的创造者，建筑工程质量管理必须"以人为核心"，就是将人作为控制的动力，调动人的积极性、主动性和创造性，增强人的责任感，从而真正使"质量第一"的观念深入人心，通过提高人的素质，避免失误，最终做到以人的工作质量确保工序质量以及以工序质量确保产品质量。

（3）预防为主的原则。建筑工程产品具有不可拆卸性，质量评定难度大，质量问题带来的影响大，必须将质量事故消灭在萌芽状态。预防为主就是将产品质量的事后检查变为事前控制、事中控制；将对最终产品的检验变为对工作质量、工序质量及中间产品的质量检查，这样才能确保建筑工程质量。

（4）坚持质量标准，以及严格检查、一切用数据说话的原则。质量标准是衡量产品质量的依据，质量数据是质量管理的基础。工程产品质量是否达标必须经过严格检查，一切用数据说话。

（5）恪守科学、公正、守法的职业道德，严格质量责任的原则。许多工程事故表明，在工程质量问题上任何疏忽及不负责任的行为均会导致严重的后果，因此，工程质量问题不仅仅是一种使用需要、信誉和效益，更应当上升到职业道德范畴，任何粗制滥造导致的质量事故并引起人身伤亡、财产损失从本质上讲就是犯罪。2001年1月30日起开始执行的《建设工程质量管理条例》对工程质量问题的处理办法已经作出详细规定，并特别强调：有关单位如有故意违反规定、降低工程质量标准、造成重大质量与安全事故的，须依据《中华人民共和国刑法》对有关直接责任负责人员追究其相应的刑事责任。因此，在处理质量问题过程中，应尊重客观事实、尊重科学，正直、公正、遵纪、守法，既要坚持原则也要实事求是。

8.3.3　工程项目质量控制的原理

工程项目质量控制的基本原理可归纳为三个基本原理：PDCA循环原理、三阶段控制原理、三全控制原理。

（1）PDCA循环原理

PDCA循环是由美国质量管理统计学专家戴明在20世纪60年代初创立的，故也称为戴明环活动。PDCA循环中的四个英文字母分别是plan（计划）、do（执行）、check（检查）、action（处理）首字母的英文缩写。它反映了质量改进和完成各项工作必须经过的四个阶段。这四个阶段不断循环下去，周而复始，使质量不断改进，如图8-2所示。

① 计划制订阶段——P 阶段

该阶段可以理解为质量计划阶段，明确目标并制订实现目标的计划行动方案。在工程项目的实施中，"计划"是指各相关主体根据其任务目标和责任范围，确定质量控制的组织制度、工作程序、技术方法、业务流程、资源配置、检验试验要求、质量记录方式、不合格处理、管理措施等具体内容和做法的文件，"计划"还需要对其实现预期目标的可行性、有效性、经济合理性进行分析论证，按照规定的程序与权限审批执行。

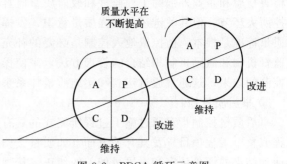

图 8-2　PDCA 循环示意图

② 计划执行阶段——D 阶段

该阶段包含两个环节，即计划行动方案的交底和按计划规定的方法与要求开展工程作业技术活动。计划交底目的在于使具体的作业者和管理者明确计划的意图和要求，掌握标准，从而规范行为，全面地执行计划的行动方案，步调一致地去努力实现预期的目标。

③ 执行结果检查阶段——C 阶段

该阶段指对计划实施过程进行各种检查，包括作业者的自检、互检和专职管理者专检。各类检查都包含两大方面：①检查是否严格执行了计划的行动方案；实际条件是否发生了变化；不执行计划的原因。②检查计划执行的结果，即产出的质量是否达到标准的要求，对此进行确认和评价。

④ 处理阶段——A 阶段

该阶段对质量检查所发现的质量问题，及时进行原因分析，采取必要的措施，予以纠正，保持质量形成的受控状态。处理分为纠偏和预防两个步骤。前者是采取应急措施，解决当前的质量问题；后者是信息反馈管理部门反思问题症结或计划时的不周，为今后类似问题的质量预防提供借鉴。

（2）三阶段控制原理

三阶段控制原理就是通常所说的事前控制、事中控制和事后控制。这三阶段控制构成了质量控制的系统过程。

① 事前质量控制

事前质量控制是指正式施工前进行的质量控制，控制重点是做好准备工作，对影响质量的各因素和各有关方面进行预控。应注意：准备工作应贯穿施工全过程。事前控制要求预先进行周密的质量计划。尤其是在工程项目施工阶段，制订质量计划或编制施工组织设计或施工项目管理实施规划（目前这三种计划方式基本上并用），都必须建立在切实可行，有效实现预期质量目标的基础上，并作为一种行动方案进行施工部署。

事前控制，其内涵包括两层意思：一是强调质量目标的计划预控；二是按质量计划进行质量活动前的准备工作状态的控制。

② 事中质量控制

事中质量控制是指在施工过程中进行的质量控制。事中质量控制的策略是全面控制施工过程及其有关各方面的质量。

事中质量控制首先是对质量活动的行为约束，即对质量产生过程中各项技术作业活动操作者在相关制度管理下的自我行为约束的同时，充分发挥其技术能力，去完成预定质量目标的作业任务；其次是由他人对质量活动过程和结果进行监督控制，这里包括企业内部管理者的检查检验和企业外部的工程监理和政府质量监督部门等的监控。事中控制虽然包含自控和监控两大环节,但其关键还是增强质量意识,发挥操作者自我约束和自我控制的能力,即坚持质量标准是根本,监控或他人控制是必要的补充。因此,在企业组织的质量活动中,多通过监督机制和激励机制相结合的管理方法,来使操作者更好地发挥自我控制能力,以达到质量控制的效果,这通常通过建立和实施质量体系来达到。

③ 事后质量控制

事后质量控制指对通过施工过程所完成的具有独立的功能和使用价值的最终产品(单位工程或整个工程项目)及其有关方面(如质量文档)的质量进行的控制。事后控制包括对质量活动结果的评价认定和对质量偏差的纠正。从理论上来分析,如果计划预控过程所制订的行动方案考虑得越周密,事中约束监控的能力越强越严格,实现质量预期目标的可能性就越大。但是因为在施工过程中不可避免地会存在一些计划时难以预料的影响因素,包括系统因素和偶然因素,因此当出现质量实际值与目标值之间超出允许偏差时,必须分析原因,采取措施纠正偏差,保持质量受控状态。

以上三大环节,不是孤立和截然分开的,它们之间构成有机的系统过程,实质上也就是PDCA循环具体化,并在每一次滚动循环中不断提高,达到质量管理或质量控制的持续改进。

(3) 三全控制管理

三全管理是来自全面质量管理 TQM 的思想,同时包容在质量体系标准(GB/T 19000—2016 和 ISO 9000—2015)中,它指生产企业的质量管理应该是全面、全过程和全员参与的。这一原理对建设工程项目的质量控制,同样有理论和实践的指导意义。

① 全面质量控制

全面质量控制是指对工程(产品)质量和工作质量的全面控制,工作质量是产品质量的保证,工作质量直接影响产品质量的形成。对于工程项目而言,全面质量控制还应该包括工程各参与主体的工程质量与工作质量的全面控制。如业主、监理、勘察、设计、施工总包、施工分包、材料设备供应商等,任何一方任何环节的怠慢疏忽或质量责任不到位都会造成对建设工程质量的影响。

② 全过程质量控制

全过程质量控制是指根据工程质量的形成规律,从源头抓起,全过程推进。GB/T 19000—2016 强调质量管理的"过程方法"管理原则。按照建设程序,建设工程从项目建议书或建设构想提出,历经项目鉴别、选择、策划、可行性研究、决策、立项、勘察、设计、发包、施工、验收、使用等各个有机联系的环节,构成了工程项目建设的总过程。其中每个环节又由诸多相互关联的活动构成相应的具体过程,因此,必须掌握识别过程和应用"过程方法"进行全过程质量控制。主要的过程有以下内容:项目策划与决策过程、勘察设计过程、施工采购过程、施工组织与准备过程、检测设备控制与计量过程、施工生产的检验试验过程、工程质量的评定过程、工程竣工验收与交付过程、工程回访维修服务过程。

③ 全员参与控制

从全面质量管理的观点来看,无论是组织内部的管理者还是作业者,每个岗位都承担着相应的质量职能,一旦确定了质量方针目标,就应组织和动员全体员工参与到实施质量方针的系统活动中去,发挥自己的角色作用。全员参与质量控制作为全面质量所不可或缺的重要手段就是目标管理。目标管理理论认为,总目标必须逐级分解,直到最基层岗位,从而形成自下到上,自岗位个体到部门团队的层层控制和保证关系,使质量总目标分解落实到每个部门和岗位。

8.3.4　施工准备阶段的质量控制

（1）施工质量控制的准备工作

① 工程项目划分。一个建设工程从施工准备开始到竣工交付使用，要经过若干工序、工种的配合施工。施工质量的优劣，取决于各个施工工序、工种的管理水平和操作质量。因此，为了便于控制、检查、评定和监督每个工序和工种的工作质量，就要把整个工程逐级划分为单位工程、分部工程、分项工程和检验批，并分级进行编号，据此来进行质量控制和检查验收，这是进行施工质量控制的一项重要基础工作。

从建筑工程施工质量验收的角度来说，工程项目应逐级划分为单位（子单位）工程、分部（子分部）工程、分项工程和检验批。

② 技术准备的质量控制。技术准备是指在正式开展施工作业活动前进行的技术准备工作。这类工作内容繁多，主要在室内进行，例如：熟悉施工图纸，进行详细的设计交底和图纸审查；进行工程项目划分和编号；细化施工技术方案和施工人员、机具的配置方案，编制施工作业技术指导书，绘制各种施工详图（如测量放线图、大样图及配筋、配板、配线图表等），进行必要的技术交底和技术培训。技术准备的质量控制，包括对上述技术准备工作成果的复核审查，检查这些成果是否符合相关技术规范、规程的要求和对施工质量的保证程度；制定施工质量控制计划，设置质量控制点，明确关键部位的质量管理点等。

（2）现场施工准备的质量控制

① 工程定位和标高基准的控制。工程测量放线是建设工程产品由设计转化为实物的第一步。施工测量质量的好坏，直接决定工程的定位和标高是否正确，并且制约施工过程有关工序的质量。因此，施工单位必须对建设单位提供的原始坐标点、基准线和水准点等测量控制点进行复核，并将复测结果上报监理工程师审核，批准后施工单位才能建立施工测量控制网，进行工程定位和标高基准的控制。

② 施工平面布置的控制。建设单位应按照合同约定并考虑施工单位施工的需要，事先划定并提供施工用地和现场临时设施用地的范围。施工单位要合理科学地规划使用好施工场地，保证施工现场的道路畅通、材料的合理堆放、良好的防洪排水能力、充分的给水和供电设施以及正确的机械设备的安装布置。应制订施工场地质量管理制度，并做好施工现场的质量检查记录。

（3）材料的质量控制

建筑工程采用的主要材料、半成品、成品、建筑构配件等（统称"材料"，下同）均应进行现场验收。凡涉及工程安全及使用功能的有关材料，应按各专业工程质量验收规范规定进行复验，并应经监理工程师（建设单位技术负责人）检查认可。为了保证工程质量，施工单位应从以下几个方面把好原材料的质量控制关：

① 采购订货关。施工单位应制订合理的材料采购供应计划，在广泛掌握市场材料信息的基础上，优选材料的生产单位或者销售总代理单位（简称"材料供货商"，下同），建立严格的合格供应方资格审查制度，确保采购订货的质量。

a. 材料供货商对下列材料必须提供"生产许可证"：钢筋混凝土用热轧带肋钢筋、冷轧带肋钢筋、预应力混凝土用钢材（钢丝、钢棒和钢绞线）、建筑防水卷材、水泥、建筑外窗、建筑幕墙、建筑钢管脚手架扣件、人造板、铜及铜合金管材、混凝土输水管、电力电缆等材料产品。

b. 材料供货商对下列材料必须提供"建材备案证明"：水泥、商品混凝土、商品砂浆、混凝土掺合料、混凝土外加剂、烧结砖、砌块、建筑用砂、建筑用石、排水管、给水管、电工套管、防水涂料、建筑门窗、建筑涂料、饰面石材、木制板材、沥青混凝土、三渣混合料等材料产品。

c. 材料供货商要对外墙外保温、外墙内保温材料实施建筑节能材料备案登记。

d. 材料供货商要对下列产品实施强制性产品认证（简称 CCC，或 3C 认证）：建筑安全玻璃（包括钢化玻璃、夹层玻璃、中空玻璃）、瓷质砖、混凝土防冻剂、溶剂型木器涂料、电线电缆、断路器、漏电保护器、低压成套开关设备等产品。

e. 除上述材料或产品外，材料供货商对其他材料或产品必须提供出厂合格证或质量证明书。

② 进场检验关。施工单位必须进行下列材料的抽样检验或试验，合格后才能使用。

a. 水泥物理力学性能检验。同一生产厂、同一等级、同一品种、同一批号且连续进场的水泥，袋装不超过 200t 为一检验批，散装不超过 500t 为一检验批，每批抽样不少于一次。取样应在同一批水泥的不同部位等量采集，取样点不少于 20 个点，并应具有代表性，且总重量不少于 12kg。

b. 钢筋力学性能检验。同一牌号、同一炉罐号、同一规格、同一等级、同一交货状态的钢筋，每批不大于 60t。从每批钢筋中抽取 5％进行外观检查。力学性能试验从每批钢筋中任选两根钢筋，每根取两个试样分别进行拉伸试验（包括屈服点、抗拉强度和伸长率）和冷弯试验。

钢筋闪光对焊、电弧焊、电渣压力焊、钢筋气压焊，在同一台班内，由同一焊工完成的 300 个同级别、同直径钢筋焊接接头应作为一批；封闭环式箍筋闪光对焊接头，以 600 个同牌号、同规格的接头作为一批，只做拉伸试验。

c. 砂、石常规检验。购货单位应按同产地同规格分批验收。砂、石用大型工具运输的，以 400m³ 或 600t 为一验收批。用小型工具运输的，以 200m³ 或 300t 为一验收批。不足上述数量的以一批论。当砂石质量比较稳定、进料量较大时，可 1000t 为一验收批。

d. 混凝土、砂浆强度检验。每拌制 100 盘且不超过 100m³ 的同配合比的混凝土取样不得少于一次。当一次连续浇筑超过 1000m³ 时，同配合比的混凝土每 200m³ 取样不得少于一次。

同条件养护试件的留置组数，应根据实际需要确定。同一强度等级的同条件养护试件，其留置数量应根据混凝土工程量和重要性确定，为 3～10 组。

e. 混凝土外加剂检验。混凝土外加剂是由混凝土生产厂根据产量和生产设备条件，将产品分批编号，掺量大于 1％（含 1％）同品种的外加剂每一编号为 100t，掺量小于 1％的外加剂每一编号为 50t，同一编号的产品必须是混合均匀的。其检验费由生产厂自行负责。建设单位只负责施工单位自拌的混凝土外加剂的检测费用，但现场不允许自拌大量的混凝土。

f. 沥青、沥青混合料检验。沥青卷材和沥青：同一品种、牌号、规格的卷材，抽验数量为 1000 卷抽取 5 卷；500～1000 卷抽取 4 卷；100～499 卷抽取 3 卷；小于 100 卷抽取 2 卷。同一批出厂，同一规格标号的沥青以 20t 为一个取样单位。

g. 防水涂料检验。同一规格、品种、牌号的防水涂料，每 10t 为一批，不足 10t 者按一批进行抽检。

③ 存储和使用关。施工单位必须加强材料进场后的存储和使用管理，避免材料变质（如水泥的受潮结块、钢筋的锈蚀等）和使用规格、性能不符合要求的材料造成工程质量事故。

例如，混凝土工程中使用的水泥，因保管不妥，放置时间过久，受潮结块就会失效。使用不合格或失效的劣质水泥，就会对工程质量造成危害。某住宅楼工程中使用了未经检验的安定性不合格的水泥，导致现浇混凝土楼板拆模后出现了严重的裂缝，随即对混凝土强度检验，结果其结构强度达不到设计要求，造成返工。

在混凝土工程中，由于水泥品种的选择不当或外加剂的质量低劣及用量不准同样会引起质量事故。如某学校的教学综合楼工程，在冬期进行基础混凝土施工时，采用火山灰质硅酸盐水泥配制混凝土，因工期要求较紧，又使用了未经复试的不合格早强防冻剂，结果导致混凝土结构的强度不能满足设计要求，不得不返工重做。因此，施工单位既要做好对材料的合理调度，避免现场材料的大量积压，又要做好对材料的合理堆放，并正确使用材料，在使用材料时进行及时的检查和监督。

（4）施工机械设备的质量控制

施工机械设备的质量控制，就是要使施工机械设备的类型、性能、参数等与施工现场的实际条件、施工工艺、技术要求等因素相匹配，符合施工生产的实际要求。其质量控制主要从机械设备的选型、主要性能参数指标的确定和使用操作要求等方面进行。

① 机械设备的选型。机械设备的选择，应按照技术上先进、生产上适用、经济上合理、使用上安全、操作上方便的原则进行。选配的施工机械应具有工程的适用性，具有保证工程质量的可靠性，具有使用操作的方便性和安全性。

② 主要性能参数指标的确定。主要性能参数是选择机械设备的依据，其参数指标的确定必须满足施工的需要和保证质量的要求。只有正确地确定主要的性能参数，才能保证正常的施工，不致引起安全质量事故。

③ 使用操作要求。合理使用机械设备，正确地进行操作，是保证项目施工质量的重要环节。应贯彻"人机固定"原则，实行定机、定人、定岗位职责的使用管理制度，在使用中严格遵守操作规程和机械设备的技术规定，做好机械设备的例行保养工作，使机械保持良好的技术状态，防止出现安全质量事故，确保工程施工质量。

8.3.5　施工过程阶段的质量控制

（1）技术交底

做好技术交底是保证施工质量的重要措施之一。项目开工前应由项目技术负责人向承担施工的负责人或分包人进行书面技术交底，技术交底资料应办理签字手续并归档保存。每一分部工程开工前均应进行作业技术交底。技术交底书应由施工项目技术人员编制，并经项目技术负责人批准实施。技术交底的内容主要包括：任务范围、施工方法、质量标准和验收标准，施工中应注意的问题，可能出现意外的措施及应急方案，文明施工和安全防护措施以及成品保护要求等。技术交底应围绕施工材料、机具、工艺、工法、施工环境和具体的管理措施等方面进行，应明确具体的步骤、方法、要求和完成的时间等。技术交底的形式有：书面、口头、会议、挂牌、样板、示范操作等。

（2）测量控制

项目开工前应编制测量控制方案，经项目技术负责人批准后实施。对相关部门提供的测量控制点应做好复核工作，经审批后进行施工测量放线，并保存测量记录。在施工过程中应对设置的测量控制点线妥善保护，不准擅自移动。同时在施工过程中必须认真进行施工测量复核工作，这是施工单位应履行的技术工作职责，其复核结果应报送监理工程师复验确认后，方能进行后续相关工序的施工。

（3）计量控制

计量控制是保证工程项目质量的重要手段和方法，是施工项目开展质量管理的一项重要基础工作。施工过程中的计量工作，包括施工生产时的投料计量、施工测量、监测计量以及对项目、产品或过程的测试、检验、分析计量等。其主要任务是统一计量单位制度，组织量值传递，保证量值统一。计量控制的工作重点是：建立计量管理部门和配置计量人员；建立健全和完善计量管理的规章制度；严格按规定有效控制计量器具的使用、保管、维修和检验；监督计量过程的实施，保证计量的准确。

（4）工序施工质量控制

施工过程是由一系列相互联系与制约的工序构成的，工序是人、材料、机械设备、施工方法和环境因素对工程质量综合起作用的过程，所以对施工过程的质量控制，必须以工序质量控制为基础和核心。因此，工序的质量控制是施工阶段质量控制的重点。只有严格控制工序质量，才能确保施工项目的实体质量。工序施工质量控制主要包括工序施工条件质量控制和工序施工效果质量控制。

① 工序施工条件质量控制。工序施工条件是指从事工序活动的各生产要素质量及生产环境条件。工序施工条件控制就是控制工序活动的各种投入要素质量和环境条件质量。控制的手段主要有：检查、测试、试验、跟踪监督等。控制的依据主要是：设计质量标准、材料质量标准、机械设备技术性能标准、施工工艺标准以及操作规程等。

② 工序施工效果质量控制。工序施工效果主要反映工序产品的质量特征和特性指标。对工序施工效果的控制就是控制工序产品的质量特征和特性指标能否达到设计质量标准以及施工质量验收标准的要求。工序施工质量控制属于事后质量控制，其控制的主要途径是：实测获取的数据、统计分析所获取的数据、判断认定质量等级和纠正质量偏差。

（5）特殊过程的质量控制

特殊过程是指该施工过程或工序的施工质量不易或不能通过其后的检验和试验而得到充分的验证，或者万一发生质量事故则难以挽救的施工过程。特殊过程的质量控制是施工阶段质量控制的重点。对在项目质量计划中界定的特殊过程，应设置工序质量控制点，抓住影响工序施工质量的主要因素进行强化控制。

① 选择质量控制点的原则。质量控制点的选择应以那些保证质量的难度大、对质量影响大或是发生质量问题时危害大的对象为主。选择的原则是：对工程质量形成过程产生直接影响的关键部位、工序或环节及隐蔽工程；施工过程中的薄弱环节，或者质量不稳定的工序、部位或对象；对下道工序有较大影响的上道工序；采用新技术、新工艺、新材料的部位或环节；施工上无把握的、施工条件困难的或技术难度大的工序或环节；用户反馈指出和过去有过返工的不良工序。

② 质量控制点重点控制的对象。质量控制点的选择要准确、有效，要根据对重要质量特性进行重点控制的要求，选择质量控制的重点部位、重点工序和重点的质量因素作为质量控制的对象，进行重点预控和控制，从而有效地控制和保证施工质量。可作为质量控制点中重点控制的对象主要包括以下几个方面：

a. 人的行为。某些操作或工序，应以人为重点的控制对象，比如：高空、高温、水下、易燃易爆、重型构件吊装作业以及操作要求高的工序和技术难度大的工序等，都应从人的生理、心理、技术能力等方面进行控制。

b. 材料的质量与性能。这是直接影响工程质量的重要因素，在某些工程中应作为控制的重点。例如，钢结构工程中使用的高强度螺栓、某些特殊焊接使用的焊条，都应作为重点控制其材质与性能；又如水泥的质量是直接影响混凝土工程质量的关键因素，施工中就应对进场的水泥质量进行重点控制，必须检查核对其出厂合格证，并按要求进行强度和安定性的复试等。

c. 施工方法与关键操作。某些直接影响工程质量的关键操作应作为控制的重点，如预应力钢筋的张拉工艺操作过程及张拉力的控制，是可靠地建立预应力值和保证预应力构件的关键过程。同时，那些易对工程质量产生重大影响的施工方法，也应列为控制的重点，如大模板施工中模板的稳定和组装问题、液压滑模施工时支承杆稳定问题、升板法施工中提升差的控制等。

d. 施工技术参数。如混凝土的外加剂掺量、水胶比，回填土的含水量，砌体的砂浆饱满度，防水混凝土的抗渗等级，钢筋混凝土结构的实体检测结果及混凝土冬期施工受冻临界强度等技术参数都是应重点控制的质量参数与指标。

e. 技术间歇。有些工序之间必须留有必要的技术间歇时间，例如，砌筑与抹灰之间，应在墙体砌筑后留 6～10d 时间，让墙体充分沉陷、稳定、干燥，再抹灰，抹灰层干燥后，才能喷白、刷浆；混凝土浇筑与模板拆除之间，应保证混凝土有一定的硬化时间，达到规定拆模强度后方可拆除等。

f. 施工顺序。对于某些工序之间必须严格控制先后的施工顺序，例如，对冷拉的钢筋应当先焊接后冷拉，否则会失去冷强；屋架的安装固定，应采取对角同时施焊方法，否则会由于焊接应力导致校正好的屋架发生倾斜。

g. 易发生或常见的质量通病，例如，混凝土工程的蜂窝、麻面、空洞，墙、地面、屋面防水工程渗水、漏水、空鼓、起砂、裂缝等，都与工序操作有关，均应事先研究对策，提出预防措施。

h. 新技术、新材料及新工艺的应用。由于缺乏经验，施工时应将其作为重点进行控制。

i. 产品质量不稳定和不合格率较高的工序应列为重点，认真分析、严格控制。

j. 特殊地基或特种结构。对于湿陷性黄土、膨胀土、红黏土等特殊土地基的处理，以及大跨度结构、高耸结构等技术难度较大的施工环节和重要部位，均应予以特别的重视。

③ 特殊过程质量控制的管理。特殊过程质量控制除按一般过程质量控制的规定执行外，还应由专业技术人员编制作业指导书，经项目技术负责人审批后执行。作业前施工员、技术员做好交底和记录，使操作人员在明确工艺标准、质量要求的基础上进行作业。为保证质量控制点的目标实现，应严格按照三级检查制度进行检查控制。在施工中发现质量控制点有异常时，应立即停止施工，召开分析会，查找原因采取对策予以解决。

（6）成品保护的控制

成品保护一般是指在项目施工过程中，某些部位已经完成，而其他部位还在施工，在这种情况下，施工单位必须负责对已完成部分采取妥善的措施予以保护，以免因成品缺乏保护或保护不善而造成损伤或污染，影响工程的实体质量。加强成品保护，首先要加强教育，提高全体员工的成品保护意识，同时要合理安排施工顺序，采取有效的保护措施。

成品保护的措施一般包括：防护，就是提前保护，针对被保护对象的特点采取各种保护的措施，防止对成品的污染及损坏；包裹，就是将被保护物包裹起来，以防损伤或污染；覆盖，就是用表面覆盖的方法，防止堵塞或损伤；封闭，就是采取局部封闭的办法进行保护。

8.3.6　竣工验收阶段的质量控制

（1）施工项目竣工质量验收程序

工程项目竣工验收工作，通常可分为三个阶段，即准备阶段（竣工验收的准备）、初步验收（预验收）和正式验收。

① 准备阶段（竣工验收的准备）。参与工程建设的各方均应做好竣工验收的准备工作。其中，建设单位应完成组织竣工验收班子，审查竣工验收条件，准备验收资料，做好建立建

设项目档案、清理工程款项、办理工程结算手续等方面的准备工作；监理单位应协助建设单位做好竣工验收的准备工作，督促施工单位做好竣工验收的准备；施工单位应及时完成工程收尾，做好竣工验收资料的准备（包括整理各项交工文件、技术资料并提出交工报告组织准备工程预验收）；设计单位应做好资料整理和工程项目清理等工作。

②　初步验收（预验收）。当工程项目达到竣工验收条件后，施工单位在自检合格的基础上，填写工程竣工报验单，并将全部资料报送监理单位，申请竣工验收。监理单位根据施工单位报送的工程竣工报验申请，由总监理工程师组织专业监理工程师，对竣工资料进行审查，并对工程质量进行全面检查，对检查中发现的问题督促施工单位及时整改。经监理单位检查验收合格后，由总监理工程师签署工程竣工报验单，并向建设单位提出质量评估报告。

③　正式验收。项目主管部门或建设单位在接到监理单位的质量评估和竣工报验单后，经审查，确认符合竣工验收条件和标准，即可组织正式验收。

竣工验收由建设单位组织，验收组由建设、勘察、设计、施工、监理和其他有关方面的专家组成，验收组可下设若干个专业组。建设单位应当在工程竣工验收 7 个工作日前将验收的时间、地点以及验收组名单书面通知当地工程质量监督站。

（2）施工过程的工程质量验收

施工过程的工程质量验收是在施工过程中，在施工单位自行质量检查评定的基础上，参与建设活动的有关单位共同对检验批、分项、分部、单位工程的质量进行抽样复验，根据相关标准以书面形式对工程质量达到合格与否作出确认。

①　检验批质量验收。检验批质量验收合格应符合下列规定：

a. 主控项目和一般项目的质量经抽样检验合格。

b. 具有完整的施工操作依据、质量检查记录。

检验批是工程验收的最小单位，是分项工程乃至整个建筑工程质量验收的基础。检验批是指施工过程中条件相同并有一定数量的材料、构配件或安装项目，由于其质量基本均匀一致，因此，可以作为检验的基础单位，并按批验收。

检验批质量合格的条件有两个方面：资料检查合格、主控项目和一般项目检验合格。

②　分项工程质量验收。分项工程质量验收合格应符合下列规定：

a. 分项工程所含的检验批均应符合合格质量的规定。

b. 分项工程所含的检验批的质量验收记录应完整。

分项工程的验收在检验批的基础上进行。一般情况下，两者具有相同或相近的性质，只是批量的大小不同而已。因此，将有关的检验批汇集构成分项工程的检验。分项工程合格质量的条件比较简单，只要构成分项工程的各检验批的验收资料文件完整，并且均已验收合格，则分项工程验收合格。

③　分部（子分部）工程质量验收。分部（子分部）工程质量验收合格应符合下列规定：

a. 分部（子分部）工程所含分项工程的质量均应验收合格。

b. 质量控制资料应完整。

c. 地基与基础、主体结构和设备安装等分部工程有关安全及功能的检验和抽样检测结果应符合有关规定。

d. 观感质量验收应符合要求。

④　单位（子单位）工程质量验收。单位（子单位）工程质量验收合格应符合下列规定：

a. 单位（子单位）工程所含分部（子分部）工程的质量均应验收合格。

b. 质量控制资料应完整。

c. 单位（子单位）工程所含分部工程有关安全和功能的检测资料应完整。

　　d. 主要功能项目的抽查结果应符合相关专业质量验收规范的规定。

　　e. 观感质量验收应符合要求。

　　（3）质量不符合要求时的处理方法

　　当建筑工程质量不符合要求时，应按下列规定进行处理：

　　① 经返工重做或更换器具、设备的检验批，应重新进行验收。

　　② 经有资质的检测单位检测鉴定能够达到设计要求的检验批，应予以验收。

　　③ 经有资质的检测单位检测鉴定达不到设计要求，但经原设计单位核算认可能够满足结构安全和使用功能的检验批，可予以验收。

　　④ 经返修或加固处理的分项、分部工程，虽然改变外形尺寸但仍能满足安全使用要求，可按技术处理方案和协商文件进行验收。

　　⑤ 通过返修或加固处理仍不能满足安全使用要求的分部工程、单位（子单位）工程，严禁验收。

8.3.7　工程项目质量控制的常用方法

　　建筑工程质量控制用数理统计方法，可以科学地掌握质量状态，分析存在的质量问题，了解影响质量的各种因素，达到提高工程质量和经济效益的目的。

　　建筑工程上常用的统计方法有分层法、排列图法、控制图法、因果分析图法、频数分布直方图、控制图、相关图和统计调查表。

　　（1）分层法

　　① 分层法的基本原理

　　由于影响工程质量的因素多，因此，对工程质量状况的调查和质量问题的分析必须分门别类地进行，以便准确有效地找出问题及其原因，这就是分层法的基本思想。

　　② 分层法的实际应用

　　【例 8-2】　一个焊工班组有 A、B、C 三位工人实施焊接作业，共抽检 60 个焊接点，发现有 18 个点不合格，占 30%。究竟问题在哪里？

　　【解】　根据分层法的原理，对三个焊工焊接点进行统计分析，分层调查的统计数据表见表 8-1。

表 8-1　分层调查的统计数据表

作业工人	抽查点数	不合格点数	个体不合格率/%	占不合格点总数比例/%
A	20	2	10	11
B	20	4	20	22
C	20	12	60	67
合计	60	18	—	100

　　根据对表 8-1 的结果分析，主要是作业工人 C 的焊接质量影响了总体的质量水平。

　　③ 分层法的原始数据获得

　　调查分析的层次划分，根据管理需要和统计目的，通常可按照以下分层方法取得原始数据：

　　a. 按施工时间分：月、日、上午、下午、白天、晚间、季节；

　　b. 按地区部位分：区域、城市、乡村、楼层、外墙、内墙；

　　c. 按产品材料分：产地、厂商、规格、品种；

　　d. 按检测方法分：方法、仪器、测定人、取样方法；

　　e. 按作业组织分：工法、班组、工长、工人、分包商；

　　f. 按工程类型分：住宅、办公楼、道路、桥梁、隧道；

　　g. 按合同结构分：总承包、专业分包、劳务分包。

　　（2）排列图法

　　① 排列图法的基本原理

　　在质量管理过程中，通过抽样检查或检验试验所得到的质量问题、偏差、缺陷、不合格等统计数据，以及造成质量问题的原因分析统计数据，均可采用排列图方法进行状况描述，它具有直观、主次分明的特点。

　　排列图又称为主次因素排列图。它是根据意大利经济学家帕累托（Pareto）提出的"关键的少数和次要的多数"的原理（又称帕累托原理），由美国质量管理专家朱兰运用于质量管理中而发明的一种质量管理图形。其作用是寻找主要质量问题或影响质量的主要原因，以便抓住提高质量的关键，取得好的效果。

　　② 排列图法的实际应用

　　排列图由两个纵坐标、一个横坐标、几个长方形和一条曲线组成。左侧的纵坐标是频数或件数，右侧的纵坐标是累计频率，横轴则是项目（或影响因素），按项目频数大小顺序在横轴上自左而右画长方形，其高度为频数，并根据右侧纵坐标，画出累计频率曲线，又称为巴雷特曲线。

　　排列图的绘制：

　　a. 画横坐标。将横坐标按项目等分，并按项目频数由大到小从左至右顺序排列。

　　b. 画纵坐标。左侧的纵坐标表示项目不合格点数即频数，右侧的纵坐标表示累计频率，要求总频数对应于累计频率100%。

　　c. 画频数直方形。以频数为高画出各项目的直方形。

　　d. 画累计频率曲线。从横坐标左端点开始，依次连接各项目右端点所对应的累计频率值的交点，所得的曲线成为累计频率曲线。

　　e. 记录必要的事项。如检查项目名称、质量数据收集的时间、方法、范围等。

　　根据累计频率把影响因素分成三类：A类因素，对应于累计频率0～80%，是影响产品质量的主要因素；B类因素，对应于累计频率80%～90%，为次要因素；C类因素，对应于累计频率90%～100%，为一般因素。运用排列图便于找出主次矛盾，以利于采取措施加以改进。

　　【例8-3】　工作人员对某砌砖工程质量问题进行了调查，调查结果统计如下：

　　（1）收集寻找问题的数据。某瓦工班组在一幢砖混结构的住宅工程中共砌筑600m³的砖墙，为了提高砌筑质量，对其允许偏差项目进行检测，检测数据见表8-2。

表 8-2　砖墙砌体允许偏差检测数据表

序号	项目	允许偏差/mm	检查点数	不合格点数
1	轴线位移偏差	10	30	0
2	墙体顶面标高	±10	30	0
3	垂直度（每层）	5	30	3
4	表面平整度	5	30	15
5	水平灰缝	7	30	9
6	清水墙游丁走缝	15	30	6
7	水平灰缝厚度（10皮砖）	±8	30	5

（2）分析整理数据"列表"，即作不合格点数统计表。把各个项目的不合格点数由多到少按顺序填入表中，见表 8-3，并计算每个项目的频率和累计频率。

表 8-3　砌墙工程不合格项目及频率

序号	项目	不合格点数（频数）	频率/%	累计频率/%
1	表面平整度	15	39.5	39.5
2	水平灰缝	9	23.7	63.2
3	清水墙游丁走缝	6	15.8	79
4	水平灰缝厚度（10 皮砖）	5	13.2	92.2
5	垂直度（每层）	3	7.8	100
合计		38	100	

（3）绘制排列图，如图 8-3 所示。

（4）确定影响质量的主要因素。由图 8-3 可知，影响砌筑质量的主要因素是 1、2、3 项，即表面平整度、水平灰缝平直度和清水墙游丁走缝，应采取措施以确保工程质量。

（3）因果分析图法

① 因果分析图法的基本原理

因果分析图又称为特性要因图，因其形状像树枝或鱼骨，故又称为鱼骨图、鱼刺图、树枝图。

通过排列图，找到了影响质量的主要问题（或主要因素），但找到问题不是质量控制的最终目的，最终目的是搞清产生质量问题的各种原因，以便采取措施加以纠正，因果分析图法就是分析质量问题产生原因的有效工具。

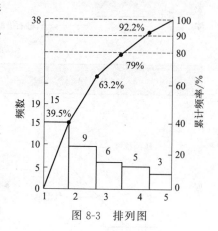

图 8-3　排列图

因果图的做法是将要分析的问题放在图形的右侧，用一条带箭头的主杆指向要解决的质量问题，一般从人、设备、材料、方法、环境五个方面进行分析，这就是所谓的大原因，对具体问题来讲，这五个方面的原因不一定同时存在，要找到解决问题的方法，还需要对上述五个方面进一步分解，这就是中原因、小原因或更小原因，它们之间的关系也用带箭头的箭线表示，如图 8-4 所示。

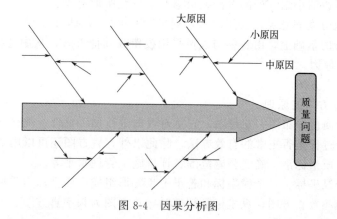

图 8-4　因果分析图

② 因果分析图法的实际应用

【例 8-4】 某工程中混凝土强度不足，现用因果分析图法进行分析。其中，把混凝土施工的生产要素，即人、机械、材料、施工方法和施工环境作为第一层面的因素进行分析；然后对第一层面的各个因素，再进行第二层面的可能原因的深入分析。依此类推，直至把所有可能的原因，分层次一一罗列出来，如图 8-5 所示。

【解】

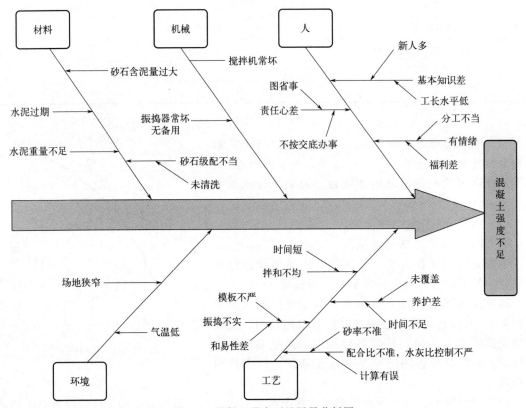

图 8-5 混凝土强度不足因果分析图

③ 因果分析图法应用时的注意事项

a. 一个质量特征或一个质量问题使用一张图分析；

b. 通常采用 QC 小组活动的方式进行，集思广益，共同分析；

c. 必要时可以邀请小组以外的有关人员参与，广泛听取意见；

d. 分析时要充分发表意见，层层深入，列出所有可能的原因；

e. 在充分分析的基础上，由各参与人员采用投票或其他方式，从中选择 1～5 项多数人达成共识的最主要原因。

（4）频数分布直方图

① 频数分布直方图的原理

直方图又称为质量分布图、矩形图，它是对数据进行加工整理、观察分析和掌握质量分布规律、判断生产过程是否正常的有效方法，除此以外，直方图还可以用来估计工序不合格品率的高低、制订质量标准、确定公差范围、评价施工管理水平等。

直方图由一个纵坐标、一个横坐标和若干个长方形组成。横坐标为质量特性，纵坐标是频数时，直方图为频数直方图；纵坐标是频率时，直方图为频率直方图。为了确定各种因素对产品质量的影响情况，在现场随机地实测一批产品的有关数据，将实测得来的这批数据进行分组整理，统计每组数据出现的频数，然后，在直角坐标的横坐标轴上自小至大标出各分组点，在纵坐标上标出对应的频数，画出其高度值为其频数值的一系列直方形，即为频数分布直方图。

② 频数分布直方图的实际应用

a. 收集整理数据。用随机抽样的方法抽取数据。一般要求数据在 50 个以上。

b. 计算极差 R。极差 R 是数据中最大值与最小值之差。

c. 确定组数、组距、组限

（a）确定组数 K。确定组数的原则是分组的结果能正确反映数据的分布规律。组数应根据数据多少来确定。组数过少，会掩盖数据的分布规律；组数过多，会使数据过于零乱分散，也不能正确显示出质量分布状况。一般数据组总数（N）在 $50 \sim 100$ 个，则需分组数（K）$6 \sim 10$ 组；数据组总数（N）在 $100 \sim 250$ 个，则需分组数（K）$7 \sim 12$ 组；数据组总数（N）在 250 个以上，则需分组数（K）$10 \sim 20$ 组。

（b）确定组距 H。组距是组与组之间的间隔，也即一个组的范围，各组组距应相等，于是有：

$$组距＝极差/组数（H＝R/K）$$

组数、组距的确定应根据极差综合考虑，适当调整，还要注意数值尽量取整，使分组结果能包括全部数据值，同时也便于计算分析。

（c）确定组限。每组的最大值为上限，最小值为下限，上下限统称为组限。确定组限时应注意使各组之间连续，即较低组上限应为相邻较高组下限，这样才不致使有的数据被遗漏。对恰恰处于组限值上的数据，解决的办法有二：一是规定每组上（或下）组限不计在该组内，而应计入相邻较高（或较低）组内；二是将组限值较原始数据精度提高半个最小测量单位。

（d）编制数据频数统计表。统计各组数据频数，频数综合应等于全部数据个数。

【例 8-5】 某工程 10 组试块的 100 个抗压强度数据，见表 8-4，通过数据表很难直接判断其质量状况是否正常、稳定和受控，如将其数据整理后绘制成直方图，就可以根据正态分布的特点进行分析判断，如图 8-6 所示。

表 8-4　数据表

数据/MPa										最大值	最小值
29.4	27.3	28.2	27.1	28.3	28.5	28.9	28.3	29.9	28.0	29.9	27.1
28.9	27.9	28.1	28.3	28.9	28.3	27.8	27.5	28.4	27.9	28.9	27.5
28.8	27.1	27.1	27.9	28.0	28.5	28.6	28.3	28.9	28.8	28.9	27.1
28.5	29.1	28.1	29.0	28.6	28.9	27.9	27.8	28.6	28.4	29.1	27.8
28.7	29.2	29.0	29.1	28.0	28.5	28.9	27.7	27.9	27.7	29.2	27.7
29.1	29.0	28.7	27.6	28.3	28.3	28.6	28.0	28.3	28.5	29.1	27.6
28.5	28.7	28.3	28.3	28.7	28.3	29.1	28.5	27.7	29.3	29.3	27.7
28.8	28.3	27.8	28.1	28.4	28.9	28.1	27.3	27.5	28.4	28.9	27.3
28.4	29.0	28.9	28.3	28.6	27.7	28.7	27.7	29.0	29.4	29.4	27.7
29.3	28.1	29.7	28.5	28.9	29.0	28.8	28.1	29.4	27.9	29.7	27.9

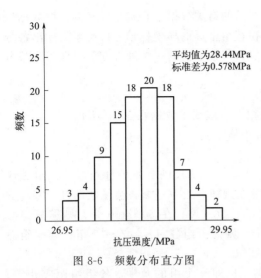

图 8-6　频数分布直方图

③ 频数分布直方图的观察分析

a. 通过分布形状观察分析。

（a）分布形状观察分析是指将绘制好的直方图形状与正态分布形状进行比较分析，一看形状是否相似，二看分布区间的宽窄。直方图的分布形状及分布区间宽窄是由质量特性统计数据的平均值和标准差所决定的。

（b）正常直方图呈正态分布，其形状特征是中间高、两边低、对称分布，如图 8-7(a) 所示。正常直方图反映生产过程质量处于正常、稳定状态。数理统计研究证明，当随机抽样方案合理且样本数量足够大时，在生产能力处于正常、稳定状态，质量特性检测数据趋于正态分布。

（c）异常直方图呈偏态分布，常见的异常直方图有折齿型、缓坡型、孤岛型、双峰型、峭壁型，如图 8-7(b)、(c)、(d)、(e)、(f) 所示。

• 折齿型[图 8-7(b)]，是由于分组不当或者组距确定不当出现的直方图。

• 缓坡型[图 8-7(c)]，主要是由于操作中对上限（或下限）控制太严造成的。

• 孤岛型[图 8-7(d)]，是原材料发生变化，或临时他人顶替班造成的。

• 双峰型[图 8-7(e)]，是由于两种不同的方法或两台设备或两组工人进行生产，然后把两方面数据混在一起整理而成的。

• 峭壁型[图 8-7(f)]，是由于数据收集不正常，可能有意识地去掉下限以下的数据，或是在检测过程中存在某种人为因素所造成的。

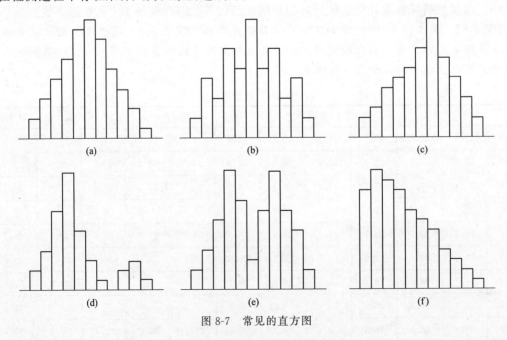

图 8-7　常见的直方图

出现异常的原因可能是生产过程存在影响质量的系统因素，或收集整理数据制作直方图的方法不当所致，要具体分析。

b. 通过分布位置观察分析。

（a）分布位置观察分析是指将直方图的分布位置与质量控制标准的上、下界限范围进行比较分析，如图 8-8 所示。

（b）生产过程的质量正常、稳定和受控，还必须在公差标准上、下界限范围内达到质量合格的要求。只有这样的正常、稳定和受控才是经济合理的受控状态，如图 8-8（a）所示。

（c）图 8-8（b）所示质量特性数据分布偏下限，易出现不合格，在管理上必须提高总体能力。

（d）图 8-8（c）所示质量特性数据的分布宽度边界达到质量标准的上、下界限，其质量能力处于临界状态，易出现不合格，必须分析原因，采取措施。

（e）图 8-8（d）所示质量特性数据的分布居中且边界与质量标准的上、下界限有较大的距离，说明其控制质量的能力偏大，不经济。

（f）图 8-8（e）、（f）所示的数据分布均已出现超出质量标准的上、下界限，这些数据说明生产过程存在质量不合格，需要分析原因，采取措施进行纠偏。

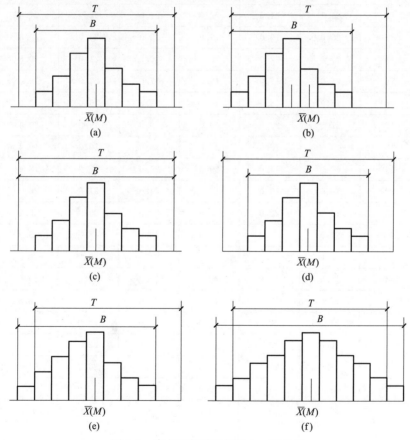

图 8-8　直方图与质量标准上、下界限

T—质量标准要求界限；M—质量标准中心；B—实际质量特性分布范围；$\overline{X}$—实际质量特性分布中心

（5）控制图

控制图又叫作管理图，是能够表达施工过程中质量波动状态的一种图形。使用控制图，能够及时地提供施工中质量状态偏离控制目标的信息，提醒人们不失时机地采取措施，使质量始终处于受控状态。使用控制图，使工序质量的控制由事后检查转变为以预防为主，使质量控制产生了一个飞跃。1924 年美国人休哈特发明了这种图形，此后在质量控制中得到了日益广泛的应用。

控制图与前述各统计方法的根本区别在于，前述各种方法所提供的数据是静态的，而控制图则可提供动态的质量数据，使人们有可能控制异常状态的产生和蔓延。

如前所述，质量的特性总有波动，波动的原因主要有人、材料、设备、工艺、环境五个方面。控制图就是通过分析不同状态下统计数据的变化，来判断五个系统因素是否有异常而影响着质量，也就是要及时发现异常因素而加以控制，保证工序处于正常状态。它通过抽样数据来判断总体状态，以预防不良产品的产生。

【例 8-6】　表 8-5 为某工程中混凝土构件强度数据表，根据抽样数据来绘制控制图。

表 8-5　混凝土构件强度数据表　　　　　　　单位：MPa

组号	测定日期	X_1	X_2	X_3	X_4	X_5	$\overline{X}$	R
1	10－10	21.0	19.0	19.0	22.0	20.0	20.2	3.0
2	11	23.0	17.0	18.0	19.0	21.0	19.6	6.0
3	12	21.0	21.0	22.0	21.0	22.0	21.4	1.0
4	13	20.0	19.0	19.0	23.0	20.0	20.8	4.0
5	14	21.0	22.0	20.0	20.0	21.0	20.8	2.0
6	15	21.0	17.0	20.0	17.0	22.0	19.0	5.0
7	16	18.0	18.0	20.0	19.0	20.0	19.0	2.0
8	17	22.0	22.0	19.0	20.0	19.0	20.4	3.0
9	18	20.0	18.0	20.0	19.0	20.0	19.4	2.0
10	19	18.0	17.0	20.0	20.0	17.0	18.4	3.0
11	20	18.0	18.0	19.0	24.0	21.0	20.2	6.0
12	21	19.0	22.0	20.0	20.0	20.0	20.2	3.0
13	22	22.0	19.0	16.0	19.0	18.0	18.8	6.0
14	23	20.0	22.0	21.0	21.0	18.8	20.0	3.0
15	24	19.0	18.0	21.0	21.0	20.0	19.8	3.0
16	25	16.0	18.0	19.0	20.0	20.0	18.6	4.0
17	26	21.0	22.0	21.0	20.0	18.0	20.4	4.0
18	27	18.0	18.0	16.0	21.0	22.0	19.0	6.0
19	28	21.0	21.0	21.0	21.0	20.0	21.4	4.0
20	29	21.0	19.0	19.0	19.0	19.0	19.4	2.0
21	30	20.0	19.0	19.0	20.0	22.0	20.0	3.0
22	31	20.0	20.0	23.0	22.0	18.0	20.6	5.0
23	11－1	22.0	22.0	20.0	18.0	22.0	20.8	4.0
24	2	19.0	19.0	20.0	24.0	22.0	20.4	5.0
25	3	17.0	21.0	21.0	18.0	19.0	19.2	4.0
合计							497.2	93.0

【解】　根据抽样数据绘制的 $\overline{X}$-R 控制图如图 8-9 所示。

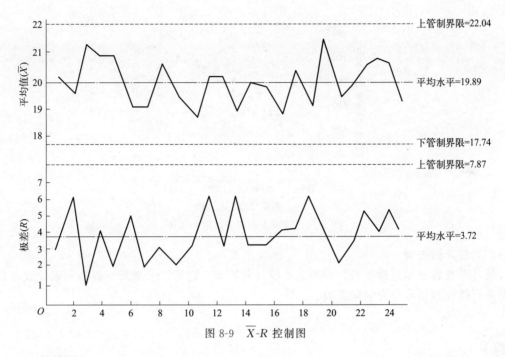

图 8-9　$\overline{X}$-R 控制图

（6）相关图

相关图又叫作散布图，它不同于前述各种方法之处，在于其不是对一种数据进行处理和分析，而是对两种测定数据之间的相关关系进行处理、分析和判断。它也是一种动态的分析方法。在工程施工中，工程质量的相关关系有三种类型：第一种是质量特性和影响因素之间的关系，如混凝土强度与温度的关系；第二种是质量特性与质量特性之间的关系；第三种是影响因素与影响因素之间的关系，如混凝土容重与抗渗能力之间的关系，沥青的黏结力与沥青的延伸率之间的关系等。通过对相关关系的分析、判断，可以为人们提供对质量目标进行控制的信息。分析质量结果与产生原因之间的相关关系，有时从数据上比较容易看清楚，但有时从数据上很难看清，这就必须借助相关图为进行相关分析提供方便。

使用相关图，就是通过绘图、计算与观察，判断两种数据之间究竟是什么关系，建立相关方程，从而通过控制一种数据达到控制另一种数据的目的。正如我们掌握了在弹性极限内钢材的应力和应变的正相关关系（直线关系），可以通过控制拉伸长度（应变）从而达到提高钢材强度的目的一样（冷拉的原理）。

【例 8-7】　根据表 8-6 所示的混凝土密度与抗渗的关系，绘制其相关图。

表 8-6　混凝土密度与抗渗的关系

抗渗能力 /(kN/m²)	密度 /(kg/m³)	抗渗能力 /(kN/m²)	密度 /(kg/m³)	抗渗能力 /(kN/m²)	密度 /(kg/m³)	抗渗能力 /(kN/m²)	密度 /(kg/m³)	抗渗能力 /(kN/m²)	密度 /(kg/m³)
780	2290	650	2080	480	1850	580	2040	550	1940
500	1919	700	2150	730	2200	590	2050	680	2140
550	1960	840	2520	750	2240	640	2060	620	2110
810	2400	520	1900	810	2440	780	2350	630	2120
800	2350	750	2250	690	2170	350	2300	700	2200

【解】　根据表 8-6 绘制的混凝土密度与抗渗相关图如图 8-10 所示。

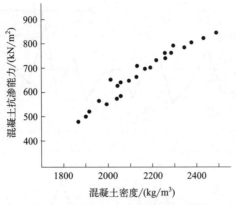

图 8-10　混凝土密度与抗渗相关图

（7）统计调查表

统计调查表又称为检查表、核对表、统计分析表，它是用来记录、收集和累计数据并对数据进行整理和粗略分析的调查表。

 本章小结

本章主要阐述工程项目质量与质量管理的基本概念，工程项目质量计划的编制原则，建筑工程项目质量控制。本章的重点是掌握工程项目质量控制的一些基本方法，例如：分层法、排列图法、控制图法、因果分析图法等。

 复习思考题

在线题库

1. 在某工程建设项目施工阶段，施工单位对现场制作的钢筋混凝土预制板进行质量检查，抽查了 500 块预制板，发现其中存在表 8-7 所示的问题。

表 8-7　钢筋混凝土预制板质量问题检查结果

序号	存在问题	数量
1	蜂窝麻面	23
2	局部露筋	10
3	强度不足	4
4	横向裂缝	2
5	纵向裂缝	1
合计		40

试用排列图分析预制板中存在的问题，并找出主要质量问题，采取措施进行处理。

2. 背景：某一大型基础设施项目，除土建工程、安装工程外，还有一段地基需设置护坡桩加固边坡。业主委托监理单位组织施工招标及承担施工阶段监理任务。业主采纳了监理单位的建议，确定土建、安装、护坡桩三个合同分别招标，土建施工采用公开招标，设备安装和护坡桩工程选择另外的方式招标，分别选定了三个承包单位。其中，基础工程公司承包护坡桩工程。

护坡桩工程开工前，总监批准了基础工程公司上报的施工组织设计。开工后，在第一次工地会议上，总监特别强调了质量控制的两个途径和主要手段。护坡桩的混凝土设计强度为 C30。在混凝土护坡桩开始浇筑后，基础工程公司按规定预留了 40 组混凝土试块，根据其抗压强度试验结果绘制出频数分布表 8-8。

表 8-8　抗压强度频数分布表

组号	分组区间	频数	频率
1	25.15～26.95	2	0.05
2	26.95～28.75	4	0.10
3	28.75～30.55	8	0.20
4	30.55～32.35	11	0.275
5	32.35～34.15	7	0.175
6	34.15～35.95	5	0.125
7	35.95～37.75	3	0.075

问题：

(1) 请根据频数分布表绘制频数分布直方图。

(2) 若 C30 混凝土强度质量控制范围取值为：上限 $T_u = 38.2\text{MPa}$，下限 $T_l = 24.8\text{MPa}$，请在直方图上绘出上限、下限，并对混凝土浇筑质量给予全面评价。

第 9 章
工程项目职业健康安全管理与环境管理

 学习目标

了解工程项目职业健康安全管理与环境管理的概念，了解安全管理及现场安全管理的概念，了解现场安全事故管理，了解工程环境管理的防治。

 本章重点

重点掌握职业健康安全管理的定义、特点和目的，PDCA 循环管理模式，施工现场安全事故管理。

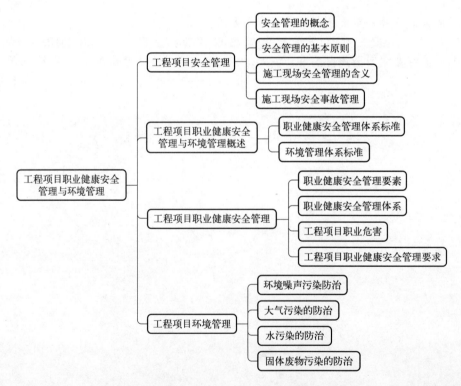

习近平总书记在党的二十大报告中强调，要"推进健康中国建设"，"把保障人民健康放在优先发展的战略位置，完善人民健康促进政策"。全面贯彻党的二十大提出的健康中国建设要求，更好地体现人民健康优先发展的战略导向，需要全面准确理解健康优先的深刻内涵和重大意义，紧紧扭住重点任务和关键环节，奋发有为、推动健康中国建设迈上新台阶、取得新成就。要推进健康中国的发展，必须把职业安全管理放在首位。推动绿色发展，促进人与自然和谐共生。习近平总书记指出大自然是人类赖以生存发展的基本条件。尊重自然、顺

应自然、保护自然，是全面建设社会主义现代化国家的内在要求。必须牢固树立和践行绿水青山就是金山银山的理念，站在人与自然和谐共生的高度谋划发展。

9.1　工程项目安全管理

9.1.1　安全管理的概念

安全管理（safety management）是管理科学的一个重要分支，它是为实现安全目标而进行的有关决策、计划、组织和控制等方面的系列活动，主要运用现代安全管理原理、方法和手段，分析和研究各种不安全因素，从技术上、组织上和管理上采取有力措施，解决和消除各种安全隐患，防止事故的发生。宏观的安全管理主要包括劳动保护、安全技术和工业卫生这三个相互联系又相互独立的方面。

（1）劳动保护，侧重于政策、规程、条例、制度等形式，规范操作或管理行为，从而使劳动者的劳动安全与身体健康得到应有的法律保障。

（2）安全技术，侧重于对"劳动手段和劳动对象"的管理。包括预防伤亡事故的工程技术和安全技术规范、技术规定、标准、条例等，以规范物的状态，减轻或消除对人的威胁。

（3）工业卫生，侧重于对生产中高温、粉尘、振动、噪声、毒物的管理，通过防护、医疗保健等措施，防止劳动者的安全与健康受到危害。

工程项目安全管理，是指施工过程中组织安全生产的全部管理活动。通过对生产要素具体的状态控制，使不安全的行为和状态减少或消除，不引发为事故，尤其是不引发使人受到伤害的事故，使工程项目效益目标的实现得到充分的保证。

9.1.2　安全管理的基本原则

安全管理是企业生产管理的重要组成部分，是一门综合性的系统科学。安全管理的对象是生产中一切人、物、环境的状态管理与控制，安全管理是一种动态管理。为有效地将生产因素的状态控制好，在实施安全管理过程中，必须正确处理五种关系，坚持六项管理原则。

（1）正确处理五种关系

① 安全与危险并存

安全与危险在同一事物的运动中是相互对立、相互依赖而存在的。因为有危险，才要进行安全管理，以防止危险。安全与危险并非等量并存、平静相处。随着事物的运动变化，安全与危险每时每刻都在变化着，进行着此消彼长的斗争。可见，在事物的运动中，不会存在绝对的安全或危险。

保持生产的安全状态，必须采取多种措施，以预防为主，危险因素是完全可以控制的。危险因素是客观地存在于事物运动之中的，自然是可知的，也是可控的。

② 安全与生产的统一

生产是人类社会存在和发展的基础。如果生产中人、物、环境都处于危险状态，则生产无法顺利进行。因此，安全是生产的客观要求，自然，当生产完全停止，安全也就失去意义。就生产的目的性来说，组织好安全生产就是对国家、人民和社会最大的负责。

生产有了安全保障，才能持续、稳定发展。生产活动中事故层出不穷，生产势必陷于混乱，甚至瘫痪的状态。当生产与安全发生矛盾、危及职工生命或国家财产时，停下生产活动，整治、消除危险因素以后，生产形势会变得更好。"安全第一"的提法，绝非把安全摆到生产之上；而忽视安全盲目生产自然是一种错误。

③ 安全与质量的包含关系

从广义上来看，质量包含安全工作质量，安全概念也包含质量，交互作用，互为因果。安全第一，质量第一，两个第一并不矛盾。安全第一是从保护生产因素的角度提出的，而质量第一则是从关心产品成果的角度而强调的。安全为质量服务，质量需要安全保证。

④ 安全与速度互保

生产的蛮干、乱干，在侥幸中求得的快，缺乏真实与可靠，一旦酿成事故，非但无速度可言，反而会延误时间。速度应以安全作保障，安全就是速度。应追求安全加速度，竭力避免安全减速度。

安全与速度成正比例关系。一味强调速度，置安全于不顾的做法是极其有害的。当速度与安全发生矛盾时，暂时减缓速度，保证安全才是正确的做法。

⑤ 安全与效益的兼顾

安全技术措施的实施，定会改善劳动条件，调动职工的积极性，焕发劳动热情，带来经济效益，足以使原来的投入得到补偿。从这个意义上来说，安全与效益完全是一致的，安全促进了效益的增长。

在安全管理中，投入要适度、适当，精打细算，统筹安排。既要保证安全生产，又要经济合理，还要考虑力所能及。单纯为了省钱而忽视安全生产，或单纯追求不惜资金的盲目高标准，都不可取。

（2）坚持安全管理六项原则

① 管生产同时管安全

安全管理是生产管理的重要组成部分，安全与生产在实施过程中，两者存在着密切的联系，存在着进行共同管理的基础。各级领导人员在管理生产的同时，必须负责管理安全工作。企业中一切与生产有关的机构、人员，都必须参与安全管理并在管理中承担责任。

② 坚持安全管理的目的性

没有明确目的的安全管理是一种盲目行为。在一定意义上，盲目的安全管理，只能纵容威胁人安全与健康的状况，向更为严重的方向发展或转化。

③ 必须贯彻预防为主的方针

安全生产的方针是"安全第一、预防为主"。进行安全管理不是处理事故，而是在生产活动中，针对生产的特点，对生产因素采取管理措施，有效地控制不安全因素的发展与扩大，把可能发生的事故消灭在萌芽状态，以保证生产活动中人的健康与安全。

④ 坚持"四全"动态管理

安全管理不是少数人和安全机构的事，而是一切与生产有关的人共同的事。生产组织者在安全管理中的作用固然重要，全员性参与管理也十分重要。因此，生产活动中必须坚持全员、全过程、全方位和全天候的动态安全管理。

⑤ 安全管理重在控制

安全管理的各项主要内容中，虽然都是为了达到安全管理的目的，但是对生产因素状态的控制与安全管理目的关系更直接、更突出。因此，对生产中人的不安全行为和物的不安全状态的控制，必须作为动态安全管理的重点。

⑥ 在管理中发展提高

安全管理是一种动态管理，需要不断发展、不断完善，以适应变化的生产活动，消除新的危险因素，摸索新的规律，总结管理的办法与经验，从而使安全管理上升到新的高度。

9.1.3　施工现场安全管理的含义

从生产管理的角度，安全管理应概括为：在进行生产管理的同时，通过采用计划、组织、技术等手段，依据并适应生产中人、物、环境因素的运动规律，有效控制事故发生的一切管理活动。如在生产管理过程中实行作业标准化，安全、合理地进行施工现场布置，推行安全操作资格确认制度，建立与完善安全生产管理制度等。

施工现场中直接从事生产作业的人员密集，材料和机具设备集中，存在着多种危险因素，因此，施工现场属于事故多发的场所。控制人的不安全行为和物的不安全状态是施工现场安全管理的重点，也是预防和避免伤害事故、保证生产处于最佳安全状态的根本环节。

9.1.4　施工现场安全事故管理

（1）安全检查

安全检查是发现人的不安全行为、物的不安全状态和环境的不安全因素的重要途径，是消除事故隐患，落实整改措施，防止事故伤害，改善劳动条件的重要方法。安全检查包括定期安全检查、专业性安全检查、季节性安全检查等多种形式。

① 安全检查的主要内容

a. 建筑工程施工安全检查主要是以查安全思想、查安全责任、查安全制度、查安全措施、查安全防护、查设备设施、查教育培训、查操作行为、查劳动防护用品使用和查伤亡事故处理等为主要内容。

b. 安全检查要根据施工生产特点，具体确定检查的项目和检查的标准。

（a）查安全思想主要是检查以项目经理为首的项目全体员工（包括分包作业人员）的安全生产意识和对安全生产工作的重视程度。

（b）查安全责任主要是检查现场安全生产责任制度的建立；安全生产责任目标的分解与考核情况；安全生产责任制与责任目标是否已落实到了每一个岗位和每一个人员，并得到了确认。

（c）查安全制度主要是检查现场各项安全生产规章制度和安全技术操作规程的建立和执行情况。

（d）查安全措施主要是检查现场安全措施计划及各项安全专项施工方案的编制、审核、审批及实施情况；重点检查方案的内容是否全面、措施是否具体并有针对性，现场的实施运行是否与方案规定的内容相符。

（e）查安全防护主要是检查现场临边、洞口等各项安全防护设施是否到位，有无安全隐患。

（f）查设备设施主要是检查现场投入使用的设备设施的购置、租赁、安装、验收、使用、过程维护保养等各个环节是否符合要求；设备设施的安全装置是否齐全、灵敏、可靠，有无安全隐患。

（g）查教育培训主要是检查现场教育培训岗位、教育培训人员、教育培训内容是否明确、具体、有针对性；三级安全教育制度和特种作业人员持证上岗制度的落实情况是否到位；教育培训档案资料是否真实、齐全。

（h）查操作行为主要是检查现场施工作业过程中有无违章指挥、违章作业、违反劳动纪律的行为发生。

（i）查劳动防护用品的使用主要是检查现场劳动防护用品、用具的购置，产品质量，配备数量和使用情况是否符合安全与职业卫生的要求。

(j) 查伤亡事故处理主要是检查现场是否发生伤亡事故，对发生的伤亡事故是否已按照"四不放过"的原则进行了调查处理，是否已有针对性地制订了纠正与预防措施，制订的纠正与预防措施是否已得到落实并取得实效。

② 安全检查的形式

a. 建筑工程施工安全检查的主要形式一般可分为日常巡查，专项检查，定期安全检查，经常性安全检查，季节性安全检查，节假日安全检查，开工、复工安全检查，专业性安全检查和设备设施安全验收检查等。

b. 安全检查的组织形式应根据检查的目的、内容而定，因此参加检查的组成人员也就不完全相同。

(a) 定期安全检查。建筑施工企业应建立定期分级安全检查制度，定期安全检查属全面性和考核性的检查，建筑工程施工现场应至少每旬开展一次安全检查工作，施工现场的定期安全检查应由项目经理亲自组织。

(b) 经常性安全检查。建筑工程施工应经常开展预防性的安全检查工作，以便于及时发现并消除事故隐患，保证施工生产正常进行。施工现场经常性的安全检查方式主要有：现场专（兼）职安全生产管理人员及安全值班人员每天例行开展的安全巡视、巡查；现场项目经理、责任工程师及相关专业技术管理人员在检查生产工作的同时进行的安全检查；作业班组在班前、班中、班后进行的安全检查。

c. 季节性安全检查。季节性安全检查主要是针对气候特点（如：暑季、雨季、风季、冬季等）可能给安全生产造成的不利影响或带来的危害而组织的安全检查。

d. 节假日安全检查。在节假日特别是重大或传统节假日（如："五一"、"十一"、元旦、春节等）前后和节日期间，为防止现场管理人员和作业人员思想麻痹、纪律松懈等而进行的安全检查。节假日加班，更要认真检查各项安全防范措施的落实情况。

e. 开工、复工安全检查。针对工程项目开工、复工进行的安全检查，主要是检查现场是否具备保障安全生产的条件。

f. 专业性安全检查。由有关专业人员对现场某项专业安全问题或在施工生产过程中存在的比较系统性的安全问题进行的单项检查。这类检查专业性强，主要应由专业工程技术人员、专业安全管理人员参加。

g. 设备设施安全验收检查。针对现场塔吊等起重设备、外用施工电梯、龙门架及井架物料提升机、电气设备、脚手架、现浇混凝土模板支撑系统等设备设施在安装、搭设过程中或完成后进行的安全验收、检查。

③ 安全检查的要求

a. 根据检查内容配备力量，抽调专业人员，确定检查负责人，明确分工。

b. 应有明确的检查目的和检查项目、内容及检查标准、重点、关键部位。对面积大或数量多的项目可采取系统的观感和一定数量的测点相结合的检查方法。检查时尽量采用检测工具，并做好检查记录。

c. 对现场管理人员和操作工人不仅要检查是否有违章指挥和违章作业行为，还应进行"应知应会"的抽查，以便了解管理人员及操作工人的安全素质和安全意识。对于违章指挥、违章作业行为，检查人员可以当场指出，进行纠正。

d. 认真、详细做好检查记录，特别是对隐患的记录必须具体，如隐患的部位、危险性程度及处理意见等。采用安全检查评分表的，应记录每项扣分的原因。

e. 检查中发现的隐患应发出隐患整改通知书，责令责任单位进行整改，并作为整改后的备查依据。对凡是有即发型事故危险的隐患，检查人员应责令其停工，被查单位必须立即整改。

f. 尽可能系统、定量地作出检查结论，进行安全评价。以利受检单位根据安全评价研究对策、进行整改、加强管理。

g. 检查后应对隐患整改情况进行跟踪复查，查被检单位是否按"三定"原则（定人、定期限、定措施）落实整改，经复查整改合格后，进行销案。

④ 安全检查方法

建筑工程安全检查在正确使用安全检查表的基础上，可以采用"听""问""看""量""测""运转试验"等方法进行。

a. "听"。听取基层管理人员或施工现场安全员汇报安全生产情况，介绍现场安全工作经验、存在的问题、今后的发展方向。

b. "问"。主要是指通过询问、提问，对以项目经理为首的现场管理人员和操作工人进行的应知应会抽查，以便了解现场管理人员和操作工人的安全意识和安全素质。

c. "看"。主要是指查看施工现场安全管理资料和对施工现场进行巡视。例如：查看项目负责人、专职安全管理人员、特种作业人员等的持证上岗情况；现场安全标志设置情况；劳动防护用品使用情况；现场安全防护情况；现场安全设施及机械设备安全装置配置情况等。

d. "量"。主要是指使用测量工具对施工现场的一些设施、装置进行实测实量。例如：对脚手架各种杆件间距的测量；对现场安全防护栏杆高度的测量；对电气开关箱安装高度的测量；对在建工程与外电边线安全距离的测量等。

e. "测"。主要是指使用专用仪器、仪表等监测器具对特定对象关键特性技术参数的测试。例如：使用漏电保护器测试仪对漏电保护器漏电动作电流、漏电动作时间的测试；使用地阻仪对现场各种接地装置接地电阻的测试；使用兆欧表对电机绝缘电阻的测试；使用经纬仪对塔吊、外用电梯安装垂直度的测试等。

f. "运转试验"。主要是指由具有专业资格的人员对机械设备进行实际操作，试验检验其运转的可靠性或安全限位装置的灵敏性。例如：对塔吊力矩限制器、变幅限位器、起重限位器等安全装置的试验；对施工电梯制动器、限速器、上下极限限位器、门连锁装置等安全装置的试验；对龙门架超高限位器、断绳保护器等安全装置的试验等。以表 9-1 为安全检查表格式示例。

表 9-1　公司、项目经理部安全检查表

项目	检查内容	检查方法或要求	检查结果
作业前和作业过程中检查	(1)班前安全生产会开了没有	查安排、看记录，了解未参加人员的主要原因	
	(2)每周一次的安全活动坚持了没有	同上，并有安全技术交底卡	
	(3)安全网点活动开展得怎样	有安排、有分工、有内容、有检查、有记录、有小结	
	(4)岗位安全生产责任制是否落实	知道责任制的主要内容，明确相互之间的配合关系，没有失职现象	
	(5)本工种安全技术操作规程掌握如何	人人熟悉本工种安全技术操作规程，理解内容实质	
	(6)作业环境和作业位置是否清楚，并符合安全要求	人人知道作业环境和作业地点，知道安全注意事项，环境和地点整洁符合文明施工要求	

续表

项目	检查内容	检查方法或要求	检查结果
作业前和作业过程中检查	(7)机具、设备准备得如何	机具、设备齐全可靠,摆放合理,使用方便,安全装置符合要求	
	(8)个人防护用品穿戴怎样	齐全、可靠,符合要求	
	(9)主要安全设施是否可靠	进行了自检,没发现任何隐患,或发现个别隐患已处理	
	(10)有无其他特殊问题	参加作业人员身体、情绪正常,着装规范等	
	(11)有无违反安全纪律现象	密切配合,不互相出难题;不只顾自己、不顾他人;不互相打闹;不隐瞒隐患;无强行作业;有问题及时处理	
	(12)有无违章作业现象	不乱摸乱动机具、设备,不乱挪乱拿消防器材,不乱触乱碰电器开关;不在易燃易爆物附近吸烟;不乱丢料具和物件;不任意脱去个人防护用品	
	(13)有无违章指挥现象	违章指挥出自何处何人,是执行了还是抵制了,抵制后又是怎样解决的等	
	(14)有无不懂、不会操作现象	查清作业人员和作业内容	
	(15)作业人员的反应如何	对作业内容有无不适应的现象;身体和精神状态是否失常,是怎样处理的	
作业后检查	(16)材料、物资是否整理	清理有用品、清除无用品,堆放整齐	
	(17)料具和设备是否整顿好	归位还原,保持整洁,若放在现场需加强保护	
	(18)清扫工作做得怎样	作业场地清扫干净,秩序井然,无零散物件,道路、路口畅通,照明良好,库上锁,门关严	
	(19)其他问题解决得如何	下班后人数清点了没有,事故处理得怎样,本班作业的主要问题是否报告和反映了等	

⑤ 安全检查结果的处理

安全检查的目的是发现、消除、处理危险因素,避免事故伤害,实现安全生产。消除危险因素的关键环节在于认真整改,真正地、确确实实地把危险因素消除。对于一些暂时不能消除的危险因素,应逐项分析,寻求解决的办法,安排整改计划,尽快予以消除。

对查出的安全隐患要做到"五定",即"定整改责任人、定整改措施、定整改完成时间、定整改完成人、定整改验收人"。出现问题时,相关责任人还必须做到"不推不拖",即在解决具体的危险因素时,凡使用自己的力量能解决的,不推不拖、不等不靠,坚决组织整改。自己解决有困难的,应积极主动寻找解决的办法,争取外界支援,以尽快整改,不把责任推给上级,也不拖延整改时间,以最快的速度把危险的因素消除。

(2) 安全事故的分类

建设工程质量事故的分类方法有多种,既可按造成损失的严重程度划分,又可按其产生的原因划分,还可按其造成的后果或事故责任区分。

国家现行对工程质量通常采用按造成损失的严重程度进行分类,其基本分类如下。

① 特别重大事故,是指造成 30 人以上死亡,或者 100 人以上重伤(包括急性工业中毒,下同),或者 1 亿元以上直接经济损失的事故。

② 重大事故，是指造成 10 人以上、30 人以下死亡，或者 50 人以上、100 人以下重伤，或者 5000 万元以上、1 亿元以下直接经济损失的事故。

③ 较大事故，是指造成 3 人以上、10 人以下死亡，或者 10 人以上、50 人以下重伤，或者 1000 万元以上、5000 万元以下直接经济损失的事故。

④ 一般事故，是指造成 3 人以下死亡，或者 10 人以下重伤，或者 1000 万元以下直接经济损失的事故。

（3）安全事故的处理

安全事故是违背人们意愿发生的事件。一旦安全事故发生，就要坚持"四不放过"原则，即事故原因分析不清不放过，员工及事故责任人受不到教育不放过，事故隐患不整改不放过，事故责任人不处理不放过。用严肃、认真、科学、积极的态度，处理好已经发生的事故，将事故造成的损失降至最低程度，同时应采取有效措施，避免同类事故重复发生。

① 发生事故后，应迅速按类别和等级向主管部门上报，并于 24 小时内写出书面报告。在报告时，应以严肃、科学的态度，实事求是地按照规定、要求去完成报告。做到不隐瞒、不虚报、不避重就轻。

② 积极抢救负伤人员的同时，应保护好事故现场及相关证据，以利于调查清楚事故原因。

③ 分析事故，弄清发生过程，找出造成事故的人、物、环境状态方面的原因。分清造成事故的安全责任，总结生产安全因素管理方面的教训，写出符合实际情况的调查报告。

9.2　工程项目职业健康安全管理与环境管理概述

随着人类社会进步及科技、经济的发展，职业健康安全与环境的问题越来越受到关注。为了保证劳动生产者在劳动过程中的健康安全和保护生态环境，防止和减少生产安全事故发生，促进能源节约和避免资源浪费，使社会的经济发展与人类的生存环境相协调，必须加强职业健康安全和环境管理。

9.2.1　职业健康安全管理体系标准

（1）职业健康安全管理体系标准产生的背景

20 世纪 90 年代中期以来，在经济全球化潮流的推动下，随着 ISO 9000 和 ISO 14000 系列标准的广泛推广，英、美等工业发达国家率先开展了实施职业健康安全管理体系的活动，自 1996 年英国颁布了《职业健康安全管理体系指南》（BS 8800）国家标准以来，目前已有几十个国家和组织颁布了 30 多个关于职业健康安全管理体系的标准、规范和指南等。我国在翻译吸收国外先进标准基础上，1999 年 10 月，国家经贸委颁布了《职业安全卫生管理体系试行标准》。2001 年 11 月 12 日，国家标准《职业健康安全管理体系 规范》（GB/T 28001—2001）正式颁布，从 2002 年 1 月 1 日正式实施，2011 年 12 月 30 日，《职业健康安全管理体系 要求》（GB/T 28001—2011）正式颁布，从 2012 年 2 月 1 日实施，2020 年 3 月 6 日，《职业健康安全管理体系 要求及使用指南》（GB/T 45001—2020）正式实施。

（2）职业健康安全管理体系标准的基本思想

职业健康安全管理体系（OHSMS）是全部管理体系的一个组成部分，包括制定、实施、实现、评审和保持职业健康安全方针所需的机构、规划、活动、职责、制度、程序过程与资源，它的基本思想是实现体系持续改进，通过周而复始地进行"计划、实施、监测、评审"活动，使体系功能不断加强。其要求组织在实施职业健康安全管理体系时始终保持持续改进意识，对体系不断修正完善，最终实现预防和控制工伤事故、职业病及其他损失的目标。

（3）职业健康安全管理体系标准实施的特点

职业健康安全管理体系是各类组织总体管理体系的一部分。目前《职业健康安全管理体系 要求及使用指南》（GB/T 45001—2020）作为推荐性标准被各类组织普遍采用，其适用于各行各业、任何类型和规模的组织用于建立组织的职业健康安全管理体系，并作为其认证的依据。其建立和运行过程的特点体现在以下几个方面：

① 标准的结构系统采用 PDCA 循环管理模式，即标准由"职业健康安全方针-策划-实施与运行-检查和纠正措施-管理评审"五大要素构成，采用了 PDCA 动态循环、不断上升的螺旋式运行模式，体现了持续改进的动态管理思想。

② 标准强调了职业健康安全法规和制度的贯彻执行，要求组织必须对遵守法律法规作出承诺，并定期进行评审以判断其遵守的实效。

③ 标准重点强调以人为本，使组织的职业健康安全管理由被动强制行为转变为主动自愿行为，从而要求组织不断提升职业健康安全的管理水平。

④ 标准的内容全面、充实、可操作性强，为组织提供了一套科学、有效的职业健康安全管理手段，不仅要求组织强化安全管理，完善组织安全生产的自我约束机制，而且要求组织提升社会责任感和对社会的关注度，形成组织良好的社会形象。

⑤ 实施职业健康安全管理体系标准，组织必须对全体员工进行系统的安全培训，强化组织内全体成员的安全意识，保持劳动者身心健康，提高职工的劳动效率，从而为组织创造更大的经济效益。

⑥ 我国《职业健康安全管理体系 要求及使用指南》（GB/T 45001—2020）等同于国际上通行的《职业健康安全管理体系》（ISO 45001：2018）标准，很多国家和国际组织将职业健康安全与贸易挂钩，形成贸易壁垒，贯彻执行职业健康安全管理标准将有助于消除贸易壁垒，从而可以为参与国际市场竞争创造必备的条件。

9.2.2　环境管理体系标准

（1）环境管理体系标准产生的背景

① 人类在 21 世纪面临八大挑战：森林面积锐减、土地严重沙化、自然灾害频发、淡水资源枯竭、"温室效应"严重、臭氧层破坏、酸雨危害频繁、化学废物剧增。各国纷纷制定环境管理法规、标准面对八大挑战。

② 成立 ISO/TC 207 环境管理技术委员会，制定 ISO 14000 环境管理系列标准。由于各国制定的环境法规标准不统一，审核办法不一致，为一些国家制造新的"保护主义"和"技术壁垒"提供了条件，也必然会对国际贸易产生不良影响。为此，国际标准化组织（ISO）和国际电工委员会（IEC）出版了《展望未来——高新技术对标准化的需求》一书，其中"环境与安全"问题被认为是目前标准化工作最紧迫的四个课题之一。1992 年 ISO 与 IEC 成立了"环境问题特别咨询组"（SAGE），研究、制定和实施环境管理方面的国际标准，确定 ISO 14000 作为环境管理系列标准代号。同年 12 月，SAGE 向 ISO 技术委员会建议：制定一个与质量管理特别类似的环境管理标准，帮助企业改善环境行为，并消除贸易壁垒，促进贸易发展。在此基础上于 1993 年 6 月正式成立了其序列编号为 ISO/TC 07 的环境管理技术委员会，正式开展环境管理国际通用标准的制定工作。ISO 为 TC 207 分配了从 14001 到

14100 共 100 个标准号，统称为 ISO 14000 系列标准。

（2）环境管理体系标准的基本思想

环境管理体系在实施过程中有三项管理活动贯穿环境管理体系过程，就是预防、控制、监督与监测。预防是环境管理体系的核心；控制是环境管理体系实施的手段；监督与监测是环境管理体系的关键活动。

（3）环境管理体系标准的特点

① 作为推荐性标准被各类组织普遍采用，适用于各行各业、任何类型和规模的组织用于建立组织的环境管理体系，并作为其认证的依据。

② 标准在市场经济驱动的前提下，促进各类组织提高环境管理水平、达到实现环境目标的目的。

③ 环境管理体系的结构系统，采用的是 PDCA 动态循环、不断上升的螺旋式管理运行模式，在"策划-支持和运行-绩效评价-改进"四大要素构成动态循环过程的基础上，结合环境管理特点，考虑组织所处环境、内外部问题、相关方需求及期望等因素，形成完整的持续改进动态管理体系。该模式为环境管理体系提供了一套系统化的方法，指导组织合理有效地推行其环境管理工作。环境管理体系运行模式如图 9-1 所示。

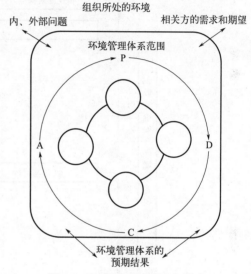

④ 标准着重强调与环境污染预防、环境保护等法律法规的符合性。

⑤ 标准注重体系的科学性、完整性和灵活性。

⑥ 标准具有与其他管理体系的兼容性。标准的制定是为了满足环境管理体系评价和认证

图 9-1　环境管理体系运行模式

的需要。为满足组织整合质量、环境和职业健康安全管理体系的需要，GB/T 24000 系列标准考虑了与《质量管理体系 要求》（GB/T 19001—2016）标准的兼容性。另外，《职业健康安全管理体系 要求及使用指南》（GB/T 45001—2020）还考虑了与国际 ISO 14000 体系标准的兼容性。

（4）环境管理体系标准的应用原则

① 标准的实施强调自愿性原则，并不改变组织的法律责任。

② 有效的环境管理需建立并实施结构化的管理体系。

③ 标准着眼于采用系统的管理措施。

④ 环境管理体系不必成为独立的管理系统，而应纳入组织整个管理体系中。

⑤ 实施环境管理体系标准的关键是坚持持续改进和环境污染预防。

⑥ 有效地实施环境管理体系标准，必须有组织最高管理者的承诺和责任及全员的参与。

总之，GB/T 24000 系列标准的实施，可以规范所有组织的环境行为，降低环境风险和法律风险，最大限度地节约能源和资源消耗，从而减少人类活动对环境造成的不利影响，维持和改善人类生存和发展的环境，有利于实现经济可持续发展和环境管理现代化的需要。

9.3 工程项目职业健康安全管理

建设工程项目职业健康管理的目的是防止和减少生产安全事故、保护产品生产者的健康与安全、保障人民群众的生命和财产免受损失，控制影响工作场所内员工、临时工作人员、合同方人员、访问者和其他有关部门人员健康和安全的条件和因素，考虑和避免因管理不当对员工健康和安全造成的危害。

职业健康安全管理体系要素是管理体系的具体内容，如图 9-2 所示。

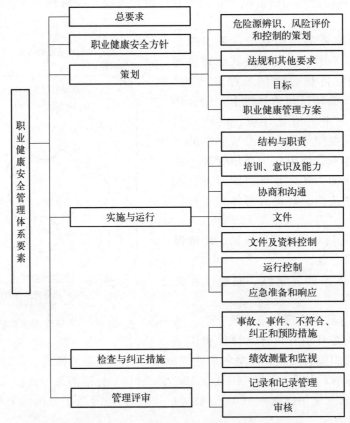

图 9-2   职业健康安全管理体系要素

9.3.1 职业健康安全管理要素

（1）职业健康安全管理的概念

职业健康安全是指影响工作场所内员工、临时工作人员、合同方人员、访问者和其他人员健康安全的条件和因素。其包括制订、实施、实现、评审和保持职业健康安全方针所需的组织结构、计划活动、职责、惯例、程序、过程和资源。

（2）职业健康安全管理的目的

建设工程项目的职业健康安全管理的目的是保护产品生产者和使用者的健康与安全。要控制影响工作场所内员工、临时工作人员、合同方人员、访问者和其他人员健康和安全的条件和因素，考虑和避免因使用不当对使用者造成的健康和安全的危害。

（3）职业健康安全管理的基本要求

① 坚持安全第一、预防为主和防治结合的方针，建立职业健康安全管理体系并持续改进职业健康安全管理工作。

② 施工企业在其经营生产的活动中必须对本企业的安全生产负全面责任。企业的法定代表人是安全生产的第一负责人，项目经理是施工项目生产的主要负责人。施工企业应当具备安全生产的资质条件，取得安全生产许可证的施工企业应设立安全生产管理机构，配备合格的专职安全生产管理人员，并提供必要的资源。施工企业要建立健全职业健康安全体系，以及有关的安全生产责任制和各项安全生产规章制度。施工企业对项目要编制切合实际的安全生产计划，制订职业健康安全保障措施，实施安全教育培训制度，不断提高员工的安全意识和安全生产素质。项目负责人和专职安全生产管理人员应持证上岗。

③ 在工程设计阶段，设计单位应按照有关建设工程法律法规的规定和强制性标准的要求，进行安全保护设施的设计。对涉及施工安全的重点部分和环节在设计文件中应进行注明，并对防范生产安全事故提出指导意见，防止因设计考虑不周而导致生产安全事故的发生。对于采用新结构、新材料、新工艺的建设工程和特殊结构的建设工程，在设计文件中提出保障施工作业人员安全和预防生产安全事故的措施和建议。

④ 在工程施工阶段，施工企业应根据风险预防要求和项目的特点，制订职业健康安全生产技术措施计划。在进行施工平面图设计和安排施工计划时，应充分考虑安全、防火、防爆和职业健康等因素。施工企业应制订安全生产应急救援预案，建立相关组织，完善应急准备措施。发生事故时，应按国家有关规定向有关部门报告。处理事故时，应防止二次伤害。

⑤ 建设工程实行总承包的，由总承包单位对施工现场的安全生产负总责并自行完成工程主体结构的施工。分包单位应当接受总承包单位的安全生产管理，分包合同中应当明确各自在安全生产方面的权利、义务。分包单位不服从管理导致生产安全事故的，由分包单位承担主要责任，总承包和分包单位对分包工程的安全生产承担连带责任。

⑥ 应明确和落实工程安全环保设施费用、安全文明施工和环境保护措施费等各项费用。

⑦ 施工企业应按有关规定为从事危险作业的人员在现场工作期间办理意外伤害保险。

⑧ 现场应将生产区与生活、办公区分离，配备医疗设施，使现场的生活设施符合卫生防疫要求，采取防暑、降温、保温、消毒、防毒等措施。

⑨ 工程施工职业健康安全管理应遵循下列程序：

a. 识别并评价危险源及风险；

b. 确定职业健康安全目标；

c. 编制并实施项目职业健康安全技术措施计划；

d. 职业健康安全技术措施计划实施结果验证；

e. 持续改进相关措施和绩效。

9.3.2　职业健康安全管理体系

职业健康安全管理体系是施工企业总体管理体系的一部分，目前被企业普遍采用。用以建立职业健康安全管理体系的主要标准有《职业健康安全管理体系 要求及使用指南》（GB/T 45001—2020）。根据《职业健康安全管理体系 要求及使用指南》（GB/T 45001—2020），在确定职业健康管理体系模式时，应按系统理论管理职业健康安全及其相关事务，即一个动态循环并螺旋上升的系统化管理模式，以达到预防和减少生产事故和劳动疾病的目的。职业健康安全管理体系运行模式如图 9-3 所示。

在职业健康安全管理体系中，各要素间相互关系、相互作用共同有机地构成了职业健康安全管理体系的一个整体，如图 9-4 所示。

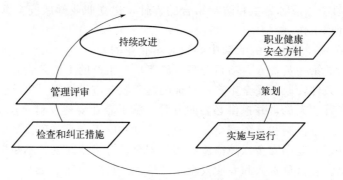

图 9-3 职业健康安全管理体系运行模式

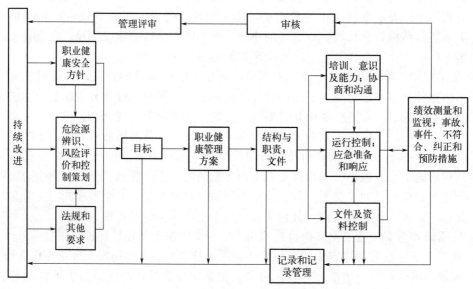

图 9-4 职业健康安全管理体系要素关联图

9.3.3 工程项目职业危害

（1）职业危害因素来源

职业危害因素就是生产劳动过程中，存在于作业环境中的、危害劳动者健康的因素。按其来源可分为以下三类。

① 生产过程中产生的有害因素：包括原料、半成品、产品、机械设备等产生的工业毒物、粉尘、噪声、振动、高温、辐射以及污染性因素等。

② 劳动组织中的有害因素。包括作业时间过长、作业强度过大、劳动制度不合理、长时间处于不良体位、个别器官或系统过度紧张、使用不合理的工具等。

③ 与卫生条件和卫生技术设施不良有关的有害因素。包括生产场所设计不符合卫生标准和要求，如露天作业的不良气候条件、厂房狭小、作业场所布局不合理、照明不良等；缺乏有效的卫生技术设施或设施不完备，以及个体防护存在缺陷等。

（2）工程施工易发的职业病类型

职业病是指作业者在从事生产活动中，因接触职业性危害因素而引起的疾病，但我国目前所谓的职业病仅指由政府部门立法所规定的法定职业病。2013 年，国家卫生计生委颁布的《职业病分类和目录》规定的法定职业病为十大类 132 种。其中，工程施工过程中易引起的职业病类型主要有以下几种：

　　① 硅肺：主要由碎石设备作业、爆破作业等引起。

　　② 水泥尘肺：主要由水泥搬运、投料、拌和等作业引起。

　　③ 电焊工尘肺：主要由手工电弧焊、气焊作业等引起。

　　④ 锰及其化合物中毒：主要由手工电弧焊作业等引起。

　　⑤ 氮氧化合物中毒：主要由手工电弧焊、电渣焊、气割、气焊作业等引起。

　　⑥ 一氧化碳中毒：主要由手工电弧焊、电渣焊、气割、气焊作业等引起。

　　⑦ 苯中毒：主要由油漆作业、防腐作业等引起。

　　⑧ 甲苯中毒：主要由油漆作业、防水作业、防腐作业等引起。

　　⑨ 二甲苯中毒：主要由油漆作业、防水作业、防腐作业等引起。

　　⑩ 中暑：主要由高温作业等引起。

　　⑪ 手臂振动病：主要由操作混凝土振动棒、风镐作业等引起。

　　⑫ 接触性皮炎：主要由混凝土搅拌作业、油漆作业、防腐作业等引起。

　　⑬ 电光性皮炎：主要由手工电弧焊、电渣焊、气割作业等引起。

　　⑭ 电光性眼炎：主要由手工电弧焊、电渣焊、气割作业等引起。

　　⑮ 噪声聋：主要由木工圆锯、平刨操作，无齿锯切割作业，卷扬机操作，混凝土振捣作业等引起。

　　⑯ 苯所致白血病：主要由油漆作业、防腐作业等引起。

　　由上可知建设工程项目职业危害主要有粉尘危害、噪声危害、高温危害、振动危害、密闭空间危害、化学毒物危害及其他因素危害七种。

9.3.4　工程项目职业健康安全管理要求

　　工程项目在实施过程中的职业健康安全管理主要是对作业者的工作场所、生产过程及其享有的职业健康保护权利三个方面进行管理。

　　（1）工作场所的职业健康安全管理

　　① 职业危害因素的强度或浓度应符合国家职业卫生标准。

　　② 设有与职业病危害防护相适应的设施。

　　③ 现场施工布局合理，符合有害与无害作业分开的原则。

　　④ 有配套的卫生保健设施。

　　⑤ 设备、工具、用具等设施符合保护劳动者生理、心理健康的要求。

　　⑥ 法律法规和国务院卫生行政主管部门关于保护劳动者健康的其他要求。

　　（2）生产过程的职业健康安全管理

　　① 建立健全职业病防治管理措施。

　　② 为作业者提供必备的、符合防治职业病要求的防护用具、用品，不符合要求的，不得使用。

　　③ 优先采用有利于防治职业病和保护作业者健康的新技术、新工艺、新材料、新设备，不得使用国家明令禁止使用的可能产生职业病危害的设备或材料。

　　④ 书面告知作业者工作场所或工作岗位产生或可能产生的职业危害因素、危害后果及应采取的防护措施。

　　⑤ 对劳动者进行上岗前的职业卫生培训和在岗期间的定期职业卫生培训。

⑥ 对从事接触职业病危害因素的作业者，应进行上岗前、在岗期间和离岗时的职业健康检查。

⑦ 不得安排未经上岗前职业健康检查的劳动者从事接触职业病危害因素的作业，不得安排有职业禁忌的劳动者从事其所禁忌的作业。

⑧ 不得安排未成年工从事接触职业病危害的作业，不得安排孕期、哺乳期的女职工从事对本人和胎儿、婴儿有危害的作业。

⑨ 用于预防、治理职业病危害、工作场所卫生检测、健康监护和职业卫生培训等费用，按照国家有关规定，应在生产成本中据实列支，专款专用。

（3）作业者享有的职业健康保护权利

① 有获得职业健康教育、培训的权利。

② 有获得职业健康检查、职业病诊疗、康复等职业病防治服务的权利。

③ 有了解工作场所产生或可能产生的职业病危害因素、危害后果及应采取的职业病防护措施的权利。

④ 有要求用人企业提供符合要求的职业病防护设施、个人防护用具、用品，及改善工作条件的权利。

⑤ 对违反职业病防治的法律法规以及危及生命安全的行为有提出批评、检举和控告的权利。

⑥ 有拒绝违章指挥和强令进行没有职业病防护措施作业的权利。

⑦ 参与用人企业职业健康保护工作的民主管理，对职业病防治工作有提出意见和建议的权利。

9.4　工程项目环境管理

工程项目的环境管理主要是指工程建造实施阶段的环境保护，其环境管理的内容主要包括噪声排放、粉尘排放、有毒有害物质排放、废水排放、固体废弃物处置以及油品化学品泄漏等方面。施工企业应提高环境保护意识，采取切实可行的措施进行控制，减少有害的环境影响，降低工程建造成本，提高环保效益。

9.4.1　环境噪声污染防治

在工程建设领域，噪声污染的防治主要包括两个方面：一是建设项目噪声污染的防治；二是施工现场噪声污染的防治。前者主要是解决建设项目建成后使用过程中可能产生的环境噪声污染问题，后者则是要解决建设工程施工过程中产生的施工噪声污染问题。

（1）建设项目噪声污染的防治

一些建设项目，如市政道路桥、铁路（包括轻轨）、工业厂房等，其建成后的使用可能会对周围环境产生噪声污染。根据《中华人民共和国环境噪声污染防治法》的规定，建设项目可能产生噪声污染的，建设单位必须提出环境影响报告书，规定环境噪声污染的防治措施，并按照国家规定的程序报环境保护行政主管部门批准（环境影响报告书中，应当有该建设项目所在地单位和居民的意见）。建设项目的环境噪声污染防治设施必须与主体工程同时设计、同时施工、同时投产使用。例如，建设经过已有的噪声敏感建筑物集中区域的高速公路和城市高架、轻轨道路，有可能造成环境噪声污染的，应当设置声屏障或者采取其他有效的控制环境噪声污染的措施；在已有的城市交通干线的两侧建设噪声敏感建筑物的，建设单位应当按照国家规定间隔一定距离，并采取减轻、避免交通噪声影响的措施等。

建设项目在投入生产或者使用之前，其环境噪声污染防治设施必须经原审批环境影响报告书的环境保护行政主管部门验收，达不到国家规定要求的，该建设项目不得投入生产或者使用。拆除或者闲置建设项目环境噪声污染防治设施的，必须事先报经所在地的县级以上地方人民政府环境保护行政主管部门批准。

所谓噪声敏感建筑物集中区域，是指医疗区、文教科研区和以机关或者居民住宅为主的区域。所谓噪声敏感建筑物，是指医院、学校、机关、科研单位、住宅等需要保持安静的建筑物。

（2）施工现场环境噪声污染的防治

施工噪声是指在建设工程施工过程中，产生的干扰周围生活环境的声音。随着工程建设的大规模开展，施工噪声污染问题日益突出，噪声污染不仅影响周围居民的正常生活，而且损害城市的环境形象。因此，应当依法加强施工现场噪声管理，采取有效措施防治施工噪声污染。

① 施工噪声排放标准。在城市市区范围内向周围生活环境排放施工噪声的，应当符合国家规定的建筑施工场界环境噪声排放标准。按照《建筑施工场界环境噪声排放标准》（GB 12523—2011）的规定，城市建筑施工期间施工场地不同施工阶段产生的作业噪声限值，见表 9-2。

表 9-2　不同施工阶段作业噪声限值　　　　　　　　单位：dB

阶段	昼间	夜间	备注
土石方	75	55	主要噪声源为推土机、挖掘机、装载机等
桩基础	85	禁止施工	主要噪声源为各种打桩机等
结构工程	70	55	主要噪声源为混凝土施工、振捣棒、电据等
装饰装修	62	55	主要噪声源为起重机、升降机等

注：夜间是指夜间 22：00 至早晨 6：00 期间。

② 噪声污染的申报。在城市市区范围内，施工过程中使用机械设备，可能产生环境噪声污染的，施工单位必须在工程开工 15 日以前，向工程所在地县级以上地方人民政府环境保护行政主管部门，申报该工程的项目名称、施工场所和期限、可能产生的环境噪声值以及所采取的环境噪声污染防治措施的情况。

国家对环境噪声污染严重的落后设备实行淘汰制度。国务院经济综合主管部门应当会同国务院有关部门公布限期禁止生产、禁止销售、禁止进口的环境噪声污染严重的设备名录。

③ 禁止夜间进行产生环境噪声污染施工作业的规定。在城市市区噪声敏感建筑物集中区域内，禁止夜间进行产生环境噪声污染的建筑施工作业，但抢修、抢险作业和因生产工艺上要求或者特殊需要必须连续作业的除外。因特殊需要必须连续作业的，必须有县级以上人民政府或者其有关主管部门的证明，并公告附近居民。

9.4.2　大气污染的防治

（1）建设项目大气污染的防治

建设项目的环境影响报告书必须对建设项目可能产生的大气污染和对生态环境的影响作出评价，规定防治措施，并按照规定的程序报环境保护行政主管部门审查批准。例如，新建、扩建排放二氧化硫的火电厂和其他大中型企业，超过规定的污染物排放标准或者总量控制指标的，必须建设配套脱硫、除尘装置或者采取其他控制二氧化硫排放、除尘的措施；炼制石油、生产合成氨、煤气和燃煤焦化、有色金属冶炼过程中排放含有硫化物气体的，应当配备脱硫装置或者采取其他脱硫措施等。

建设项目投入生产或者使用之前，其大气污染防治设施必须经过环境保护行政主管部门验收，达不到国家有关建设项目环境保护管理规定要求的建设项目，不得投入生产或者使用。

（2）施工现场大气污染的防治

建设项目施工活动中应按照环境保护的相关规定，采取防治扬尘污染的措施；运输、装卸、贮存能够散发有毒有害气体或者粉尘物质的，应当采取密闭措施或者其他防护措施；在人口集中地区存放煤炭、煤矸石、煤渣、煤灰、砂石、灰土等物料，应当采取防燃、防尘措施；在人口集中地区和其他依法需要特殊保护的区域内，禁止焚烧沥青、油毡、橡胶、塑料、皮革、垃圾以及其他产生有毒有害烟尘和恶臭气体的物质，严格限制向大气排放含有毒物质的废气和粉尘，确需排放的，必须经过净化处理，不得超过规定的排放标准。

施工现场大气污染的防治重点是防治扬尘污染。对于扬尘的控制，住房和城乡建设部《绿色施工导则》中作了如下规定：

① 运送土方、垃圾、设备及建筑材料等，不污损场外道路；运输容易散落、飞扬、流漏的物料的车辆，必须采取措施封闭严密，保证车辆清洁；施工现场出口应设置洗车槽。

② 土方作业阶段应采取洒水、覆盖等措施，达到作业区目测扬尘高度小于 1.5m，不扩散到场区外。

③ 结构施工、安装装饰装修阶段，作业区目测扬尘高度应小于 0.5m。对易产生扬尘的堆放材料应采取覆盖措施；对粉末状材料应封闭存放；场区内可能引起扬尘的材料及建筑垃圾搬运应有降尘措施，如覆盖、洒水等；浇筑混凝土前清理灰尘和垃圾时尽量使用吸尘器，避免使用吹风器等易产生扬尘的设备；机械剔凿作业时可用局部遮挡、掩盖、水淋等防护措施；高层或多层建筑清理垃圾时应搭设封闭性临时专用道或采用容器吊运。

④ 施工现场非作业区应达到目测无扬尘的要求。对现场易飞扬物质采取有效措施，如洒水、地面硬化、围挡、密网覆盖、封闭等，防止扬尘产生。

⑤ 构筑物机械拆除前，做好扬尘控制计划。可采取清理积尘、拆除体洒水、设置隔挡等措施。

⑥ 构筑物爆破拆除前，做好扬尘控制计划。可采用清理积尘、淋湿地面、预湿墙体、屋面敷水袋、楼面蓄水、建筑外设高压喷雾系统、搭设防尘排栅和直升机投水弹等综合降尘措施，以及选择风力小的天气进行爆破作业。

⑦ 在场界四周隔挡高度位置测得的大气总悬浮颗粒物（TSP）月平均浓度与城市背景值的差值不大于 0.08mg/m^3。

9.4.3 水污染的防治

水污染是指水体因某种物质的介入，而导致其化学、物理、生物或者放射性等方面特性的改变，从而影响水的有效利用，危害人体健康或者破坏生态环境，造成水质恶化的现象。水污染防治包括江河、湖泊、运河、渠道、水库等地表水体以及地下水体的污染防治。水污染防治应当坚持预防为主、防治结合、综合治理的原则。

（1）建设项目水污染的防治

新建、改建、扩建直接或者间接向水体排放污染物的建设项目和其他水上设施时，首先应当进行环境影响评价。水污染防治设施，应当与主体工程同时设计、同时施工、同时投入使用。水污染防治设施应当经过环境保护主管部门验收，验收不合格的，该建设项目不得投入生产或者使用。

（2）施工现场水污染的防治

直接或者间接向水体排放污染物的建设项目，应当按照国务院环境保护主管部门的规定，向县级以上地方人民政府环境保护主管部门申报登记水污染物排放设施、处理设施和在正常作业条件下排放水污染物的种类、数量和浓度，并提供防治水污染方面的有关技术资料。住房和城乡建设部《绿色施工导则》中对水污染的控制作了进一步的规定，其具体内容如下：

① 施工现场污水排放应达到国家标准《污水综合排放标准》（GB 8978—1996）的要求。

② 施工现场应针对不同的污水，设置相应的处理设施，如沉淀池、隔油池、化粪池等。

③ 污水排放应委托有资质的单位进行废水水质检测，提供相应的污水检测报告。

④ 做好地下水的保护措施，采用隔水性能好的边坡支护技术，在缺水地区或地下水位持续下降的地区，基坑降水尽可能少地抽取地下水，当基坑开挖抽水量大于 50 万立方米时，应进行地下水回灌，并避免地下水被污染。

⑤ 对于化学品等有毒材料、油料的储存地，应有严格的隔水层设计，做好渗漏液收集和处理。

9.4.4　固体废物污染的防治

固体废物污染是指固体废物在产生、收集、贮存、运输、利用、处置的过程中产生危害环境的现象。国家对固体废物污染环境的防治，实行减少固体废物的产生量和危害性、充分合理利用固体废物和无害化处置固体废物的原则，促进清洁生产和循环经济发展。

（1）建设项目固体废物污染的防治

建设产生固体废物的项目以及建设贮存、利用、处置固体废物的项目，应首先进行环境影响评价。环境影响评价文件确定需要配套建设固体废物污染环境防治设施的，必须与主体工程同时设计、同时施工、同时投入使用。固体废物污染环境防治设施必须经原审批环境影响评价文件的环境保护行政主管部门验收合格后，该建设项目方可投入生产使用。对固体废物污染环境防治设施的验收应当与对主体工程的验收同时进行。

（2）施工现场固体废物污染的防治

① 一般固体废物污染的防治。施工现场收集、贮存、运输、利用、处置固体废物必须采取防扬散、防流失、防渗漏或者其他防止污染环境的措施，不应擅自倾倒、堆放、丢弃、遗撒固体废物，禁止向江河、湖泊、运河、渠道、水库及其最高水位线以下的滩地和岸坡等法律法规规定禁止倾倒、堆放废弃物的地点倾倒、堆放固体废物。

住房和城乡建设部《绿色施工导则》中对一般固体废物的污染提出了减量化和再利用的防治思路。首先，施工现场应制订建筑垃圾减量化计划，如住宅建筑，每万平方米的建筑垃圾不宜超过 400t。其次，施工现场应加强建筑垃圾的回收再利用，力争建筑垃圾的再利用和回收率达到 30%；建筑物拆除产生的废弃物的再利用和回收率大于 40%；对于碎石类、土石方类建筑垃圾，可采用地基填埋、铺路等方式提高再利用率，力争再利用率大于 50%。

② 危险废物污染的防治。危险废物是指在操作、储存、运输、处理和处置不当时，会对人体健康或环境带来重大威胁的废物，如具有强腐蚀性、毒性的废物。接触到危险废物的施工项目，应当制订意外事故的防范措施和应急预案，并向所在地县级以上地方人民政府环境保护行政主管部门备案；对危险废物的容器和包装物以及收集、贮存、运输、处置危险废物的设施、场所，必须设置危险废物识别标志；接触到危险废物的场所、设施、设备和容器、包装物及其他物品转作他用时，必须经过消除污染的处理，方可使用。

因发生事故或者其他突发性事件，造成危险废物严重污染环境的施工项目，必须立即采取措施消除或者减轻对环境的污染危害，及时通报可能受到污染危害的单位和居民，并向所在地县级以上地方人民政府环境保护行政主管部门和有关部门报告，接受调查处理。

 本章小结

① 介绍了工程项目安全管理、工程职业健康安全管理、工程环境管理的基本概念，安全管理的基本原则和施工现场安全管理的基本内容；

② 介绍了职业健康安全管理体系标准和环境管理体系标准的产生背景，职业健康安全管理和工程项目职业危害的内容及其分类；

③ 环境噪声污染、大气污染、水污染、固体废物污染的防治。

 复习思考题

在线题库

1. 建设工程项目的职业健康安全管理的定义、特点和目的是什么？
2. 职业健康安全管理体系的结构、运行模式是什么？
3. 工程项目安全管理的基本方针是什么？
4. 工程项目安全管理的基本制度有哪些？
5. 工程项目安全检查的类型和主要内容是什么？
6. 工程项目施工安全控制的概念、特点与目的是什么？
7. 如何制订施工安全技术措施？
8. 施工安全管理的 PDCA 循环的含义是什么？

第 10 章
项目竣工验收管理

 学习目标

了解工程项目竣工与竣工验收的概念；掌握工程项目竣工验收的主要任务、意义、范围和依据；熟悉单位（子单位）工程竣工质量验收；了解对工程项目质量不符合要求时的处理规定；掌握工程项目竣工验收的时间、应具备的条件、验收程序；了解工程文档资料的主要内容、竣工图以及工程文档资料的验收与移交；掌握工程保修与回访的流程及方式。

 本章重点

竣工验收的具体施工任务和内容，竣工验收的条件和验收程序；工程保修与回访的具体内容。

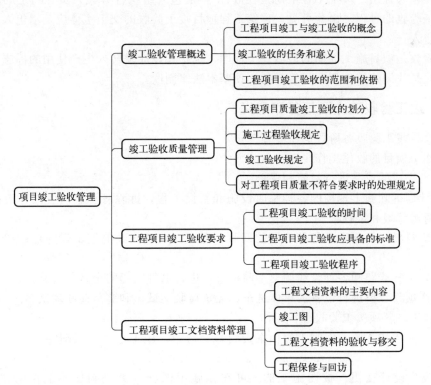

小浪底工程竣工验收

历经 11 年艰难施工，9 年运行考验，黄河小浪底工程于 2009 年 4 月 7 日通过国家竣工验收。

竣工验收委员会认为：小浪底工程已按照批准的设计内容按期建设完成，工程质量合格；投资控制有效，财务管理制度健全，会计核算规范，竣工财务决算已通过审计；征地补偿到位、移民得到妥善安置；征地移民、水土保持、环境保护、工程档案、消防、劳动安全卫生等已通过专项验收；运行管理落实到位，制度完善，具备工程运行管理的条件；工程经受了初期运用的考验，运行正常，发挥了显著的防洪、防凌、减游、供水、灌溉、发电等社会效益、生态效益和经济效益。竣工验收委员会同意黄河小浪底水利枢纽工程通过竣工验收。

完成竣工验收的小浪底工程是治黄事业新的里程碑，是绿色、环保、生态、民生工程，是我国改革开放的精品力作，是新时期治水方针和可持续发展治水思路的成功实践。竣工后的小浪底工程，必将为黄河安全和河流健康、国家经济社会发展以及和谐社会、小康社会建设，发挥出更加突出的战略作用。

10.1　竣工验收管理概述

10.1.1　工程项目竣工与竣工验收的概念

竣工是指工程完工且通过国家有关单位根据国家验收标准对施工结束的建筑进行的具有法律效果的验收，并且出具有关法律文书的过程。

工程项目竣工验收是指由承包人按施工合同完成了全部施工任务，施工项目具备竣工条件后，向发包人提出"竣工工程申请验收报告"，发包人组织各有关人员在约定的时间、地点进行交工验收的过程。由此可见，建筑工程项目竣工验收的交工主体应是承包人，验收主体应是发包人。

竣工验收是项目施工周期的最后一个程序，也是建设成果转入生产使用的标志。工程进行竣工验收是我国建筑工程项目管理的一项基本法律制度。

10.1.2　竣工验收的主要任务和意义

施工项目竣工验收各阶段的主要任务：

（1）施工项目的收尾工作

① 对已完成的成品进行封闭和保护。

② 有计划拆除施工现场的各种临时设施和暂设工程，拆除各种临时管线，清扫施工现场，组织清运垃圾和杂物。

③ 组织材料、机具以及各种物资的回收、退库，以及向其他施工现场转移和进行处理等项工作。

④ 做好电气线路和各种管线的交工前检查，进行电气工程的全负荷试验。

⑤ 生产项目，要进行设备的单体试车、无负荷联动试车和有负荷联动试车。

（2）施工方各项竣工验收准备工作

① 组织完成竣工图，编制工程档案资料移交清单。施工项目竣工图的绘制主要分以下四种情况：

a. 未发生设计变更，按图施工的，可在原施工图样（需是新图）上注明"竣工图"标志。

b. 一般性的设计变更，但没有较大变化的，可以在原施工图样上修改或补充样。

c. 建筑工程的结构形式、标高、施工工艺、平面布置等有重大变更，应重新绘制新图样，注明"竣工图"标志。

d. 改建或扩建的工程，如涉及原有建筑工程且某些部分发生工程变更者，应把与原工程有关的竣工图资料加以整理，并在原工程图档案的竣工图上填补变更情况和必要的说明。

② 组织项目财务人员编制竣工结算表。

③ 准备工程竣工通知书、工程竣工报告、工程竣工验收证明书、工程保修证书等必需文件。

④ 准备好工程质量评定所需的各项资料。对工程的地基基础、结构、装修以及水、暖、电、卫、设备安装等各个施工阶段所有质量检查的验收资料，进行系统的整理。

工程项目竣工验收的意义有以下几点：

（1）竣工验收是施工阶段的最后环节也是项目管理的重要环节，是保证合同任务完成，提高质量水平的最后一个关口。通过竣工验收，全面综合考察工程质量，保证交工项目符合设计、标准、规范，达到国家规定的质量标准要求。

（2）做好施工项目竣工验收，可以促进建设项目及时投产，对发挥投资效益积累，总结投资经验具有重要作用。

（3）施工项目的竣工验收，标志着施工项目经理部的一项任务的完成，可以接受新的项目施工任务。

（4）通过施工项目竣工验收整理的档案资料，既能总结建设过程和施工过程，有利于提高施工项目管理水平，又能向使用单位提供使用、维修和扩建的根据，具有长久的意义。

10.1.3 工程项目竣工验收的范围和依据

（1）竣工验收的范围的定义

凡列入固定资产计划的建设项目或单项工程，按照批准的设计文件和合同规定的内容建成，具备投产和使用条件，不论新建、改建、扩建或迁建性质，都要及时组织验收，交付使用，并办理固定资产移交手续。对住宅小区的验收还应验收土地的使用情况、单项工程、市政、绿化及公用设施等配套设施项目等。

有的建设项目基本达到竣工验收标准，只有零星土建工程和少数非主要设备未能按设计规定的内容全部完成，但不影响正常生产，亦应办理竣工验收手续。对剩余工程，应按设计留足资金，限期完成。有的项目在投产初期一时不能达到设计能力所规定的产量，不能因此而拖延办理验收和移交固定资产手续。

有些建设项目和单位工程，已形成部分生产能力或实际上生产方面已经使用，近期不能按原设计规模续建的，应从实际出发，可缩小规模，报主管部门批准后，对已完成的工程和设备尽快组织验收移交固定资产。

对引进设备的项目，按合同建成，完成负荷试车，设备考核合格后，组织竣工验收。

（2）竣工验收的依据

竣工验收属于施工单位自检合格后，填写工程竣工报验单，总监理工程师审查，建设单位在收到建设工程竣工报告后，所组织的一种检查活动。根据《建设工程质量管理条例》，具备以下条件：

① 完成建设工程设计和合同约定的各项内容；

② 有完整的技术档案和施工管理资料；

③ 有工程使用的主要建筑材料、建筑构配件和设备的进场试验报告；

④ 由勘察、设计、施工、监理等单位分别签署的质量合格文件；

⑤ 有施工单位签署的工程保修书。

即符合竣工验收的基本条件。竣工质量验收依据的文件：上级主管部门的有关工程竣工验收的文件和规定；国家和有关部门颁发的施工规范、质量标准、验收规范；批准的设计文件、施工图纸及说明书；双方签订的施工合同；设备技术说明书；设计变更通知单；有关协作配合协议书等。

验收的质量标准指竣工质量验收的要求：

① 建筑工程质量应符合《建筑工程施工质量验收统一标准》和相关专业验收规范的规定；

② 建筑工程施工应符合工程勘察、设计文件的要求；

③ 参加工程施工质量验收的各方人员应具备规定的资格；

④ 工程质量验收应在施工单位自行检查评定的基础上进行；

⑤ 隐蔽工程在隐蔽前应由施工单位通知有关单位进行验收，并形成验收文件；

⑥ 涉及结构安全的试块、试件以及有关材料，应按有关规定进行见证取样检测；

⑦ 检验批的质量应按主控项目和一般项目验收；

⑧ 涉及结构安全和使用功能的重要分部工程应进行抽样检测；

⑨ 承担见证取样检测及有关结构安全检测的单位应具备相应资质；

⑩ 工程观感质量应由验收人员通过现场检查，并应共同确认。

10.2 竣工验收质量管理

10.2.1 工程项目质量竣工验收的划分

工程项目质量验收划分为施工过程验收和竣工验收。前者是指检验批、分项工程、分部（子分部）工程的质量验收；后者是指单位（子单位）工程的质量验收。

（1）单位（子单位）工程的划分

单位工程的划分应按下列原则确定：

① 具备独立施工条件并能形成独立使用功能的建筑物及构筑物为一个单位工程。如一个学校中的一栋教学楼，某城市的广播电视塔等。

② 规模较大的单位工程，可将其能形成独立使用功能的部分划分为一个子单位工程。

子单位工程的划分一般可根据工程的建筑设计分区、使用功能的显著差异、结构缝的设置等实际情况，在施工前由建设、监理、施工单位自行商定，并据此收集整理施工技术资料和验收。

③ 室外工程可根据专业类别和工程规模划分单位（子单位）工程。室外单位（子单位）工程、分部工程按表 10-1 采用。

表 10-1　室外工程划分

单位工程	子单位工程	分部工程
室外设施	道路	路基、基层、面层、广场与停车场、人行道、人行地道、挡土墙、附属构筑物
	边坡	土石方、挡土墙、支护
附属建筑及室外环境	附属建筑	车棚、围墙、大门、挡土墙
	室外环境	建筑小品、亭台、水景、连廊、花坛、场坪绿化、景观桥

续表

单位工程	子单位工程	分部工程
室外安装	给水排水	室外给水系统、室外排水系统
	供热	室外供热系统
	供冷	供冷管道安装
	电气	室外供电系统、室外照明系统

（2）分部（子分部）工程的划分

分部工程的划分应按下列原则确定：

① 分部工程的划分应按专业性质、建筑部位确定。如建筑工程划分为地基与基础、主体结构、建筑装饰装修、建筑屋面、建筑给水排水及采暖、建筑电气、建筑智能化、通风与空调、建筑节能、电梯十个分部工程。

② 当分部工程较大或较复杂时，可按施工顺序、专业系统及类别等划分为若干个子分部工程。如智能建筑分部工程中就包含了火灾及报警消防联动系统、安全防范系统、综合布线系统、智能化集成系统、电源与接地、环境、住宅智能化系统等子分部工程。

（3）分项工程的划分

分项工程应按主要工种、材料、施工工艺、设备类别等进行划分。如混凝土结构工程中按主要工种分为模板工程、钢筋工程、混凝土工程等分项工程，按施工工艺又分为预应力、现浇结构、装配式结构等分项工程。再如设备安装工程一般应按工种种类及设备组别等划分，同时也可按系统、区段来划分。如碳素钢管有给水管道、排水管道等。同时还可根据工程特点，按系统或区段来划分各自的分项工程，如住宅楼的下水管道，可把每个单元排水系统划分为一个分项工程。

建筑工程分部（子分部）工程、分项工程的具体划分见《建筑工程施工质量验收统一标准》。

（4）检验批的划分

分项工程可由一个或若干个检验批组成，检验批可根据施工质量控制和专业验收需要按楼层、施工段、变形缝等进行划分。建筑工程的地基基础分部工程中的分项工程一般划分为一个检验批；有地下层的基础工程可按地下层划分检验批；屋面分部工程中的分项工程不同楼层屋面可划分为不同的检验批；单层建筑工程中的分项工程可按变形缝等划分检验批，多层及高层建筑工程中主体分部的分项工程可按楼层或施工段来划分检验批；其他分部工程中的分项工程一般按楼层划分检验批；对于工程量较少的分项工程可统一划为一个检验批。安装工程一般按一个设计系统或组别划分为一个检验批。室外工程统一划分为一个检验批。散水、台阶、明沟等含在地面检验批中。

10.2.2　施工过程验收规定

（1）检验批验收合格应符合下列规定：

① 主控项目的质量经抽样检验均应合格；

② 一般项目的质量经抽样检验合格。当采用计数抽样时，合格点率应符合有关专业验收规范的规定，且不得存在严重缺陷；

③ 具有完整的施工操作依据、质量验收记录。

（2）分项工程质量验收合格应符合下列规定：

① 所含分项工程的质量均应验收合格；

② 质量控制资料应完整；

③ 有关安全、节能、环境保护和主要使用功能的抽样检验结果应符合相应规定；

④ 观感质量应符合要求。

（3）分部（子分部）工程质量验收合格应符合下列规定：

① 分部（子分部）工程所含分项工程的质量均应验收合格；

② 质量控制数据应完整；

③ 地基与基础、主体结构、设备安装分部工程有关安全及功能的检测和抽样检测结果应符合有关规定；

④ 观感质量验收应符合要求。

10.2.3　竣工验收规定

单位（子单位）工程竣工质量验收是工程项目投入使用前的最后一次验收，也是最重要的一次验收，在施工单位自行质量检查与评定的基础上，参与建设活动的有关单位共同对工程质量进行抽样复查，根据相关标准以书面形式对工程质量达到合格与否作出确认。

单位（子单位）工程竣工质量验收合格应符合下列规定：

（1）单位（子单位）工程所含分部（子分部）工程的质量均应验收合格：

① 各分部（子分部）工程均按规定通过了合格质量验收。

② 各分部（子分部）工程验收记录表内容完整，填写正确，收集齐全。

（2）质量控制资料应完整，单位工程验收时，应对所有分部工程资料的系统性和完整性进行一次全面的核查，重点核查有无需要补缺的，从而达到完整无缺的要求。

质量控制资料核查的具体内容按表 10-2 的要求进行。

表 10-2　单位（子单位）工程质量控制资料核查记录

工程名称			施工单位			
项目	序号	资料名称		份数	核查意见	核查人
建筑与结构	1	图纸会审、设计变更、洽商记录				
	2	工程定位测量、放线记录				
	3	原材料出厂证书及进场检(试)验报告				
	4	施工试验报告及见证检测报告				
	5	隐蔽工程验收记录				
	6	施工记录				
	7	预制构件、预拌混凝土合格证				
	8	地基基础、主体结构检验及抽样检测资料				
	9	分项、分部工程质量验收记录				
	10	工程质量事故及事故调查处理资料				
	11	新材料、新工艺施工记录				
给排水与采暖	1	图纸会审、设计变更、洽商记录				
	2	材料、配件出厂合格证书及进场检(试)验报告				
	3	管道、设备强度试验、严密性试验记录				
	4	隐蔽工程验收记录				
	5	系统清洗、灌水、通水、通球试验记录				

项目	序号	资料名称	份数	核查意见	核查人
给排水与采暖	6	施工记录			
	7	分项、分部工程质量验收记录			
建筑电气	1	图纸会审、设计变更、洽商记录			
	2	材料、设备出厂合格证书及进场检(试)验报告			
	3	设备调试记录			
	4	接地、绝缘电阻测试记录			
	5	隐蔽工程验收记录			
	6	施工记录			
	7	分项、分部工程质量验收记录			
通风与空调	1	图纸会审、设计变更、洽商记录			
	2	材料、设备出厂合格证书及进场检(试)验报告			
	3	制冷、空调、水管道强度试验、严密性试验记录			
	4	隐蔽工程验收记录			
	5	制冷设备运行调试记录			
	6	通风、空调系统调试记录			
	7	施工记录			
	8	分项、分部工程质量验收记录			
	9	隐蔽工程验收记录			
电梯	1	土建布置图纸会审、设计变更、洽商记录			
	2	设备出厂合格证书及开箱检验记录			
	3	隐蔽工程验收记录			
	4	施工记录			
	5	接地、绝缘电阻测试记录			
	6	负荷试验、安全装置检查记录			
	7	分项、分部工程质量验收记录			
建筑智能化	1	图纸会审、设计变更、洽商记录、竣工图及设计说明			
	2	材料、设备出厂合格证、技术文件及进场检(试)验报告			
	3	隐蔽工程验收记录			
	4	系统功能测定及设备调试记录			
	5	系统技术、操作和维护手册			
	6	系统管理、操作人员培训记录			
	7	系统检测报告			
	8	分项、分部工程质量验收报告			

　　（3）单位（子单位）工程所含分部（子分部）工程有关安全和功能的检测资料应完整，检查的内容按表 10-3 进行。其中大部分项目在施工过程中或分部（子分部）工程验收时已做了测试，但也有部分需单位工程完工后才能进行。在单位工程验收时对这部分检测资料进行检查是对原有检测资料所做的一次延续性的补充、修正和完善。

表 10-3　单位（子单位）工程安全和功能检验资料核查及主要功能抽查记录

工程名称				施工单位		
项目	序号	安全和功能检查项目	份数	核查意见	抽查结果	核查（抽查）人
建筑与结构	1	有防水要求的地面蓄水试验记录				
	2	建筑物垂直度、标高、全高测量记录				
	3	通气(风)管道检查记录				
	4	幕墙及外窗气密性、水密性、耐风压检测报告				
	5	建筑物沉降观测测量记录				
	6	节能、保温测试记录				
	7	室内环境检测报告				
给排水与采暖	1	给水管道通水试验记录				
	2	暖气管道、散热器压力试验记录				
	3	卫生器具满水试验记录				
	4	消防管道、燃气管道压力试验记录				
	5	排水干管通球试验记录				
电气	1	照明全负荷试验记录				
	2	大型灯具牢固性试验				
	3	避雷接地电阻测试记录				
	4	线路、插座、开关接地检验记录				
通风与空调	1	通风、空调系统试运行记录				
	2	风量、温度测试记录				
	3	洁净室洁净度测试记录				
	4	制冷机组试运行调试记录				
电梯	1	电梯运行记录				
	2	电梯安全装置检测报告				
智能建筑	1	系统运行记录				
	2	系统电源及接地检测报告				

检查结论

施工单位项目经理　　　　年　月　日

总监理工程师
（建设单位项目负责人）　　　　年　月　日

（4）主要功能项目的抽查结果应符合相关专业质量验收规范的规定，这项检查可选择容易发生质量问题或施工单位质量控制比较薄弱的项目和部位进行抽查。

（5）观感质量应符合要求，单位（子单位）工程观感质量验收的检查内容见表 10-4，凡在工程上出现的项目，均应进行检查，并逐项填写"好"、"一般"或"差"的质量评价。

表 10-4 单位（子单位）工程观感质量检查记录

工程名称			抽查质量状况											施工单位		质量评价		
序号		项目														好	一般	差
1	建筑与结构	室外墙面																
2		变形缝																
3		水落管																
4		室内墙面																
5		室内顶面																
6		室内地面																
7		楼梯、踏步、护栏																
8		门窗																
1	给水与采暖	管道接口、坡度、支架																
2		卫生器具、支架、网门																
3		检查口、扫除口、地漏																
4		散热器、支架																
1	电气	配电箱、盘、板、接线盒																
2		设备器具、开关、插座																
3		防雷、接地																
1	通风与空调	风管、支架																
2		风口、风阀																
3		风机、空调设备																
4		阀门、支架																
5		水系、冷却塔																
6		绝热																
1	电梯	运行、平层、开关门																
2		层门、信号系统																
3		机房																
1	智能建筑	机房设备安装及布局																
2		现场设备安装																
观感质量综合评价																		
检查结论																		
	施工单位项目经理				年 月 日							总监理工程师 （建设单位项目负责人）				年 月 日		

    观感质量验收不单纯是对工程外表质量进行检查，同时也是对部分使用功能和使用安全所做的一次宏观检查。
    单位（子单位）工程质量验收完成后，按表 10-5 要求填写工程质量验收记录。其中验

收记录由施工单位填写。综合验收结论由参加验收各方共同商定，建设单位填写，并对工程质量是否符合设计和规范要求及总体质量水平作出评价。

表 10-5　单位（子单位）工程质量竣工验收记录

工程名称		结构类型		层数/建筑面积	
施工单位		技术负责人		开工日期	
项目经理		项目技术负责人		竣工日期	

序号	项目	验收记录	验收结论
1	分部工程	共　　分部，经查　　分部 符合标准及设计要求　　分部	
2	质量控制资料核查	共　　项，经审查符合要求　　项 经核定符合规范要求　　项	
3	安全和主要使用功能核查及抽查结果	共核查　　项，符合要求　　项 共抽查　　项，符合要求　　项 经返工处理符合要求　　项	
4	观感质量验收	共抽查　　项，符合要求　　项 不符合要求　　项	
5	综合验收结论		

参加验收单位	建设单位	监理单位	施工单位	设计单位
	（公章）	（公章）	（公章）	（公章）
	单位（项目）负责人 年　月　日	总监理工程师 年　月　日	单位负责人 年　月　日	单位（项目）负责人 年　月　日

注：质量评价为差的项目，应进行返修。

单位（子单位）工程质量竣工验收内容：

① 对涉及安全和使用功能的分部工程进行检验资料的复查。不仅要全面检查其完整性（不得有漏项缺项），而且对分部工程验收时补充进行的见证抽样检查报告也要进行复核。

② 对主要使用功能进行抽查。在分项、分部工程验收合格的基础上，竣工验收时须再做全面检查。抽查项目在检查资料文件的基础上由参加验收的各方人员确定，并用抽样方法确定检查部位。

③ 由参加验收的各方人员共同进行观感质量检查。

10.2.4　对工程项目质量不符合要求时的处理规定

当建筑工程质量不符合要求时，应按《建筑工程施工质量验收统一标准》中的规定进行处理，具体内容及要求如下：

一般情况下，不合格现象在检验批验收时就应发现并及时处理，但实际工程中不能完全避免不合格情况的出现，下面给出了当质量不符合要求时的处理办法：

（1）检验批验收时，对于主控项目不能满足验收规范规定或一般项目超过偏差限值的样本数量不符合验收规定时，应及时进行处理。其中，对于严重的缺陷应重新施工，一般的缺陷可通过返修、更换予以解决，允许施工单位在采取相应的措施后重新验收。如能够符合相应的专业验收规范要求，应认为该检验批合格。

（2）当个别检验批发现问题，难以确定能否验收时，应请具有资质的法定检测机构进行检测鉴定。当鉴定结果认为能够达到设计要求时，该检验批应可以通过验收。这种情况通常出现在某检验批的材料试块强度不满足设计要求时。

（3）如经检测鉴定达不到设计要求，但经原设计单位核算、鉴定，仍可满足相关设计规范和使用功能要求时，该检验批可予以验收。这主要是因为一般情况下，标准、规范的规定是满足安全和功能的最低要求，而设计往往在此基础上留有一些余量。在一定范围内，会出现不满足设计要求而符合相应规范要求的情况，两者并不矛盾。

（4）经法定检测机构检测鉴定后认为达不到规范的相应要求，即不能满足最低限度的安全储备和使用功能时，则必须进行加固或处理，使之能满足安全使用的基本要求。

（5）分部工程及单位工程经返修或加固处理后仍不能满足安全或重要的使用功能时，表明工程质量存在严重的缺陷。重要的使用功能不满足要求时，将导致建筑物无法正常使用，安全不满足要求时，将危及人身健康或财产安全，严重时会给社会带来巨大的安全隐患，因此对此类工程严禁通过验收，更不得擅自投入使用，需要专门研究处置方案。

10.3　工程项目竣工验收要求

10.3.1　工程项目竣工验收的时间

（1）按照最高人民法院相关司法解释的规定，一般按照下述方式来确定竣工日期：

① 建设工程经竣工验收合格的，以竣工验收合格之日为竣工日期。既然工程已经验收合格了，则将竣工验收合格之日定为竣工日期是比较合理的。

② 承包人已经提交竣工验收报告，发包人拖延验收的，以承包人提交验收报告之日为竣工日期。这种情况在实际纠纷中经常发生，多数时候发包人有意拖延验收，致使工程无法及时验收，在此情况下，按照最高人民法院相关司法解释的规定，一般以承包人提交验收报告之日为竣工日期。

③ 建设工程未经竣工验收，发包人擅自使用的，以转移占有建设工程之日为竣工日期。按照《民法典》的规定，工程未经验收合格的不准交付使用。既然发包人在未经验收的情况下就擅自使用了，说明发包人放弃了工程质量的抗辩权，则理应将发包人占有使用建设工程之日视为竣工日期。

（2）承包人送交竣工验收报告日期规定：

《建设工程施工合同（示范文本）》通用条款 13.2.3 规定：工程经竣工验收合格的，以承包人提交竣工验收申请报告之日为实际竣工日期，并在工程接收证书中载明；因发包人原因，未在监理人收到承包人提交的竣工验收申请报告 42 天内完成竣工验收，或完成竣工验收不予签发工程接收证书的，以提交竣工验收申请报告的日期为实际竣工日期；工程未经竣工验收，发包人擅自使用的，以转移占有工程之日为实际竣工日期。

10.3.2　工程项目竣工验收应具备的标准

建筑项目竣工验收、交付生产和使用，必须有相应的标准以资遵循。一般有土建工程、安装工程、人防工程、管道工程、桥梁工程、电气工程及铁路建筑安装工程等的验收标准。此外，还可根据工程项目的重要性和繁简程度，对单位工程、分部工程和分项工程分别制定国家标准、部门有关标准及企业标准。对于技术改造项目可参照国家或部门有关标准，根据工程性质提出各自使用的竣工验收标准。这里仅讨论与建筑工程有关或相关的内容。

① 生产性工程和辅助公用设施已按设计要求建完，能满足生产使用。

② 主要工艺设备配套，设备经联动负荷试车合格，形成生产能力，能够生产出设计文件所规定的产品。

③ 必要的生活设施已按设计要求建成。

④ 生产准备工作能适应投产的需要。

⑤ 环境保护设施、劳动安全卫生设施、消防设施等已按设计要求与主体工程同时建成使用。

10.3.3　工程项目竣工验收程序

（1）由施工单位做好竣工验收的准备

① 做好施工项目的收尾工作。项目经理要组织有关人员逐层、逐段、逐房间进行查项，看有无丢项、漏项，一旦发现丢项、漏项，必须确定专人逐项解决并加强检查；对已经全部完成的部位或查项后修补完成的部位，要组织清理，保护好成品，防止损坏和丢失；高标准装修的建筑工程（如高级宾馆、饭店、医院、使馆、公共建筑等），每个房间的装修和设备安装一旦完毕，立即加封，乃至派专人按层段加以看管；要有计划地拆除施工现场的各种临时设施、临时管线、清扫施工现场，组织清运垃圾和杂物，有步骤地组织材料、工具及各种物资回收退库、向其他施工现场转移和进行相应处理；做好电气线路和各种管道的交工前检查，进行电气工程的全负荷实验和管道的打压实验，有生产工艺设备的工程项目要进行设备的单体试车，无负荷联动试车和有负荷联动试车。

② 竣工图与档案资料。组织工程技术人员绘制竣工图，清理和准备各项需向建设单位移交的工程档案资料，编制工程档案、资料移交清单。

③ 竣工结算表。组织预算（为主）、生产、管理、技术、财务、劳资等专职人员编制竣工结算表。

④ 竣工签署文件。准备工程竣工通知书、工程竣工报告、工程竣工验收说明书、工程保修证书。

⑤ 工程自检与报检。组织好工程自检，报请上级领导部门进行竣工验收检查，对检查出的问题及时进行处理和修补。

⑥ 准备好工程质量评定的各项资料。按结构性能、使用功能、处理效果等方面工程的地基基础、结构、装修及水、暖、电、卫、设备的安装等各个施工阶段所有质量检查资料，进行系统的整理，为评定工程质量提供依据，为技术档案移交归档做准备。

（2）进行工程初验

施工单位决定正式提请验收后，应向监理单位或建设单位送交验收申请报告，监理工程师或单位收到验收报告后，应根据工程承包合同、验收标准进行审查。若监理单位认为可以进行验收，则应组织验收班子对竣工的工程项目进行初验，在初验中发现质量问题后，监理人员应及时以书面通知或备忘录的形式告诉施工单位，并令施工单位按有关质量要求进行修理甚至返工。

（3）正式验收

规模较小或较简单的工程项目，可以一次进行全部项目的验收；规模较大或较复杂的工程项目，可分两个阶段验收。

① 第一阶段验收

第一阶段验收是单项工程验收，又称交工验收，是指一个总体建设项目中，一个单项工程（或一个车间）已按设计规定的内容建成，能满足生产要求或具备使用条件，且已预验和初验，施工单位提出"验收交接申请报告"，说明工程完成情况、验收准备情况、设备试运转情况及申请办理交接日期，便可组织正式验收。

由几个建筑施工企业负责施工的单项工程，当其中某一个企业所负责的部分已按设计完成，也可组织正式验收，办理交工手续，但应请总包单位参加。

对于建成的住宅，可分幢进行正式验收，对于设备安装工程，要根据设备技术规范说明书的要求，逐项进行单体试车、无负荷联动试车、负荷联动试车。

验收合格后，双方要签订"交工验收证明"。如发现有需要返工、修补的工程，要明确规定完成期限，在全部验收时，原则上不再办理验收手续。

② 第二阶段验收

第二阶段是全部验收。全部验收又称动用验收，是指整个建设项目按设计规定全部建成，达到竣工验收标准，可以使用（生产）时，由验收委员会（小组）组织进行的验收。

全部验收工作首先要由建设单位会同设计、施工单位或施工监理单位进行验收准备，其主要内容有：

a. 财务决算分析凡决算超过概算的，要报主管财务部门批准。

b. 整理汇总技术资料（包括工程竣工图），装订成册，分类编目。

c. 核实未完工程。列出未完工程一览表，包括项目、工程量、预算造价、完成日期等内容。

d. 核实工程量并评定质量等级。

e. 编制固定资产构成分析表，列出各个竣工决算所占的比例。

f. 总结试车考核情况。

（4）竣工验收证明文件

竣工验收的证明文件包括：建筑工程竣工验收证明文件；设备竣工验收证明书；建设项目交工、验收鉴定书；建设项目统计报告。

（5）验收支付

整个工程项目竣工验收，一般要经现场初验和正式验收两个阶段，即验收准备工作结束后，由上级主管部门组织现场初验，要对各项工程进行检验，进一步核实验收准备工作情况，在确认符合设计规定和工程配套的前提下，按有关标准对工作作出评价，对发现的问题提出处理意见，公正、合理地排除验收工作中的争议，协调内外有关方面的关系，如把铁路、公路、电力、电信等工程移交有关部门管理等。现场初验要草拟"竣工验收报告书"和"验收鉴定书"。对在现场初验中提出的问题处理完毕后，经竣工验收机构复验或抽查，确认对影响生产或使用的所有问题都已经解决，即可办理正式交接手续，竣工验收机构成员要审查竣工验收报告，并在验收鉴定书上签字，正式验收交接工作即告结束，迅速办理固定资产交付使用的转账手续。

10.4　工程项目竣工文档资料管理

10.4.1　工程文档资料的主要内容

竣工验收必须有完整的技术与施工管理资料。竣工资料由以下几部分构成。

（1）工程管理资料。工程管理资料由三部分组成，分别为工程概况表、建设工程质量事故调查记录与建筑工程质量事故报告书。

（2）施工管理资料。施工管理资料由施工现场质量管理检查记录与施工日志组成。

（3）施工技术资料。施工技术资料由施工组织设计资料、技术交底记录、图纸会审记录、设计变更通知单及工程洽商记录组成。

（4）施工测量记录。施工测量记录由工程定位测量记录、基槽验线记录、楼层平面放线记录、楼层标高抄测记录、建筑物垂直度标高记录组成。

（5）施工物质资料。施工物质资料主要包括材料构配件进场检验记录、材料试验报告、半成品出厂合格证、原材料试验报告等。

（6）施工记录。隐蔽工程检验记录、施工检查记录、地基验槽记录、混凝土浇灌申请书、混凝土搅拌测温记录、混凝土养护测温记录、混凝土拆模申请单等。

（7）施工试验资料。土工试验报告，回填土试验报告，砂浆配合比申请单、通知书、砂浆抗压强度试验报告，砂浆试块强度统计、评定记录，混凝土配合比申请单、通知书，混凝土抗压强度试验报告，混凝土试块强度统计、评定记录。

（8）结构实体检验记录。结构实体混凝土强度验收记录、结构实体钢筋保护层厚度验收记录及钢筋保护层厚度试验记录。

（9）见证管理资料。各检验批的见证取样和送检见证人备案书、见证记录、见证试验汇总表。

（10）施工质量验收记录。单位工程质量竣工验收记录、单位工程质量控制资料核查记录、地基与基础分部工程质量验收记录、主体结构分部工程质量验收记录、层面分部工程质量验收记录、混凝土结构分部工程质量验收记录、砌体结构分部工程质量验收记录、钢筋分项工程分项质量验收记录、模板分项工程分项质量验收记录、混凝土分项工程分项质量验收记录、土方开挖工程检验批质量验收记录、回填土检验批质量验收记录、砖砌体工程检验批质量验收记录、钢筋加工检验批质量验收记录、钢筋安装工程检验批质量验收记录、模板安装工程检验批质量验收记录、混凝土施工工程检验批质量验收记录、模板拆除工程检验批质量验收记录、混凝土原材料及配合比设计检验批质量验收记录、屋面找平层工程检验批质量验收记录、屋面保温层工程检验批质量验收记录、卷材防水层工程检验批质量验收记录。

10.4.2　竣工图

（1）竣工图绘制程序

建设项目竣工图，是完整、真实记录各种地下、地上建筑物、构筑物等详细情况的技术文件，是工程竣工验收，投产交付使用后维修、扩建、改造的依据，是生产（使用）单位必须长期妥善保存的技术档案。按现行规定绘制好竣工图是竣工验收的条件之一，在竣工验收前不能完成的，应在验收时明确商定补交竣工图的期限。

建设单位（或施工监理单位）要组织、督促和协调各设计、施工单位检查自己负责的竣工图绘制工作情况，发现有拖期、不准确或短缺时，要及时采取措施解决。

（2）竣工图绘制要求

① 按图施工没有变动的，可由施工单位（包括总包和分包）在原施工图上加盖"竣工图"标志，即作为竣工图；在施工中，虽有一般性设计变更，但能将原施工图加以修改补充作为竣工图的，可不再重新绘制，由施工单位负责在原施工图（必须是新蓝图）上注明修改的部分，并附以设计变更通知单和施工说明加盖"竣工图"标志后，即可作为竣工图。

② 结构形式改变、工艺改变、平面布置改变、项目改变以及其他重大的改变，不宜在原施工图上修改、补充的，应重新绘制改变后的竣工图。由设计原因造成的，设计单位负责重新绘制；由施工单位原因造成的由施工单位重新绘制，施工单位负责在新图上加盖"竣工图"标志，并附以有关记录和说明，作为竣工图。重大的改建、扩建工程涉及原有工程项目

变更时，应将相关项目的竣工图资料统一整理归档，并在原因案卷内增补必要的说明。

③ 各项基本建设工程，在施工过程中就应着手准备，现场技术人员负责，在施工时做好隐蔽工程检验记录，整理好设计变更文件，确保竣工图质量。

④ 施工图一定要与实际情况相符，要保证图纸质量，做到规格统一、图面整洁、字迹清楚、不得用圆珠笔或其他易于褪色的墨水绘制、并要经过承担施工的技术负责人审核签字。大中型建设项目和城市住宅小区建设的竣工图，不能少于两套，其中一套移交生产使用单位保管，一套交由各种竣工图的绘制主管部门或技术档案部门长期保存。关系到全国的特别重要的建设项目，应增设一套给国家档案馆保存。小型建设项目的竣工图至少具备一套，移交生产使用单位保管。

10.4.3　工程文档资料的验收与移交

将工程文档资料整理汇总装订成册并进行移交。主要包括的表格有工程资料封面、工程资料卷内目录、分项目录、混凝土与砂浆强度报告目录、钢筋连接（原材）试验报告目录、工程资料移交书、工程资料移交目录。

单位工程完工后，将以上资料收集整理后，施工单位应自行组织有关人员进行检查评定，并向建设单位提交工程验收报告，参加工程的竣工验收。工程文件的归档整理应按国家有关标准、法规的规定。移交的工程文件档案应编制清单目录，并符合有关规定。

10.4.4　工程保修与回访

（1）项目回访与保修的意义

工程交工后回访用户是一种"售后服务"方式，工程交工后保修是我国一项基本法律制度。通过建立和完善回访保修服务机制，贯彻"顾客至上"的服务宗旨，可以展示企业良好的形象。

贯彻回访保修服务制度，要求承包人在工程交付竣工验收后，自签署工程质量保修书起的一定期限内，应对发包人和使用人进行工程回访，发现由非使用原因造成的质量问题，承包人应负责工程保修，直到在正常使用条件下建设工程的质量保修期结束为止。承包人进行工程回访保修的意义如下。

① 有利于项目经理部重视项目管理，提高工程质量；

② 有利于承包人听取用户意见，履行回访保修承诺；

③ 有利于改进服务方式，增强用户对承包人的信任感。

（2）项目回访保修的范围

工程保修的范围和内容，建设单位与施工单位应经过协商后写入合同条款内，还可以按照国家有关法规规定的各种建筑物、构筑物和设备安装工程的保修范围实施。此外，具体工程项目还应根据行业特点，按照颁布的验收标准规范细则制订出保修范围。

（3）回访与保修的程序和方法

① 项目回访保修的程序

承包人应建立与发包人及用户的服务联系网络，及时取得信息，并按计划-实施-验证-报告的程序，做好回访与保修工作。

a. 总的指导原则是瞄准建设市场，提高工程质量，与发包人建立良好的公共关系，并将回访保修工作纳入计划实施。

b. 适时召开一些有益双方交流的座谈会、经验交流会、庆祝佳节茶话会，以加强联系，增进双方友好感和信赖感。

　　c. 及时研究解决施工问题、质量问题，听取发包人对工程质量、保修管理、在建工程的意见，不断改善项目管理，才能真正提高工程质量水平，树立承包人的社会信誉。

　　d. 千方百计为发包人提供各种跟踪服务，不断满足提出的各种变更修改要求，建立健全工程项目登记、变更、修改等技术质量管理基础资料，把管理工作做得扎扎实实。

　　e. 妥善处理与发包人、监理人和外部环境的关系，捕捉机会，创造有利条件，精心组织，细心管理，形成"我精心、你放心、他安心"的"三位一体"工程质量保证机制。

　　f. 组织发放有关工程质量保修、维修的注意事项等资料，切实贯彻企业服务宗旨，进行工程质量问卷调查，收集反馈工程质量保修信息，对实施效果应有验证和总结报告。

　　② 回访用户

　　a. 回访保修工作计划应由承包人根据合同和有关规定编制，具体内容如下：

　　(a) 主管回访保修的部门。

　　(b) 执行回访保修工作的单位。

　　(c) 回访时间及主要内容和方式。

　　b. 回访工作的措施和方法：

　　(a) 承包人应制订并实施回访用户和工程保修服务控制程序。

　　(b) 在工程交付竣工验收后按工作计划组织回访用户。

　　(c) 严格按相关规定和约定，做好质量保修服务，履行服务承诺。

　　(d) 正确划分保修和维修的责任界限，处理好与用户的关系。

　　(e) 采用多种形式听取用户意见，分析信息，为质量改进提供资料。

　　③ 回访工作方式

　　回访可采取电话询问、登门座谈、例行回访等方式。回访应以业主对竣工项目质量的反馈及特殊工程采用的新技术、新材料、新设备、新工艺等的应用情况为重点，并根据需要及时采取改进措施。

　　根据回访计划安排，可采取灵活多样的回访工作方式。

　　a. 例行性回访。按回访工作计划的统一安排，对已交付竣工验收并在保修期内的工程，组织例行回访，一般半年或一年进行一次，广泛收集用户对工程质量的反映。对回访难以覆盖的地方可采取电话询问方式，也可以适时采取召开一些有益交流的座谈会、茶话会等形式，把回访工作搞活。

　　b. 季节性回访。主要针对具有季节性特点、容易造成负面影响、经常发生质量问题的工程部位进行回访，如雨季的屋面工程等，妥善处理好外部公共关系，认真负责地解答用户提出的问题，必要时可分发一些资料进行宣传教育。

　　c. 技术性回访。根据建筑新技术在工程上应用日益增多的情况，通过回访用户的方式，及时了解施工过程中采用新材料、新技术、新工艺、新设备的技术性能，从用户那里获得使用后的第一手材料，并进行妥善处理。

　　d. 专题性回访。对某些特殊工程、重点工程、有影响的工程应组织专访，可将服务工作往前延伸，一般由项目经理部自行组织为好，包括交工前对发包人的回访和交工后对使用人的回访，听取意见，为其跟踪服务，满足提出的合理要求，改进服务方式和质量管理。

　　(4) 工程保修

　　① 工程质量保修制度

　　签发工程质量保修书应确定质量保修范围、期限、责任和费用的承担等内容。

　　《建设工程质量管理条例》第 39 条规定："建设工程实行质量保修制度。建设工程承包单位在向建设单位提交工程竣工验收报告时，应当向建设单位出具质量保修书。质量保修书中应当明确建设工程的保修范围、保修期限和保修责任等。"

原建设部和原国家工商行政管理局根据《建设工程质量管理条例》和《房屋建筑工程质量保修办法》的有关规定，印发了《房屋建筑工程质量保修书（示范文本）》，要求与《建设工程施工合同（示范文本）》一并执行。

② 工程质量保修期限

《建设工程质量管理条例》第 40 条规定：在正常使用条件下，建设工程的最低保修期限为：

a. 基础设施工程、房屋建筑的地基基础工程和主体结构工程，为设计文件规定的该工程的合理使用年限；

b. 屋面防水工程、有防水要求的卫生间、房间和外墙面的防渗漏，为五年；

c. 供热与供冷系统，为两个采暖期、供冷期；

d. 电气管线、给排水管道、设备安装和装修工程，为两年。

其他项目的保修期限由发包方与承包方约定。建设工程的保修期，自竣工验收合格之日起计算。

（5）工程质量保修经济责任的处理

① 由于承包人未按照国家标准、规范和设计要求施工造成的质量缺陷，应由承包人负责处理并承担经济责任。

② 由于设计人造成的质量问题应由设计人承担经济责任。当由承包人修理时，费用数额应按合同约定，不足部分应由发包人补偿。

③ 由于发包人供应的材料、构配件或设备不合格造成的质量缺陷应由发包人自行承担经济责任。

④ 由发包人指定的分包人造成的质量缺陷应由发包人自行承担经济责任。

⑤ 因使用人未经许可自行改建造成的质量缺陷应由使用人自行承担经济责任。

⑥ 因地震、洪水、台风等不可抗力原因造成损坏或非施工原因造成的事故，承包人不承担经济责任。

⑦ 当使用人需要责任以外的修理维护服务时，承包人应提供相应的服务，并在双方协议中明确服务的内容和质量要求，费用由使用人支付。

 本章小结

① 竣工验收管理的概述。首先应该区分竣工和竣工验收的概念区别，然后熟悉工程竣工验收的任务和意义，明确竣工验收的范围和依据。

② 竣工验收质量管理。主要介绍了工程项目质量竣工验收的划分，施工过程的验收规定和竣工验收的规定，以及对工程项目质量不符合要求时的处理规定。

③ 工程项目竣工验收的要求。主要介绍了工程项目竣工验收的时间，应具备的标准以及工程项目竣工验收的程序。

④ 工程项目竣工文档资料整理。主要介绍了工程项目竣工文档资料的主要内容，竣工图的绘制要求，阐述了工程文档资料的验收和移交，以及工程保修与回访的主要内容。

复习思考题

在线题库

1. 试述竣工验收的概念和意义。
2. 竣工验收的依据有哪些?
3. 试述单位工程竣工验收的标准。
4. 试述竣工验收的程序和内容。
5. 参加竣工验收的主要成员有哪些?
6. 如何办理工程移交?
7. 办理竣工结算应把握哪些原则?
8. 试述项目回访和保修的程序。
9. 关于工程质量保修的期限有哪些规定?
10. 如何进行工程质量保修经济责任的处理?

参 考 文 献

[1] 住房和城乡建设部.建设工程项目管理规范：GB/T 50326—2017 [S].北京：中国建筑工业出版社，2017.

[2] 丛培经，曹小琳，贾宏俊，等.工程项目管理 [M].北京：中国建筑工业出版社，2017.

[3] 李万江，刘宏伟.建筑工程项目管理 [M].吉林：吉林大学出版社，2017.

[4] 张志勇，代春泉.工程招投标与合同管理 [M].北京：高等教育出版社，2020.

[5] 齐宝库.工程项目管理 [M].北京：化学工业出版社，2016.

[6] 高显义，柯华.建设工程合同管理 [M].上海：同济大学出版社，2015.

[7] 张伟，仲景冰.工程项目管理 [M].武汉：华中科技大学出版社，2020.

[8] 王利文.土木工程施工组织与管理 [M].北京：中国建筑工业出版社，2014.

[9] 张守健，谢颖.施工组织设计与进度控制 [M].北京：科学出版社，2009.

[10] 刘树红，王岩.建设工程招投标与合同管理 [M].北京：北京理工大学出版社，2021.

[11] 姚亚锋，张蓓.建筑工程项目管理 [M].北京：北京理工大学出版社，2020.

[12] 庞业涛，何培斌.建筑工程项目管理 [M].2版.北京：北京理工大学出版社，2018.

[13] 刘晓丽，谷莹莹.建筑工程项目管理 [M].北京：北京理工大学出版社，2018.

[14] 韩少男.工程项目管理 [M].北京：北京理工大学出版社，2019.

[15] 朱小敏.流水施工技术的应用方法与策略 [J].中国建筑金属结构，2023，02 (08)：80-82.